rowohlt
BERLIN

Anetta Kahane

Ich sehe was, was du nicht siehst

Meine deutschen Geschichten

Rowohlt · Berlin

1. Auflage März 2004

Satz Berling PostScript, PageMaker bei
Pinkuin Satz und Datentechnik, Berlin
Druck und Bindung Clausen & Bosse, Leck
Printed in Germany
ISBN 3 87134 470 2

1. Kapitel

Mister Dass

Als ich drei Jahre alt war, zogen wir nach Neu-Delhi, in ein großzügig geschnittenes, frisch gebautes Haus am Rande der Stadt. Nicht, dass wir sehr beengt gewohnt hätten, das aber übertraf alles, was sich meine Mutter im noch immer zerbombten Berlin vorzustellen gewagt hätte. Mein Vater war nun also der erste DDR-Korrespondent in Indien, und entsprechend wurden wir untergebracht. Er hatte wählen können: entweder Kairo oder Neu-Delhi. Kairo kam für ihn als Juden natürlich nicht infrage, aber Indien, so kurz nach der Unabhängigkeit, galt als Herausforderung und Hoffnung in der Region.

Bei der Besichtigung des Hauses wurden uns gleich die Hausangestellten vorgestellt. Meine Mutter, die das Haus als außerordentliches Privileg empfand, bekam ein schlechtes Gewissen, als sie die Reihe der Angestellten sah: einen Koch, einen Gärtner, eine Kinderfrau, jemand zum Saubermachen – nein, das war zu viel. Sie erklärte, sie brauche kein Personal, in Berlin habe sie auch alles allein gemacht. Das stimmte zwar nicht ganz, denn ein Kindermädchen hatte es auch dort gegeben, doch hier, zusätzlich zu dem großen Haus, genierte sie dieser Luxus. Es war einfach zu bürgerlich für die Maßstäbe des realen Sozialismus und ihrer eigenen Bescheidenheit.

Ein Freund nahm sie zur Seite und fragte sie nach ihren ersten Eindrücken von der Stadt. Sie beschrieb ihre Bestürzung über das Ausmaß der Armut auf den Straßen. Der Freund fragte sie, warum sie denn dann diese Armut weiteren Familien zumuten wolle, denen der Hausangestellten beispielsweise. Also blieben die Angestellten. Ich kannte diese Geschichte nur, weil sie meiner Mutter als Beispiel für Situationen galt, in denen man vor Scham über die eigene Ignoranz in den Boden versinken möchte.

Mr. Dass war eigentlich unser Koch, davon verstand er allerdings nicht viel. Aber er besorgte die nötigen Sachen, wirtschaftete in der Küche und überraschte uns manchmal doch mit seltsamen kulinarischen Kreationen, von denen er annahm, wir würden sie mögen. Ein Stück Käse, etwas zerlaufen auf einer Art Tortenboden – fertig war, was er sich unter europäischem Käsekuchen vorstellte. Er war immer da, half meiner Mutter, sorgte für gute Laune und erledigte anfallende Aufgaben. Zum Beispiel brachte er mich morgens in die Nursery School. Ich fand es immer sehr schön mit ihm, denn er war ein netter Mann, der viel lachte, und er sprach eine lustige Art Englisch. Er rollte das R, und der Rest von Buchstaben und Wörtern kullerte irgendwie hinterher. Der Kindergarten war nicht so weit entfernt, gerade eine unterhaltsame Fahrradstrecke lang. Mr. Dass setzte mich auf seinen wackeligen Gepäckträger, und los ging's. Wir fuhren die Vorortstraße entlang, am Park vorbei, einmal noch links und waren schon da. Mr. Dass übergab mich dort den Nurses. Es waren indische Damen, bekleidet mit wundervollen Saris, und Mr. Dass verbeugte sich voller Ehrerbietung, wenn er sie begrüßte.

Die Kindergärtnerinnen sprachen nicht so kullernd Englisch wie Mr. Dass, sondern ebenso melodisch und perfekt wie unsere britischen Nachbarn. Der Tag begann mit dem Hissen der Fahne, dabei wurde die indische Nationalhymne gesungen. Wir Kinder hatten alle Uniformen an und sahen gleich aus bis auf die Socken. Dabei waren wir ganz verschieden. Es gab einige Europäer wie mich, die meisten aber waren Inder;

Kinder von Moslems, Sikhs und Hindus. Doch das erfuhr ich viel später und auch nur indirekt aus Erzählungen. Als ich dort war, habe ich diese Unterschiede nie wahrgenommen. Für mich gab es nur Kinder, die ruhig, und solche, die temperamentvoll waren, also Kinder, die wie ich beim Fahnenappell schwatzten, und solche, die es nicht taten.

Wir standen in Reihen beim Appell und sangen, solange die Fahne hinaufglitt. Neben mir wuchs ein Busch mit orangefarbenen Blüten, die wunderbar dufteten. Ein Junge hinter mir fand auch, dass Blumen allemal wichtiger waren als das Ritual. Vorsichtig zupften wir die Blüten ab und saugten den süßen Saft aus dem Kelch. Erstaunlicherweise schmeckte diese Blume ganz genau so, wie sie aussah.

«Impossible!», nannte eine der Kindergärtnerinnen mich. Das war nicht so schlimm, aber ich fasste es trotzdem als Beleidigung auf. Sie hatte dasselbe Wort gebraucht wie unsere britische Nachbarin, wenn ich mit ihrem Irishsetter herumtollte – er hatte die gleiche Farbe wie mein Haar, und irgendwann waren wir beide vollkommen zerzaust. *«Impossible!»*, hatte auch sie gesagt, und zwar fast jedes Mal, wenn sie mich sah, so als wäre es mein eigentlicher Name. Deshalb war ich eingeschnappt im Kindergarten. Aber viel Zeit blieb dafür nicht. Wir lernten schreiben und lesen, spielten Theater mit großartigen Vorstellungen für die Eltern, bauten aus kleinen Pfefferminzsteinen einen Palast nach, tanzten nach indischer Musik, malten riesige Bilder und rechneten nebenbei die Zahl der Stifte aus. Jeder einzelne Tag war aufregend, und an seinem Ende stand Mr. Dass mit dem Fahrrad vor der Tür. Wenn ich nicht zu müde war, fuhren wir noch kurz in den Park. Ich fragte ihn, ob ich wirklich *impossible* sei, und er lachte.

Im Park gab es Pferde. Ganz magere, müde, die von einem Mann mit Stöckchen vorangetrieben werden mussten, damit sie überhaupt liefen mit den Kindern auf dem Rücken. Mr.

Dass spendierte mir manchmal eine Runde. Ich stieg auf, das Pferdchen trottete los. Mir war das zu langweilig, also trieb ich es ein wenig an, und wir galoppierten durch den Park. Der Besitzer lief schreiend hinterher und wedelte mit dem Stöckchen. Eine Runde, dann hatte ich ihn wieder eingeholt. Mr. Dass war erschrocken. «Doch *impossible*?», fragte ich schuldbewusst. Er nickte lächelnd und setzte mich aufs Fahrrad.

Zu Hause spielte ich mit den Kindern vom Gärtner und der Aya. Wenn meine Eltern nicht da waren, verschmolz ich vollkommen mit ihren Familien. Natürlich begann ich auch Hindi zu sprechen, besonders Flüche und Drohungen klangen so viel besser. Beim Essen saßen wir auf dem Boden, vor uns ein großer Kessel mit Curry, aus dem sich jeder mit Fladenbrot bediente. Heiß und scharf war das und sehr, sehr gut. Ich weiß nicht mehr, wer gekocht hatte, aber es war auf keinen Fall Mr. Dass, über dessen Amt alle dauernd Scherze machten, denn er konnte vieles, aber ganz gewiss nicht kochen. Es gab immer Aufregung, wer mit wem essen durfte und wer welche Arbeiten im Haus erledigen sollte. Das Kastensystem machte die Dinge sehr kompliziert.

Im Sommer, wenn die Hitze in Delhi so groß war, dass niemand ohne Not nach draußen ging, brachte mir die Aya bei, wie man sich versammelt, um das besser auszuhalten. Wir setzten uns auf den Steinboden, legten eine meditative Musik auf, und die Aya saß vollkommen gerade da und tanzte in winzigen Bewegungen nur mit ihren Fingern. Ich tat es ihr gleich und konnte wie sie in meinem Innern eine Art Kühlschrank spüren, der mit jedem Atemzug Erfrischung brachte, weil die Hitze um uns einfach verschwand. Wir kämpften nicht gegen sie an, sondern begaben uns hinein und verwandelten sie. Das war nicht so schwierig, es brauchte nichts besonders Geistiges, auch nicht viel Denken, sondern nur eine spezielle Art der Konzentration und Haltung.

Trotzdem war es schwer, zurechtzukommen. Meine Eltern ignorierten die Gegensätzlichkeit des Lebens in Indien nicht, wie viele andere es taten. Sie sprachen oft darüber, dass man es wahrscheinlich tun müsse, um dem Ansturm der Eindrücke standzuhalten, den das offene Elend der Menschen auslöste. Ich weiß nicht, ob es ihnen gelungen ist oder ob es Bilder und Erinnerungen aus der Zeit weckte, in der sie selbst in Lagern Elend erlebt hatten. Ich weiß nur, wie oft meine Mutter sich darüber aufregte, dass auf Delhis Straßen das Leben einer Kuh mehr wert zu sein schien als das eines Menschen. Und ich weiß heute, dass nicht für eine Sekunde ihr Respekt für das Ganze verloren ging, was, wenn es geschieht, sich in einem romantisierenden oder einseitigen Bild von Indien auszudrücken pflegt.

Weil meine Eltern sich vor der Armut nicht schützten, gehörte sie auch zu unserem Alltag. Einmal, als wir in Bombay waren und der Monsun durch die Straßen fegte, musste ich mit ansehen, wie ein fast nacktes und entkräftetes Kind von den plötzlichen Fluten in den Abwasserstrom gerissen wurde. Ich war entsetzt und weinte und schrie. Meine Mutter und ihre indische Freundin versuchten zu trösten und ungelenke Erklärungen zu geben, aber das war noch schlimmer, als die sterbenden Menschen am Straßenrand zu sehen und die tagtägliche Hilflosigkeit meiner Erwachsenen.

Meine Eltern bewegten sich in zu vielen Welten: Meine Mutter liebte die Keramikwerkstatt und die Künstler dort, mein Vater traf Regierungsvertreter und Botschafter, die Freunde waren Inder, deren Umgangsformen, Kultur und Klugheit bewundernswert waren. Dennoch gab es keinen Ausweg aus Verelendung, Kriegen, Kasten, Religionen, aus dem Widerspruch zwischen politischer Unabhängigkeit und tiefer sozialer Ungleichheit, in der die Bedeutung mancher Menschenleben nicht einmal einen Gullydeckel wert zu sein schien. Die Summe all des Unlösbaren, worauf auch der Sozialismus keine Antwort parat hatte, machte meinen Eltern zu schaffen.

Weniger wichtig schien ihnen zu sein, dass meine Brüder nach dem ersten Jahr in Indien zu Hause bleiben mussten, in der DDR, im Internat. So war es vorgeschrieben; Kinder durften nur bis zur fünften Klasse die Eltern begleiten. Danach hätten sie im Ausland in eine weiterführende Schule gehen müssen, und das hätte einen zu großen Einfluss auf die Entwicklung der jungen DDR-Bürger bedeutet. Meine Eltern nahmen es in Kauf. Die Härte ihrer eigenen Erfahrungen schien sie ganz und gar unempfindlich dafür zu machen, was die Trennung für meine Brüder und die Familie insgesamt bedeutete. So verschwanden meine Brüder aus dem Alltag in Delhi, und ich blieb allein zurück.

Der Kinderhandel blühte damals in Indien. So wie manche in den Fluten verschwanden, wurden andere Kinder einfach gestohlen. Und es geschah auch in unserer unmittelbaren Nähe: Eines Tages war der behütete jüngste Sohn unseres Gärtners verschwunden, ein besonders hübscher und zarter Junge. Sein Vater schlug Alarm, er liebte den Kleinen sehr. Bei der Polizei sagte man meiner Mutter, es lohne nicht, den Jungen zu suchen, immerhin habe der Vater, der aus einer niedrigen Kaste stammte, noch weitere vier Kinder. Doch meine Mutter ließ sich nicht entmutigen und erkundigte sich nach den üblichen Wegen des Kinderhandels. Sie alarmierte alle ihre Freunde, bei der Suche nach dem Kind zu helfen. Zu ihren Freunden gehörten Sikhs, Künstler wie sie, die ihren Einfluss und ihre Beziehungen spielen ließen, um in der weitläufigen Verwandtschaft diejenigen anzusprechen, die mit Kinderhandel Geld verdienten. Nach Wochen der Suche mit einem einzigen, kleinen Foto und dem Namen des Knaben fand man ihn schließlich in einem Lager an der Südspitze Indiens, von wo aus Kinder nach Übersee verkauft wurden. Unser Gärtner war glücklich über die Rückkehr des fünfjährigen Jungen. Ohne die enorme und verzweifelte Anstrengung meiner Mutter hätte er ihn niemals wieder gesehen.

Im letzten Jahr unseres Aufenthalts in Indien, ich war gerade sechs Jahre alt, traf es auch mich. Ich war mit meiner Mutter auf einem kurzen Urlaub in einem Ort nahe der nepalesischen Grenze im Vorgebirge des Himalaja. Am Hotel gab es einen kleinen Spielplatz, und ich tummelte mich dort mit anderen Kindern. Meine Mutter war krank, erschöpft und konnte kaum laufen. So war ich manchmal eine Zeit lang ohne sie auf dem Spielplatz. Das machte mir nichts aus, ich hatte auch keine Angst. Einige Leute aus dem Ort kannte ich schon, denn sie hatten mich nach einem kleinen Unfall mit den Pferden, die ich dort ständig reiten wollte, mit heiligem Öl behandelt. Die Schürfwunde an meinem Bein war sofort verheilt, so schnell, dass selbst die Dorfbewohner verblüfft waren und mir nun immer Glück und ein wenig Heiligkeit auf der Straße zuwinkten. So wunderte es mich nicht, als ein freundlicher Mann auftauchte, mich mit Namen ansprach und zu einem Ausflug zu Pferde einlud. Ich ging mit, suchte mir von den Mietpferden das schönste aus, und wir ritten los.

Der Ort lag lang gestreckt an der einzigen Straße der Gegend. Deshalb brauchte es eine Weile, bis wir ihn durchquert hatten. Wir kamen am Haus einer Freundin meiner Mutter vorbei, die eine Tochter in meinem Alter hatte. Sie hieß Gertrud, ich hatte sie sehr gern. Erna, ihre Mutter, war eine große blonde Schweizerin, Gertruds Vater war Japaner. Wir ließen das Haus hinter uns, trabten weiter, immer weiter, irgendwann kamen die letzten Hütten, der Ort verschwand, und der Mann redete auf mich ein. Ich wurde ein wenig nervös. Wir waren allein, und Angst stieg in mir auf, aber ich entschied sofort, mir nichts anmerken zu lassen. Jetzt begann ich zu reden und vermied jede Frage, wohin wir eigentlich gingen. Ich schwärmte von meiner Freundin Gertrud, erzählte von der Schweiz und davon, dass ich immer mit ihr ritt. Immer. Und dass sie gewiss neidisch wäre jetzt. Ich sagte, es würde mir nichts ausmachen, auch mal ohne sie unterwegs zu sein. Der Mann fragte nach Gertrud. Also sagte ich ihm, sie wohne gleich da drüben. Der Mann trank zwischendurch immer wieder aus einer flachen Schnapsflasche. Er überlegte, und ich plapperte weiter. «Na schön», meinte er, «dann holen wir sie eben ab. Zwei Mädchen sind besser als eines.» Wir drehten um, ritten zum Haus, er trank sich Mut an, wir klingelten, Erna öffnete die Tür, und ich lief schnell an ihr vorbei ins Zimmer meiner Freundin. Der Rest war mir egal.

Wie groß die Gefahr gewesen war, sagte meine Mutter mir später immer wieder. Sie hatte die Polizei alarmiert, die nicht anders reagierte als bei der Entführung des Gärtnersohnes. Die Kinder auf dem Spielplatz hatten erzählt, dass ich mit einem Sikh weggegangen war. Meine Mutter war in Panik. Sie hatte ein sehr schlechtes Gewissen und war dann so erleichtert, als ich wieder auftauchte, dass sie über meinen Teil des Erlebnisses nicht sprechen wollte. Ihre Angst verstand ich, sie hatte sie deutlich geschildert, meine Selbstbefreiung aber blieb für beide Eltern eher die Anekdote einer Sechsjährigen. Als wir zurück nach Delhi kamen, war der einzige Mensch, der meine Geistesgegenwart mit Schrecken und Bewunderung ernst genommen hatte, Mr. Dass. Er sah mich lange an, als ich es ihm erzählte, lächelte dann, umarmte mich und sagte immer wieder: «*Impossible, impossible.*» Doch diesmal klang es wie eine Auszeichnung.

2. Kapitel
Schäm dich!

Bald darauf lösten wir unseren Haushalt in Delhi auf, die drei Jahre in Indien waren nun endgültig vorbei. Es hatte ja schon vorher Sommerferien in Berlin gegeben, in denen ich meine Brüder sah, wenn sie nach Hause kamen oder wir sie in dem trostlosen Internat in Brandenburg besuchten. Doch nun kamen die Wagen für die Kisten, es wurde alles eingepackt. Ich hatte schon einige Male Abschied genommen, auch diesmal machte ich mir die trügerische Hoffnung, es wäre nicht für immer.

Die Ruine auf dem Hof unseres Berliner Mietshauses war inzwischen abgetragen, doch irgendwo, sagte mir Rita, meine Freundin aus dem Nachbarhaus, sollte es noch einen geheimen Eingang in die Luftschutzkeller des Gebäudes geben. Rita und ich waren gleich alt und hatten noch mehr als ein halbes Jahr Kindergarten vor uns, bevor die Schule beginnen sollte. Morgens holten wir uns gegenseitig ab und gingen zwischen einigen Reihenhäusern und zwei Feldern bis zum Kindergarten, der in einer prächtigen Villa untergebracht war. Also machte ich mich auf den Weg mit ihr und versuchte, mich auf das neue Alte einzustellen. In wenigen Wochen lernte ich amüsiert die Ausdrücke meiner Freunde und wendete sie so an, wie man es tut in einer neuen Sprache mit fremden Vokabeln, deren Bedeutung oder Härte man noch nicht abschätzen kann. Und wie um dem Neuen einen Sinn zu geben, begann ich heftig zu berlinern.

Mein Zeugnis der Nursery School war sehr gut in allen Fächern. Nur in der Gesamteinschätzung stand, ich sei «naughty and moody» gewesen, ein anderer Ausdruck für *impossible*, aber ich hatte mich dort sehr wohl gefühlt. In dem neuen Kindergarten arbeitete Fräulein Maus, sie war schon älter, hatte eine große Zahnlücke und begrüßte mich mit der Feststellung, sie kenne ja bereits meine Brüder. Der Garten war groß und herrlich, es gab oft Kartoffelbrei mit irgendwas, aber die Fräuleins kamen mir unerträglich vor. Immer herrschten Krach und Anspannung, dauernd geriet irgendwas falsch, und die Kinder hatten wegen allem und jedem ein schlechtes Gewissen. Es war einfach viel zu anstrengend, obwohl wir gar nichts lernten. Ich wusste nie genau, was ich machen sollte, wahrscheinlich, weil ich langsam vergaß, was ich eigentlich machen wollte. Was immer ich tat, es war verkehrt. Mal hatte mein Bild die falschen Farben, mal war ich zu schnell, mal zu langsam oder redete, wenn ich nicht sollte, und tat es nicht, wenn ich sollte, mal war ich zu wild, mal zu zaghaft, aber immer sollte es Absicht gewesen sein und böse und ungezogen, und so landete ich andauernd in der Ecke. «Schäm dich!», sagten sie zu mir. Selbstverständlich war ich darüber wütend, fand es ungerecht, unverständlich, unangenehm, unverhältnismäßig, unbequem und traurig dazu, weil die Kinder hinterher so seltsam lange brauchten, um wieder mit mir zu spielen. Und irgendwann begann ich mich tatsächlich ganz furchtbar zu schämen.

Rita und ich beschlossen deshalb eines Tages, nicht mehr in den Kindergarten zu gehen. Also schwänzten wir, fast eine ganze Woche lang. Wir besorgten uns Bonbons, aßen den Tag über die Frühstücksbrote und lungerten in der Gegend herum. Hinter dem Kindergarten lag ein Maisfeld und eines mit Getreide, mitten in der Siedlung. Am ersten Tag kam ein Bauer mit Wagen, um etwas abzuholen. Wir gingen ihm nach und entdeckten gleich neben einer Kreuzung einen echten Bauernhof. Es gab dort einige Kühe im Stall und zwei Pferde, die den Wagen zogen oder den Pflug. Das war schon seltsam, denn schließlich wohnten wir ja in Berlin. Aber irgendwo mussten die Pferde leben, denn Fuhrwerke gab es noch sehr viele. Eines wurde von Liesel gezogen. Sie war eine rotbraune Stute und hatte ein Hohlkreuz, ermüdet vom Wagenziehen. Auf dem Kutschbock saß eine Frau, die immer das Eis in Blöcken brachte – für den Eisschrank. Sie erzählte mir, Liesel sei noch im Krieg gewesen und habe da Kanonen gezogen. Die waren sehr schwer und laut, deshalb sei ihr Rücken so krumm. Liesel tat mir Leid, ich pflückte Maisblätter für sie und trug sie so lange bei mir, bis ich sie beim Eiswagen wieder traf.

Rita und ich wussten, wann wir ungefähr zu Hause sein mussten. Also fragten wir die Leute auf der Straße nach der Zeit, denn eine Uhr hatten wir nicht. Die ersten Tage des Schwänzens waren spannend, aber dann begannen wir uns verloren zu fühlen. Allein mit der Straßenbahn wegzufahren fand ich zu aufwändig und auch nicht in Ordnung, weil wir dann zwar fahren würden, aber kein Fahrgeld bezahlen könnten. Wir hatten eigentlich ein bisschen Angst: davor, dass niemand unsere Abwesenheit bemerken würde oder eben dass wir zurückmüssten zu Fräulein Maus und dem Kartoffelbrei und den Ecken zum Schämen. Aber irgendjemandem fiel doch etwas auf. Meine Brüder gingen daraufhin los, uns zu suchen. Sie fanden uns gleich um die Ecke. Als wir nach Hause kamen, wurden wir getrennt nach dem Essen im Kindergarten befragt. Rita sagte wahrheits- und gewohnheitsgemäß Kartoffelbrei, und ich redete irgendwas von Nudeln mit Soße. Das hat uns definitiv überführt. Mein Vater war so wütend, dass er mir das erste und einzige Mal den Hintern versohlte, und ich hasste meine Brüder dafür, dass sie mich ausgeliefert hatten.

Nichts änderte sich, bis wir endlich eingeschult wurden.

Mit einer riesigen Tüte ging ich das erste Mal in die Schule. Tante Hanni, die zweimal die Woche unseren Haushalt besorgte, begleitete mich. Meine Brüder konnten nicht kommen, sie waren noch immer im Internat und meine Eltern auf Reisen. Aber auch in der Schule wurde es nicht besser. Das Klima dort bekam mir ganz und gar nicht.

Das Lernen fiel mir leicht, obwohl ich mich immer einsamer zu fühlen begann. Schwieriger wurde es nachmittags, wenn ich mit den anderen Jungen Pionieren fleißig, ordentlich, sauber und artig sein sollte. Dafür gab es sogar zehn Gebote, in denen festgehalten wurde, woran wir glauben sollten. Nachmittags zogen wir durch die Nachbarschaft und sammelten Altpapier und Flaschen für den Pionierexpress. Oder wir sangen diese Lieder, die mehr und mehr das Gegenteil dessen ausdrückten, was in mir vorging. Und irgendwann bekam ich gar keine Luft mehr. Gleich im ersten Schuljahr war das. Ich saß erst still da, ging dann noch nach Hause, kriegte Fieber und konnte nicht mehr atmen. Wochenlang versuchten meine Mutter und die Kinderärztin mich zu kurieren. Sie gaben mir Medizin und Hühnersüppchen, Spritzen und Kartoffelwickel um die Lunge. Als es sehr schlimm wurde, packte meine Mutter mich in ihr kleines Auto und fuhr nachts mit mir an die Ostsee. Das sollte helfen bei Asthma. Unter aufgetürmten Federbetten und bei offenem Fenster ließ mein Fieber langsam nach. Nach einigen Tagen konnte ich mit meiner Mutter am winterlichen Strand spazieren gehen. Sie besuchte in dem kleinen Dorf auf dem Darß ihre Freunde und Kollegen, Maler und Keramiker, die Werkstätten und Ateliers in den reetgedeckten Häusern hatten.

Ich liebte den Geruch von Terpentin und Druckerfarbe. Er war auch immer an den Händen meiner Mutter, allerdings mit einer Spur von Knoblauch, den sie zum Kochen verwendete. Ihre Küche war leicht und französisch, ganz entgegen dem

Zeitgeist jener Jahre und den Möglichkeiten des Einkaufens in der DDR. Knoblauch musste auf Umwegen besorgt werden. Jeder, der aus Bulgarien kam oder aus Westberlin, musste ihn mitbringen. Und wenn's ging, auch Auberginen. Ihr Ratatouille oder das Curry, das sie anstelle von Mr. Dass zu kochen gelernt hatte, schmeckte besser als alle Kartoffelbreie dieser Welt, ob nun mit oder ohne Gulaschsoße. Knoblauch, Terpentin und ein Hauch Nelken, so strichen ihre Hände prüfend über meine Stirn.

In den Ateliers der Freunde gab es auch andere Gewürze und Düfte. Bratäpfel zum Beispiel, die ich nicht kannte. Und die meine Mutter aus unerfindlichen Gründen «sehr deutsch» nannte. Sie mochte ihre Kollegen, und von den meisten sagte sie, die hätten sich «anständig verhalten in der Nazizeit». Einige fand ich auch akzeptabel, aber am wichtigsten waren die Stunden am Strand nur mit ihr. Manchmal erzählte sie kleine Geschichten oder Dinge von früher, die ich noch nicht verstand. Sie waren beunruhigend, aber sie gehörten einfach zu ihr wie ihr Geruch. Manchmal schwieg sie auch und war ganz abwesend. Aber auch das war ein Teil von ihr und damit irgendwie auch von mir.

Als es mir besser ging, fuhren wir zurück nach Berlin. Ich ging wieder zur Schule und musste wie alle anderen ein «Buch der guten Taten» führen. Stundenlang saß ich davor und hatte keine Ahnung, was ich hineinschreiben sollte. Dann zeichnete ich sehr genau und mit Schatten einen Handfeger und eine Müllschippe und schrieb: «Ich habe heute aufgefegt.» Es kam mir vollkommen albern vor, aber lachen konnte ich darüber nicht. In der Schule verlernte ich langsam das Lesen, wie ich es in Delhi gelernt hatte; die Bilder und Wörter dort waren andere gewesen, so wie die Methode des Lernens. Nach der neuen Lernart in der DDR brauchte ich zwei Jahre, um Buchstaben aneinander zu fügen und daraus Wörter und daraus wiederum Sätze zu bilden, statt wie in Delhi gleich die ganzen Wörter mit Klang und Aussehen für immer in die Gedanken einzupflanzen.

Nachts waren meine Träume voller Monster, und tags redeten manche Kinder so, dass mir unwohl wurde. Der Vater meiner Mitschülerin Luise war ein Kriegsheld, sagte sie. In der Wehrmacht, und man könne es sehen, weil er nur noch ein Bein habe. Das andere, sagte Luise, hatte er für Deutschland hergegeben. Luise war eigentlich eher schüchtern in der Schule, auch sonst war sie leise und senkte bei jeder Gelegenheit den Blick. Nur zweimal sah ich ihre Augen leuchten, und ihre Stimme wurde laut und fest. Das eine Mal war, als Jungen aus der Klasse die etwas dumme und immer ungewaschene Trude verprügeln wollten. Da feuerte Luise die Burschen an und beschimpfte das Mädchen mit einem solchen Hass, als wäre die arme Trude schuld am abgeschossenen Bein ihres Vaters. Und das andere Mal spielten Kinder aus der Nachbarschaft in der Nähe unseres Hauses. Es war eine Art Räuber und Gendarm, die einen jagten die anderen, und auf einem Sandweg lag das Gefängnis. Luise wartete darauf, dass ihr die Gefangenen zugeführt würden, und wachte dann über sie. Sie hatte das als Kerker vorgesehene Areal mit einem Stock auf dem Sandboden markiert. Drum herum zog sie einen Kreis als Schutzmauer. Sie war vertieft in das Ausschmücken des Kerkers, als ich vorbeikam. «Das sind die Zeichen für die Polizei», sagte sie und strahlte mich an, «für Recht und Ordnung, und damit Verbrecher und Juden hier nie mehr rauskommen!» Und sie malte mit Eifer ein Hakenkreuz nach dem anderen in den Sand.

Bald nachdem ich in die zweite Klasse kam, wurde ich wieder krank. Doch diesmal fuhr mich meine Mutter nicht an die Ostsee – ich wurde «verschickt». Und so musste ich für viele Wochen nach Thüringen.

Dort sang man keine Pionierlieder. Das Heim wurde von einem Ehepaar geleitet, das seltsame Kleidung trug. In Bundhose und Dirndl dirigierten sie die Kinder mit gnadenlos guter Laune durch den Tag. Zum Frühstück gab es Müsli aus harten Haferflocken und geriebenen Möhren, abends sangen sie Schunkellieder. Wer von den Kindern beides mochte und ein «sonniges Antlitz und Gemüt» zeigen konnte, dem ging es gut. Wer sich mit beidem schwer tat, für den hagelte es Strafen. Die kleine Theresa aß das Müsli ohne Murren und gab sich große Mühe mit dem sonnigen Antlitz. Doch sie war schwarz, und die Heimmutter ließ keine Gelegenheit aus, sie das spüren zu lassen. Theresa stand unter ständiger Beobachtung. Bei der kleinsten Abweichung, bei jedem nachhallenden Mädchengekicher wurde sie rausgeschickt. «Wasch dein schwarzes Gesicht, vielleicht wird's dann besser, du Mohrenköpfchen!», lachte die Heimmutter sie aus. Jeden Tag ging es so, und die sonnigen unter den Kindern lachten mit.

An einem hellen und klaren Wintermorgen stand eine Schlittenfahrt mit Pferden auf dem Programm. Theresa durfte nicht mit. Und ich auch nicht. Theresa, weil sie einen «Sonnenbrand kriegen könnte, hahaha», und ich, weil ich ungezogen war und mich weigerte, zu schunkeln und Theresa auszulachen. Deshalb musste ich mich auch wieder einmal in der Ecke schämen. Der Heimvater hatte am Abend zuvor ein selbst komponiertes Lied gesungen: «Schwarze Angelika, bist meinem Herzen nah, o du wundervolle Frau». Vielleicht war es als Versöhnung gemeint, denn der Heimvater sah mit hochgezogenen Augenbrauen seine blauäugige und schwarz gefärbte Frau an. Doch ich fühlte eher Verhöhnung darin und ging weg.

Theresa sah das nicht so. Sie wollte Ruhe haben und so sein wie alle anderen. Sie nahm die Beleidigungen, als hätte es sie nicht gegeben. Mit einem ernsten Ausdruck ging sie und wusch ihr Gesicht jedes Mal, vertiefte sich in ein Buch, während die anderen mit dem großen Schlitten unterwegs waren, und zeigte sich vollkommen unberührt vom Druck des sonnigen Menschseins.

Abends erzählte sie manchmal von ihren Auftritten im Film, sie und ihre Familie durften oft als Komparsen in Märchenfilmen oder anderen, in denen «Neger» vorkamen, auftreten. Sie war stolz darauf. Sie sagte, schon ihre Großeltern hätten bei der Ufa in Filmen mitgespielt. Die Mädchen in unserem Schlafsaal bewunderten und beneideten sie deswegen. Doch auch für diese abendliche Bewunderung blieb sie verschlossen.

Wenn wir manchmal in der grauen, winterlichen Kälte durch die kleine thüringische Stadt spazieren gingen, vorbei an buckligen Fachwerkhäusern, fühlte ich mich einsam, ähnlich, dachte ich, wie meine Brüder im Internat. Dann versuchte ich mich an die Melodien meiner Aya in Indien zu erinnern. Die Aya hatte mir beigebracht, in der Hitze die Frische aufzuspüren. Doch gegen die Kälte half das gar nicht.

3. Kapitel
Kein Karneval in Rio

Mein Vater holte uns vom Flughafen ab, mit einem winzigen französischen Auto namens Dauphine. Kaum hatte er uns untergebracht, war er wie verwandelt. Er, der immer ordentliche und vorsichtige Fahrer, der in der DDR auch bei freier Straße nie die 50 km/h überschritten hätte, brauste mit uns der Stadt entgegen. Die roten Ampeln hielten ihn nicht auf, ebenso wenig irritierte ihn das ständige Hupen und Fluchen von allen Seiten. Ich sah aus dem Fenster, während wir uns durch das Chaos der Ausfallstraßen schlängelten. Doch irgendwann öffnete sich die Landschaft, und vor mir lag *a cidade onde nasceu deus* – die Stadt, in der Gott geboren wurde. So kommentierte mein Vater unsere ersten Laute der Bewunderung beim Anblick der wundervollen Silhouette von Bergen und Buchten, zwischen denen Rio de Janeiro eingeklemmt liegt. «Klar, Gott kann es sich ja aussuchen!», rief ich aus dem Fenster in die feuchte Abendluft hinein.

Die ersten Wochen wohnten wir in einem Hotel nahe der Copacabana. In der Lobby ging es sehr munter zu. Frauen mit hochtoupierten Haaren und eleganten Seidenschals um die nackten Schultern und Männer in hellen Anzügen kamen und gingen und redeten laut dabei. Wir wurden herzlich aufgenommen, Tischnachbarn und Personal gaben uns Empfehlungen, was wir wo anschauen sollten. Alles war irgendwie heiter und gelassen, auch draußen in der Stadt und am Strand, den wir gleich besuchten. Dort gab es gewaltige Wellen und junge

Leute, die sie sich auf Surfbrettern zunutze machten. Die Kraft dieser Wellen war so enorm, dass es das Schwimmen unmöglich machte. Beim ersten Badeversuch hielt mich mein Vater an der Hand. Wir beobachteten eine große, brechende Welle und warteten auf ihr Ausrollen am Strand. Nur kniehoch standen wir im Wasser, als Schaum und Strudel uns einfach umwarfen und wie ein kullerndes Bündel aufs Trockene schleuderten. Der warme Wind trieb mir die salzige Gischt in die Augen, als ich, erschöpft vom Kampf mit dem Wasser, nur noch still am Strand hockte. Der Zuckerhut links und die bizarren Umrisse der Felsen von Leblon rechts formten den Rahmen des ersten der wundervollen violett- und orangeroten Sonnenuntergänge, von denen meine Mutter meinte, man dürfe sie unter keinen Umständen zu malen versuchen. Ihre Erklärung klang so unumstößlich, dass ich wusste, irgendwann würde sie es doch versuchen.

Nach einigen Tagen der Aufregung erinnerte ich mich wieder an den Thüringer Winter und die bedrückenden Kriegsspiele der Kinder in Berlin. Das machte Rio zur Ausnahmesituation, es kam mir vor wie ein Traum, an den ich mich nach dem Aufwachen nur schwach erinnern würde. Und ich würde ihn niemandem erzählen können, um ihn festzuhalten. Denn hier war alles anders, sogar anders als in Delhi. Es war heller, lebendiger, voller Musik und Farben, die einfach allen gehörten. Nicht einmal meinen Brüdern würde ich das Gefühl schildern dürfen, denn sie, so sagten sie mir beim Abschied, säßen im Internat in Brandenburg, während ich an der Copacabana spazieren ginge. Ja, so war es auch, und die ganze Zeit verließ mich die Düsternis dieses Gedankens nicht für einen Moment.

Bald hatten wir eine Wohnung, die jenseits des Zuckerhutes lag. Unser schmales Haus war blau gekachelt, hatte neun Stockwerke – in jedem war ein einziges Apartment – und einen Lift, der praktisch im Wohnzimmer hielt. Die Wohnung hatte nach vorn zur kleinen Straße noch ein Arbeitszimmer und nach hinten zwei Schlafzimmer. Das Bad war in spiegelndem Schwarz gefliest, hinter der Küche lagen eine Kammer für das Hausmädchen, ein Balkon zum Wäschetrocknen und der Ausgang zur schmalen steinernen Wendeltreppe nach unten.

In der engen Auffahrt vor dem Haus, die in einen schmalen Hof führte, ging es zu wie in den Wohnungen selbst: Alle stellten ihre Autos hintereinander ab, und niemand konnte am anderen vorbei. «Gestapelte Autos» nannte ich das. Und so kam es, wenn meine Mutter mich morgens zur Schule fuhr, zu einem ebenso seltsamen wie amüsanten Ritual. Da es selten geschah, dass unser Auto ganz vorn stand, weil manche Hausbewohner sehr spät nach Hause kamen, mussten wir im Durchschnitt vier bis fünf Mieter wecken, die dann ihre Autos alle nacheinander rausfuhren, um sich danach in gleicher Weise wieder hintereinander zu stellen. Es lief so: Wir checkten die Position unseres Autos, ich wusste rasch den vor uns stehenden Wagen die richtigen Mieter zuzuordnen und klingelte dann dort. Langsam kamen die Leute runter, im Pyjama, verschlafen, warteten bei der ersten Morgenzigarette, bis alle da waren, und fuhren dann geschickt ihre Autos rückwärts um die Ecke. Der kleine Konvoi wartete mit laufendem Motor auf unsere Abfahrt und fuhr dann wieder vorwärts hinein. Das ging vollkommen problemlos, alle sahen ein, dass es sein musste, da ich eine deutsche Schule besuchte und die ja in aller Herrgottsfrühe und pünktlich anzufangen hatte.

Genauso gern aber ging ich mit Paula, unserem Hausmädchen. Die Strecke war nicht lang, wir nahmen die einzige Straßenbahn. Entgegen der Legende gab es doch schon viele Menschen, die unterwegs waren, und in der Bahn trafen wir viele

Freunde von Paula, die ausgelassen lachten und mit Paula und mir Scherze machten. Manchmal trank sie noch einen Kaffee mit ihnen, und man tauschte sich aus über Liebesabenteuer, Skandale und andere wichtige Dinge, die in der Stadt passierten. Wenn Paula mich brachte, kam ich öfter zu spät. Doch ich genoss die Schulwege mit ihr, denn sie sah in mir nicht ein Kind von neun Jahren, sondern sprach mit mir, als würde ich jeden Augenblick eine erwachsene Frau werden. So lernte ich zwar sehr schnell Portugiesisch, verstand dann allerdings trotzdem nicht, wovon sie dauernd sprach. Paula wohnte bei uns, und nach der Schule empfing sie mich mit Musik und den Neuigkeiten aus den Sambaschulen der Favelas, der Armenviertel an den Hängen oberhalb der Stadt. Sie übte mit mir zu Hause die neuesten Schritte vor dem Spiegel, zeigte die kleinsten und die exzessivsten Bewegungen und deren Kombination. Sie trug mich hinein in den Rausch der Bewegung, sie erklärte mir die Wirkung der sich sanft steigernden Monotonie von Rhythmen und Melodien. Paula zeigte mir Fotos von Menschen mit phantastischen Kostümen, die für den Karneval probten, und sie versprach mir, nach Weihnachten würde sie mich zu den Felsen mitnehmen.

Mit meiner Mutter war ich manchmal dort, in den Favelas. Sie machte Zeichnungen von den steilen Hängen, an denen die Hütten praktisch klebten, solange der Regen nicht zu heftig fiel. Dann gab es manchmal Erdrutsche, die Häuser aus Blech und Latten einfach mit sich rissen. Sie wollte nicht zu nahe heran, sie wollte zeichnen, aber nicht aufdringlich sein. Es war keine Angst, eher Scham darüber, dass sie wieder hilflos vor der Armut stand und selbst den Kontrast dazu darstellte. Vielleicht sagte sie mir deshalb, die Samba und der Karneval und all das Drumrum könnten nur eine Ablenkung der Menschen von ihrer Situation sein. Eine Manipulation der Armen, und das auch noch aus ihren eigenen Traditionen heraus.

Mich bedrückten ihre Worte, weil Paula doch ganz und gar nicht so dachte und ich meine Mutter zeichnen sah und reden hörte und alles so viel leichter und schöner fand als Thüringen oder die Kinder auf der Hinterheide in Berlin. Dagegen die Zustände in den Favelas ins Feld zu führen war ein schlagendes Argument, aber nach meinem Gefühl nicht wirklich und nicht richtig. Mein Kopf traute dem Gefühl allerdings wenig. Deshalb war ich damals entmutigt, wie auch später oft, wenn meine Freude oder Bewunderung für etwas, das nicht mit der DDR zusammenzupassen schien, durch den Verweis auf elende Armut und Unterdrückung in der kapitalistischen und besonders in der Dritten Welt einen Dämpfer bekam.

Seinerzeit hatte die DDR keine Botschaft in Brasilien, und alle ihre Aufgaben erledigte, soweit es ging, die Handelsvertretung der DDR. Dort arbeiteten offiziell vor allem Vertreter der Wirtschaft, der Außenhandelsunternehmen und einiger Kombinate. Es gab außer ihnen keine anderen DDR-Bürger in Rio. Sie wohnten alle zusammen in einem Gebäude, das der DDR-Regierung gehörte. Einige Familien hatten Kinder, eine Lehrerin lebte auch dort, und so unterrichtete sie die Primarstufe in einer eigens dafür eingerichteten kleinen Wohnung. In einem Raum standen mehrere Doppelbänke und eine Einzelbank, eine Tafel, Karten, Modelle und was man sonst noch für den Unterricht brauchte. Im anderen Raum lagen Bücher und Materialien, standen Stühle und Tische – für alle Fälle. Dort saß ich allein in jeder Pause.

Mein Platz war die Einzelbank. Keines der Kinder spielte mit mir. Die Lehrerin zeigte mir ihre Ablehnung. Wenn die Kinder und ihre Eltern miteinander sprachen, schimpften sie oft über die Brasilianer, besonders über die Schwarzen. Sie machten sich über Paula lustig oder herrschten sie aggressiv an, wenn ich in ihrer Begleitung zu spät kam. Beklagte ich mich zu Hause darüber, versuchten meine Eltern das mit Neid zu erklären. Wir hatten andere Möglichkeiten, konnten uns frei bewegen und hatten im Gegensatz zu den anderen keinerlei Beschränkung in der Wahl unserer Kontakte. Die Leute der Handelsvertretung zeigten auch wenig mehr als folkloristisches Interesse an der Umgebung, und keines der Kinder, die teilweise schon Jahre dort waren, sprach so Portugiesisch wie ich. Hier im Haus meiner Schule, im Haus der Vertretung der DDR, lernte ich das Wort «Privilegien» kennen, das ich später noch oft und fast genauso verächtlich zu hören bekam.

Die Schule war furchtbar. Ich verbuchte Misserfolge in Serie, immer gab es nur Druck und Scham und die Erwartung weiteren Scheiterns. Brasilien kam im Unterricht nicht vor. Nur die DDR und ihre Heimatkunde. An der Wand hing eine vergilbte Landkarte der DDR mit den benachbarten «Bruderländern». Im Westen waren nur Umrisse eingezeichnet. Zum ersten Mal hatte ich Angst vor dem Lernen, bekam nur noch schlechte Noten, wollte keine Hausaufgaben machen und überhaupt nicht mehr zur Schule gehen. In den einsamen Pausen hörte ich im Hof die Kinder spielen, sie sangen Abzählreime. Von der großen Straße her klang gedämpft das typische Hupkonzert. Und dennoch war es, als würde die Stadt da draußen nicht existieren.

Zu Hause quälte ich mich endlos mit den Hausaufgaben. Die Schule hinterließ in mir eine bleierne Müdigkeit. Es war, als ob die Welt hinter dickem Glas verschwand. Ich träumte von Ieda Maria Vargas, einer jungen Frau aus Rio Grande do Sul, die in jenem Jahr zur Miss Universum gekürt wurde. Eine Brasilianerin, eine Morena: dunkle Augen, schwarzes Haar und ein riesiges strahlendes Lächeln. Sie war auf allen Titelbildern der Illustrierten. Ich bastelte ihre filigrane Krone nach, band mir eine Schärpe mit «Miss Universum» um den Kimono, der meiner Großmutter gehört hatte, und nahm einen Besenstiel als Zepter. Paula fand das sehr komisch, sie konnte mir ja nicht helfen bei den Hausaufgaben, und meine Eltern kamen immer viel später. Aber sie machte ein Foto. Darauf war ein schmales rothaariges, sommersprossiges Mädchen von neun Jahren zu sehen, verkleidet, bemalt, gekrönt und ohne die Spur eines Lächelns.

1963 war politisch eine aufregende Zeit in Brasilien, es regierte Jango Goulart, den man heute als links-liberal und nationalistisch bezeichnen würde. Er bemühte sich um die Verstaatlichung der Ölraffinerien und machte einige Schritte in Richtung Bodenreform. Das brachte ihm trotz eher vager als radikaler oder gar revolutionärer Vorstellungen den geballten Druck der amerikanischen Wirtschaft und Politik ein. Lateinamerika zeigte erste Bestrebungen, sich von den USA zu emanzipieren; in verschiedenen Ländern begannen gewerkschaftliche Kräfte und Liberale, manchmal mit Unterstützung der Kommunisten, Reformideen zu sammeln. Es war das erste Jahrzehnt nach der Revolution auf Kuba, wenige Jahre bevor Che Guevara und die DDR-Bürgerin Tamara Bunke ihre Ideen als Guerillakämpfer durchsetzen wollten. Mein Vater war Korrespondent des «Neuen Deutschland», bei uns wurde dauernd von Politik geredet. Für mich war das ein Teil des Alltags, der mich umgab.

An einem Tag im November holte meine Mutter mich aus der Schule ab. Sie machte ein sehr bedrücktes Gesicht. Als wir an einem Laden vorbeigingen, in dem Fernsehgeräte ausgestellt waren, blieb sie in einer Traube von Menschen stehen. Alle starrten auf die Bilder, die da über den Bildschirm liefen. Immer und immer wieder wurde gezeigt, wie John F. Kennedy in seiner offenen Limousine erschossen wurde. Meine Mutter war entsetzt, weil sie trotz der Furcht vor den USA in der angespannten Situation jener Zeit Kennedy doch schätzte. In den Gesprächen der nächsten Tage wuchs die Sorge, denn alle sagten, Kennedys Tod sei nicht gut für Brasilien und wer wisse, was sein Nachfolger tun würde.

Ich merkte die Anspannung besonders, wenn Besucher da waren. Einige der Freunde meiner Eltern kamen aus der Gewerkschaft, wie Miriam und Costa Pinto. Mit ihnen war es immer schön, beide brachten viel Lebensfreude mit, kochten für uns Feijoada, ein brasilianisches Bohnengericht, und lachten viel. Miriam war eine sephardische Jüdin, redete darüber aber nie, sie war es einfach. Costa Pinto hatte die Journalistengewerkschaft mit organisiert. Bei aller Freundlichkeit der beiden konnten sie manchmal sehr ernst werden. Dann sprachen sie von Streiks, vom Untergrund oder von Putsch. Oft gab es heftige Diskussionen oder langes Schweigen.

Ein anderer, sehr treuer Freund hieß Alexander Bentheim. Er stellte Handtücher und Waschlappen her und handelte damit. Einmal besuchten wir ihn in seiner Waschlappenfabrik. Unten herrschte viel Getümmel an Nähmaschinen und anderen Gerätschaften, auf der Empore waren die Büros, und ganz oben mit majestätischem Blick aufs Ganze thronte der Boss, Bentheim, das Urbild des Fabrikbesitzers. Er saß da wie ein Buddha, führte Gespräche oder wühlte in Papieren. Mit Bentheim wurde nicht so häufig über Politik geredet, er mochte meinen Vater sehr und respektierte auch Jango Goulart. Als Kleinunternehmer hatte er ein Interesse für Reformen und fand den Kurs der Regierung in Brasilien durchaus hoffnungsvoll.

Seine Verbundenheit mit der DDR hatte eigentlich nur einen einzigen Grund: Er stammte aus Halle an der Saale. Ende der dreißiger Jahre floh er nach Brasilien. Auch er war Jude, er redete dauernd darüber. Und über Halle. Seine Sehnsucht nach Deutschland war so groß, dass er Anita heiratete. Sie war ein Exfotomodell, hoch gewachsen und sehr dünn. Bentheim hatte sie auf einer seiner Handlungsreisen in Sachen Waschlappen im Westen Deutschlands gefunden. Der Osten Deutschlands aber hatte in Rio ihn gefunden. Es gab eine Art Aktion, in der Deutsche im Ausland gewonnen werden sollten, um das internationale Ansehen der DDR zu entwickeln – und dabei halfen die so genannten Freundschaftsgesellschaften, die im Grunde beanspruchten, den westdeutschen Goethe-Instituten eine Konkurrenz zu sein. Bentheim war aus gutem Grunde schon lange kein Deutscher mehr, er war Brasilianer, aber er hatte einmal auf einen Brief aus der alten Heimat geantwortet und verkörperte seither fast ganz allein die Freundschaftsgesellschaft DDR–Brasilien, von deren Existenz man fortan in mancher DDR-Hochglanzbroschüre lesen konnte.

Ein einziges Mal hatten wir Besuch aus der DDR. Auf ihrer zweiten Reise nach Brasilien kam Anna Seghers zu uns. Sie trug ein weißes Kleid, als meine Mutter mit ihr nach Hause kam. Bevor meine Eltern mit ihr essen gingen, saß ich mit ihr einen Moment zusammen. Sie erzählte vom schlechten Wetter in Berlin und von den Dichtern, die sie besuchen wollte. Auf ihrer ersten Reise hatte sie Jorge Amado in São Salvador de Bahia getroffen, dessen Romane ich viele Jahre später las. Nun war sie nach Rio gekommen, und was mich besonders beeindruckte: Sie hatte dem Flugzeug eine Schiffspassage vorgezogen. An diesem ersten Abend sah ich sie nur kurz und schlug ihr vor, sie in den nächsten Tagen mit meiner Mutter durch ganz Rio zu fahren. Ich musste ihr versprechen, ihr meine Lieblingsplätze zu zeigen.

Ich mochte Anna Seghers. Es waren dauernd fast nur Erwachsene um mich herum, bei denen meine Verwirrungen kaum Platz hatten, sodass ich mich oft wie unsichtbar fühlte. Anna redete mit mir anders, sie nahm mich wahr, nicht als das Kind, das selbstverständlich zu Doris, der Malerin, und Max, dem Korrespondenten, gehörte. Sie sah mich an. Manchmal zuckte sie ein wenig im Gesicht beim Sprechen, manchmal wirkte sie abwesend und dann wieder so nah und präsent, als wäre sie meine Freundin. Das war mir sehr vertraut, denn meine Mutter blieb auch oft in Gedanken oder in Bildern hängen, als würde sie für einen langen Moment in einer anderen Welt untertauchen.

Die beiden verstanden sich sehr gut, und meine Mutter zeichnete Anna an einem stürmischen Abend, an dem wir alle zu Haus blieben. Ich saß neben ihr auf dem Fußboden, während sie mir erzählte, von ihrer Schiffsreise und von ihren Schulfreundinnen. Sie trug die Haare in einem Dutt, den ich nach einigem Drängen aufmachen durfte, um ihr schulterlanges, fast weißes Haar zu bürsten. Sie fragte mich, was ich am liebsten täte. Ich erzählte ihr von der Musik und von Paula und dass ich zum Entsetzen meiner Eltern an einem Tag im Kino verschwunden war, um mir meinen Lieblingsfilm noch weitere drei Male hintereinander anzuschauen. Er hieß «Hatari», und es ging um die Abenteuer von Leuten, die in Afrika Tiere für den Zoo einfangen sollten. Ich vertraute ihr sogar an, dass ich mich sehr, sehr in Hardy Krüger verliebt hatte, der da neben dem großen John Wayne einen charmanten jungen Mann spielte. Und ich sang ihr einige Lieder aus dem Film vor. Ihre Augen lachten mit mir, und dann vertraute sie mir auch etwas an, das mich mit ihr verbinden sollte. Eigentlich heiße sie gar nicht Anna, sagte sie, sondern genauso wie ich: Netty. Als Netty Reiling war sie geboren, und viel später, als sie zu schreiben anfing, nahm sie Anna Seghers als eine Art Künstlernamen an. Und dass sie sich freue, nun endlich eine solche Namensvetterin gefunden zu haben. Netty also. Mit einem Ypsilon am Ende, auf dem ich für meinen eigenen Namen natürlich seit diesem Abend fortan bestand.

Am nächsten Tag fuhren wir mit Anna die Berge hinauf, um das Panorama und das Meer richtig sehen zu können. Es war nach der stürmischen Nach eher bewölkt und grau, nicht sehr typisch für Rio und zum Vorzeigen seiner ganzen Pracht auch nicht besonders geeignet. Das ärgerte mich. Als wir endlich wieder nach unten kamen, waren die Küstenstraßen hinter dem Zuckerhut abgesperrt. Wir ließen das Auto in einer Seitenstraße zurück und liefen zu Fuß weiter. Dort, wo der Strand begann, sah plötzlich alles anders aus. Über Nacht war eine Springflut über die Strände gerollt und hatte den Strand mit sich gerissen. Teile des Bürgersteigs waren unterspült; wo sich der Sand sonst auf gleicher Höhe anschloss, fiel nun eine tiefe Stufe nach unten ab. Auf der Fahrbahn der Küstenpromenade hatten Bulldozer schon riesige Sandhaufen zusammengeschoben. Ich kannte die Kraft der Wellen. Doch dass sie in einem Moment alles verändern konnten, hat mich erschreckt. Einige Tage später fuhr Anna wieder ab.

Am Ende des Jahres reisten wir zurück nach Berlin, wegen Weihnachten und weil meine Brüder Ferien hatten. Aber auch, weil meine Eltern auf keinen Fall zur Karnevalsaison in Rio sein wollten. Das bedeutete, die versprochenen Besuche mit Paula in den Sambaschulen mussten ausfallen. Ich war sehr enttäuscht.

Die neun Monate in Rio waren für mich schwer und leicht gewesen. Ich hatte Mathematik und das Lernen verlernt, konnte dafür aber Portugiesisch wie eine Carioca. Über Wellen wusste ich Bescheid und hatte die Samba und die Musik entdeckt. Und ich hatte in dieser lebendigen Stadt die bisher tiefste Erfahrung der Einsamkeit gemacht. Es war gerade hier in Rio, dass ich mir vielleicht das erste Mal wünschte, keine ständigen Perspektivwechsel zu erleben, weil jede Seite einleuchtende Haltungen hat, keine dauernden Zweifel, keine Furcht, keinen Mangel an Boden unter den Füßen und so weiter. Ich hatte mit meinen neun Jahren das Gefühl, ein Produkt von vielen Geschichten, Einflüssen und Unsicherheiten zu sein. Alles schien einleuchtend, was mir begegnete, alles, außer mir selbst. Und es war wie ein erster Entwurf, um den ich nicht herumkam. Darum sah ich aus dem Fenster und rief auf dem Weg zum Flughafen allem, was vorbeisauste, ein wehmütiges «Bis bald» hinterher.

Doch dazu sollte es nie mehr kommen. Mein Vater war, wie verabredet, gleich nach den Ferien nach Rio zurückgeflogen, meine Mutter und ich sollten im Frühjahr nachkommen. Wir verbrachten die Zeit in Berlin in einem Schwebezustand bis Ende März. Dann endlich ging es wieder los, zurück nach Rio. Wir kamen bis Prag. Dort wurde uns mitgeteilt, der Flughafen von Rio sei geschlossen. Die konservativen Politiker hatten mit Hilfe des Militärs geputscht. Jango Goulart irrte durchs Land – er war schon nicht mehr Präsident.

Alexander Bentheim und Paula halfen meinem Vater, unterzutauchen und zu fliehen. Er blieb mehrere Monate verschwunden.

4. Kapitel

Musik und andere Geräusche

Wir waren sehr beunruhigt, von meinem Vater nichts zu hören, außer dass er lebte, vom Militär verfolgt wurde und illegal durch Brasilien reiste, um das Land verlassen zu können. Es brauchte eine Weile, bis ich wirklich verstanden hatte, dass wir nicht mehr nach Rio zurückfahren würden. In der Zeit ging ich meiner Freundin Rita mit den Geschichten von der Schönheitskönigin und ihrer Krone, die in meinem Koffer sehr gelitten hatte und nun ganz platt und zerknittert war, besonders auf die Nerven. Der Versuch, die verschwundene Wirklichkeit wach zu halten, indem ich Rita dauernd davon erzählte und ihr meine Platten vorspielte, überforderte sie. Und wenn sie fortging und die Tür hinter sich zuknallte, fühlte ich mich noch verlorener als vorher. In solchen Momenten half nur die Musik. Wenn ich nach der Schule nach Hause kam, konnte ich sie in der leeren Wohnung hören und fuhr wieder mit Paula nach Bahia an das Meer, von dem Dorival Caimy sang. Zu meiner Lieblingsmusik gehörten aber auch israelische Lieder über den Aufbau und die Pionierzeit von Hannah Aharoni, einer jemenitischen Jüdin. Außerdem Harry Belafontes Konzert in der Carnegie Hall mit Odetta, der großartigen Stimme der Bürgerrechtsbewegung in den USA, Yves Montand, dessen Partisanenlieder meine Eltern gut kannten, und der Swing der Barry Sisters, die jiddische Lieder zu Schlagern der Zeit gemacht hatten. Kein einziger Ton entging mir, und nicht ein Wort.

Im Herbst kamen meine Brüder aus dem Internat. Endlich, nach sechs Jahren, waren sie wieder da. Auch sie hörten die Musik und machten sie zu einem Teil ihres Lebens. Als sie ins Internat mussten, waren sie geradeso alt gewesen wie ich jetzt. Nun kamen sie zurück – fast erwachsen in meinen Augen. Jeder von uns hatte ein eigenes Zimmer, das auch wirklich bewohnt wurde, und auf einmal sollten wir ohne Unterbrechung eine Familie sein. Auch mein Vater tauchte wieder auf und mit ihm der Plattenspieler aus Rio. Es war ein ungelenkes graues Ding, portugiesisch beschriftet, und konnte sensationelle zehn Platten stapeln, automatisch auflegen und abspielen. Das half beim Dauermusikhören. Ob Samba oder Beatles, nur das Eintauchen war wichtig.

Es begann eine Zeit mit viel Lärm. Meine Brüder hatten ihr Heranwachsen in einer Anstalt erlebt, die verkommen, verroht und brutal war, mit Lehrern und Erziehern, die kaum einen Hehl daraus machten, umgedrehte Nazis zu sein. Sie ließen es die Kinder spüren, besonders die, deren Eltern im Exil viel Schweres erlebt hatten und nun in der DDR – genau wie unsere Eltern – ihre Chancen und ihre Möglichkeiten nutzen wollten. Und so wurde es laut um mich herum, denn der Zorn meiner Brüder entlud sich nicht direkt, er machte aber gewaltigen Radau. Doch daneben wurden nach und nach andere Geräusche lauter. Sie waren immer da gewesen, als würden sie mitschwingen in den Tönen des täglich Gehörten. Nun hatte ich so viel aufgenommen davon, dass es mich erreichte und, ganz allmählich und undeutlich noch, eine eigene Saite zum Klingen brachte.

Es gab ihn nicht, den denkwürdigen Tag, an dem auf die Frage eines Kindes die Eltern sich hinsetzen und mit Ernst oder Verlegenheit etwas Wichtiges erklären. Vielleicht geschah es nicht, weil ich als Letzte von uns dreien an der Reihe war und alles bereits früher gesagt wurde. Vielleicht sind die

Erklärungen stückweise gekommen, lange bevor ich zu fragen in der Lage war. Vielleicht gab es sie aber auch nie. Nicht weil es ein Geheimnis gewesen wäre, sondern weil es zu viel war und zu unpassend im täglichen Leben, in dem meine Eltern sich eingerichtet hatten. Also fragte ich nicht, denn das Verborgene verbot jede Frage. Dafür aber dröhnten einige ständig wiederkehrende und vertraute Wörter immer lauter in meinem Kopf: Viele Menschen, von denen gesprochen wurde, Verwandte, Freunde oder Kampfgefährten, hatten definitive Eigenschaften. Sie waren umgekommen, erschossen worden, unter- und niemals wieder aufgetaucht, waren im Lager gestorben, in Auschwitz geblieben, hatten sich versteckt, waren denunziert oder deportiert worden. Von Faschisten, Nazis und Kollaborateuren. Oder von Stalin. Manche lebten im Untergrund oder im Exil. Sie waren Emigranten, Spanienkämpfer, in der Résistance.

Wir hatten Glück, denn das Wort Jude oder jüdisch klang mit in den Geschichten. Es gab andere Familien, in denen es unhörbar blieb. Eine Freundin von mir erfuhr vom Hintergrund ihrer Familie erst, als sie mit 18 Jahren von ihrem Schuldirektor aus dem Unterricht gerufen wurde, weil ein niederländisches Fernsehteam etwas über Juden in der DDR erfahren wollte. Bei uns wurde es ausgesprochen und blieb dennoch ein gewisses Tabu. Obwohl die offizielle Staatsideologie im Grunde nur antifaschistische Opfer der Nazis kannte, wussten wir, dass es auch andere gab.

Ich jedenfalls wusste es, denn in der Schule wurde regelmäßig und vor der ganzen Klasse danach gefragt – um die Kinder richtig einschätzen zu können, wie es hieß. Neben der Frage, ob die Eltern der Arbeiterklasse angehörten – was sehr gut war und ein A hinter dem Namen des Kindes bedeutete – oder der Intelligenz – ein I mit eher nachteiligen Folgen –, fragten die Lehrer nach der Mitgliedschaft in Partei und Massenorganisationen. Und dann gab es noch eine andere Kategorie. Meine Eltern waren «Kämpfer gegen den Faschismus» und nicht nur einfach «Opfer des Faschismus». Die Abkürzung, in der schließlich beides zusammenfloss und im Klassenbuch eingetragen wurde, lautete VdN, Verfolgte des Naziregimes. Bei jeder Gelegenheit, bei der ein neuer Lehrer, Pionierleiter oder FDJ-Sekretär auf diese Abkürzung stieß, folgte ein Blick auf das betreffende Kind. Prüfend, kritisch oder skeptisch, aber nur manchmal wohlwollend. Es gab selten mehrere solcher Kinder in einer Klasse. Wenn ich nicht allein war, dann wusste ich, dass ich mit dem anderen Kind, ob ich es mochte oder nicht, einige dieser Wörter teilte, die uns von denen der anderen unterschieden: Illegalität, Emigration, gekämpft, verfolgt, umgekommen. Bei den anderen Kindern hieß es: Vaterland, Heimat, Bombenangriffe, Gefangenschaft, gefallen.

Es lag eine wenig subtile Unterscheidung zwischen Opfern des Faschismus und Kämpfern gegen den Faschismus. Ohne dass das Wort Jude ausgesprochen wurde, galten die Opfer des Faschismus selbstverständlich weniger. Schließlich, so wurde gesagt, hätten sie ja auch kämpfen können. Die Öffentlichkeit und wir selbst wurden fern gehalten von dem belasteten Wort «Jude». Die Erinnerung sollte politisch sein, und so erklärte man im besten Fall, wie bei meinen Eltern, sie seien politisch und rassisch Verfolgte gewesen. Warum und worin die rassische Verfolgung bestand, unterlag einem Schweigen, das mir immer Peinlichkeit und Unbehagen bereitete – in der Schule und zu Haus. Denn es fehlte mir der denkwürdige Tag des Gesprächs, das auch meiner Verwirrung einen Schutz hätte geben können.

VdN war das Synonym für ganz verschiedene Dinge. Es stand nach außen für Privilegien – das zuallererst und zum Ärger der Nicht- oder Andersprivilegierten. Es gab sie auch, die Privilegien. Sie waren ein aus dem Kalkül der Bürokratie hervorgegangener Schutz Einzelner, eine Art Ersatz für das, was wirklich notwendig gewesen wäre. Was nützte uns dieser Schutz, wenn es keinerlei Verständigung gab über eine verdrängende deutsche Gesellschaft? Der Antisemitismus hatte eben ökonomische Ursachen, mit dem Sozialismus waren die «ausgerottet», über Judentum wurde nicht gesprochen, es wurde zu einer schlichten Religionspraxis herunterdefiniert, die ebenso wenig Bedeutung haben sollte wie Religionen überhaupt, und die Verfolgungsgeschichte kam höchstens als Bestätigung ideologischer Bilder vor. Das war der Preis der Privilegien. Aber ich konnte das nicht wissen, schon gar nicht als Kind. Also blieb nichts anderes, als an den eigenen Wahrnehmungen zu zweifeln und Tag für Tag das Gefühl von Fremdheit anzuhäufen, das einen eigenen Ort suchte.

Nach innen, für mich und meine Familie, bedeutete VdN noch etwas Reelleres. Es war die Bezeichnung von Menschen, die einen ähnlichen Hintergrund hatten. Viele Freunde meiner Eltern, die meisten, waren VdN. Ja, eigentlich fast alle. Man kannte sich aus der Emigration, manchmal sogar noch aus der gemeinsamen Schulzeit im Scheunenviertel. Durch die Erfahrungen war die Nähe zueinander einfach größer, und oft auch die der Kinder. Das Trennende von den anderen war nie im Gespräch, aber es war da. Diese Leute, die irgendwie zu uns gehörten, waren mir unterschiedlich sympathisch, aber dennoch vertraut.

Der ganze Leitfaden des politischen Selbstverständnisses in der DDR schien sich auf die Erfahrungen der Verfolgten zu beziehen. Doch im Alltag gab es dazu eine Kluft, die ich als Kind nicht entschlüsseln konnte. Für mich war die DDR ganz eindeutig eine Einheit zwischen Eltern und Staat. In den Schulbüchern las ich von Spanienkrieg und Widerstand, die Lehrer und Pionierleiter hatten die Geschichte meiner Eltern zum Curriculum gemacht. Doch wie sie es taten, war mir fremd. Jede Möglichkeit des Wiedererkennens gerann zu gestanzten Sätzen, zu Hausaufgaben oder Deklarationen beim Fahnenappell. Oder zu Heldengeschichten, in denen es nur in Stahl gegossene Moral gab, die vorgab, das einzig Gute und Menschliche zu sein. Das alles hatte nichts zu tun mit der komplizierten Wärme meiner Eltern, meiner Familie. Bei uns gab es vielleicht Tabus und manchmal Einsamkeiten, aber keine ideologischen Verbote. Im Gegensatz zu mir durften viele Kinder zu Hause nicht Westfernsehen anschauen, wenn sie aus Funktionärsfamilien kamen. Ihre Eltern waren nicht VdN, aber sie dienten dem Staat, und das mit aller Konsequenz. Die Kinder sagten artig auf, was von ihnen in der Schule verlangt wurde, sie waren aktiv bei den Pionieren und später in der FDJ. Ich wollte das auch, unbedingt, aber dafür war ich in jeder Hinsicht zu unsportlich. Beim Mannschaftswettkampf musste ich immer zusehen, wie ich am Ende als Letzte notgedrungen ausgewählt wurde, und bei der Wahl der wirklich wichtigen Pioniergremien schlug mich erst gar niemand vor. Die gestanzten ideologischen Bilder und nichts sagenden Anforderungen machten mir in ihrer Härte entweder Angst, oder sie erreichten mich erst gar nicht. So hatte ich sie nie parat, wenn es nötig war. Keine der sozialistischen Tugenden passte so recht auf mich. Meine Zensuren waren nicht einmal schlecht, bis auf die für mein Verhalten.

Ich hatte meine Freundin Rita, kämpfte manchmal mit meinen Brüdern, träumte vom Reiten, und alle beängstigenden Krankheiten von früher waren verschwunden. Doch einmal war meine Mutter wirklich besorgt und ging mit mir zum Kinderarzt. Ich hatte Albträume und wachte nachts oft weinend auf. Die Morgen waren so normal wie die Nächte voller Entsetzen. Ich war müde und angespannt und konnte und wollte meiner Mutter nichts erklären. Also fragte mich der

Arzt, was ich denn so träumte, und ich schwieg auch ihn trotzig an. Es war mir einfach schrecklich peinlich.

Über ihre Angst, ihre Zweifel, Panik, Wut und ihren Hass auf Verfolger und Mörder haben meine Eltern nicht gesprochen. Wir wussten trotzdem davon. Wir konnten es uns vorstellen. Wir mussten es uns vorstellen. Doch das Ausgesparte kroch in meine Träume. Das Schlimmste war, dort den endlosen Augenblick zu erleben, in dem das Gas in den von Menschen vollen, kalten Raum eindrang. Eine Panik, die nur den Tod bedeuten konnte, brannte entsetzlich in meinem Gesicht. Während sich vor meinen Augen die Menschen einer nach dem anderen schreiend in Leichen verwandelten, sagte mir eine vertraute Stimme warm und ruhig, ich solle einfach nur tief einatmen und aufgeben, dann gehe es schneller vorbei. Und als Hintergrundmusik von Grauen und Kälte klangen Pionierlieder. «Hell scheint die Sonne und leicht ist unser Schritt, froh ist der Schlag unsrer Herzen. Zieht doch die Freude an unsrer Seite mit: Singen und Lachen und Scherzen. Pioniere voran, lasst die Fahne wehn. Unsre Zukunft, sie führt in das Morgenlicht hinein. Wir sind stolz, Pioniere zu sein.» Ich hatte wirklich keine Ahnung, was ich dem freundlichen Arzt im weißen Kittel antworten sollte.

Was meine Eltern ganz nebenbei, oft leicht und ohne Pathos erzählten, wirkte nicht erschreckend, jedenfalls nicht in dem Augenblick, als wir es hörten. Doch es drang ein in Bildern und Details, die ich mir mit der Zeit auch tagsüber vorzustellen begann. So wie die eine Geschichte von Nazim Hikmet, dem türkischen Dichter, die meine Mutter erzählte, wenn sie sich manchmal an ihn erinnern wollte. Sie hatte Ende der fünfziger Jahre eine deutsche Ausgabe seiner Gedichte illustriert und auch an deren Nachdichtung mitgearbeitet. Damals besuchte er uns. Ich war etwa fünf Jahre alt, als Nazim, dessen helle Augen so beeindruckend waren, mich auf seine Schultern setzte. Und weil ich mich daran erinnern konnte, erzählte sie mir später von Nazims gefährlicher Flucht aus der Türkei. Er war von einem Hund gebissen worden. Das sei nicht so schlimm gewesen, sagte sie, doch es herrschte Tollwut in der Gegend, die schon einige Opfer gefordert hatte. Nazim wusste das, und um nicht das Leben seiner Freunde und Genossen zu gefährden, versteckte er sich an einem abgelegenen und kargen Ort und wartete ab. Er wartete auf den Tod, falls die Krankheit bei ihm ausbrechen würde, denn er hätte niemals einen Arzt erreichen können. Er wartete über dreißig Tage, in denen er keinen Kontakt mit anderen Menschen haben durfte. Nur wenige wussten, wo er war, brachten Wasser und etwas zu essen und legten es an einer verabredeten Stelle ab. Niemand sah ihn oder sprach mit ihm. Nazims eindringliches Gefühl von Angst bei der Selbstbeobachtung in der Einsamkeit, ohne jede Aussicht auf Heilung, blieb in mir. Vielleicht war es aber auch die Art, wie meine Mutter davon erzählte, die selbst oft in Situationen gewesen war, in denen sie Ängste, Furcht und Panik auszuhalten hatte. Indem sie seine Geschichte schilderte, fiel es ihr leichter, über solche Erinnerungen zu sprechen.

So gab es immer mehr indirekte als direkte Hinweise auf die Vergangenheit. Ab und an sprach mein Vater gern darüber, wie er nach Spanien ging, um dort mit all den anderen an der Seite der republikanischen Spanier gegen Franco zu kämpfen. Er war relativ spät und über Umwege dorthin gelangt. 1933 musste er aus Deutschland fliehen, ging zuerst nach Prag und blieb dort eine Zeit lang. Über die Schweiz und Frankreich und viele illegale Wege zwischen Verfolgern und Helfern kam er endlich nach Spanien. Natürlich war ich sehr stolz, einen Spanienkämpfer zum Vater zu haben, in dem Wort steckte einfach alles Gute und irgendwie auch Heldenhafte, das sich mit dieser Epoche verbinden ließ. Mein Vater drückte nie

Wut, Zorn oder Entsetzen aus, wenn er über die Zeit seines Exils und alles, was damit verbunden war, sprach. Dass er solche Empfindungen hatte, klang indirekt aus den Worten, mit denen er seinen Aufenthalt in Spanien beschrieb. Eine Befreiung von der Last, nichts tun zu können, oder viel zu wenig, endlich als einer unter vielen sehr Verschiedenen sich zu äußern, wirklich zu kämpfen und für ein konkretes Ziel – das war es. Er war glücklich, wenn er von jenen warmen und ernsten Momenten sprach, bevor die Kämpfer nachts nach Spanien gelotst wurden. Bauern hatten sie auf einem Hof kurz vor der Grenze empfangen und beköstigt. Sie erklärten die geheimen Wege und die Gefahren, es war die Stille vor der Zeit der Gefechte. Da waren Leute aus allen Ländern, unter ihnen auch viele Juden, ein geradezu berauschendes Bild von etwas, das er sich immer gewünscht hatte. Er brauchte nicht so sehr viel mehr Mut für den bewaffneten Kampf, hat er gesagt, denn Flucht und alle illegalen Aktivitäten, die Sorge um das Leben der anderen und auch das eigene hatten enorme Kraft gekostet. Es war erleichternder, Mut gegen die deutschen Flugzeuge zu zeigen als gegen die diffuse Dunkelheit jener Jahre. Doch selbst der Zeit danach im Internierungslager gab er einen Sinn, er organisierte dort Lektüre und Bildung für Gefangene und war gleichzeitig Übermittler von Informationen. Nach seiner Flucht aus dem Lager gehörte er zu den deutschen Kämpfern in der französischen Résistance, die am Ende siegreich in Paris einzogen.

Doch was war für uns davon übrig geblieben? Was war das ganz normale Leben im Gegensatz zum eleganten und so bewundernswert unpathetischen Heldentum meiner Eltern? Ob gewollt oder nicht, fast alles musste dem Vergleich mit ihnen und ihrer Sache, ihrem intensiven Leben standhalten. Es gab für mich kaum Probleme im Alltag, die sich nicht mit den ausgedrückten oder ausgesparten Ängsten ihrer Zeit, den

Umständen ihrer Flucht, den Gräueln in den Lagern, dem Kampf, der Konspiration und allem anderen zu messen hatten. Wenn ich vor irgendetwas Angst hatte, wie zum Beispiel vor dem Zahnarzt, der seine Behandlung immer als sadistische, aber gerechte Bestrafung für Mangel an Fleiß beim Zähneputzen verstand, dann dachte ich an ihren Kampf. Ich stellte mir vor, die Gestapo würde mich foltern, damit ich ihnen das Versteck von Freunden verriet. Aber ich tat es nicht. Ich hielt durch – das eine und andere Mal, bis ich nicht mehr zum Zahnarzt ging, weil ich schließlich der Folter die Zahnschmerzen vorzog. Doch ich schämte mich für meinen Mangel an Mut, weil die Gestapo natürlich weniger freiwillig war als die Tortur beim Arzt.

Die eigene Realität versuchte sich immer wieder Platz zu schaffen. Mit dreizehn Jahren fing ich an, Tagebuch zu schreiben. Meine Mutter hatte es mir geschenkt. Es war in graues Leder gebunden und hatte ein winziges Schloss. Dieses Büchlein diente als eine Art Mülleimer für die Abfälle des kleinen Frusts. Ich schrieb, was mich gerade an Rita störte, welcher Junge mir unerwidert gefiel und wie gern ich wieder reiten wollte. Eigentlich waren es keine großartigen Geheimnisse, aber irgendwie doch, denn da stand, was mich beschäftigte – von mir selbst geschrieben. In einer der Situationen voller Nähe und Wärme mit meiner Mutter fragte sie mich, ob ich ihr Geschenk denn benutze, und ich lief sofort los, es zu holen und es ihr zu zeigen. Sie lag auf dem Sofa, eingehüllt in eine englische Wolldecke, blätterte in dem Büchlein und sagte, während sie es mir zurückgab, mit warmem Lächeln, ich solle doch mal ein richtiges Tagebuch von Jugendlichen mit wirklichen Themen und Problemen lesen, denn meins sei doch sehr oberflächlich. Sie gab mir das Tagebuch eines Schülers, der als Straßenkind in Moskau während der Wirren der zwanziger Jahre für die Revolution gekämpft hatte, ein schmaler blauer Band – ein Roman in Tagebuchform. Und sie erinnerte mich selbstverständlich auch an Anne Frank.

Ich hörte nicht sofort auf, meine dummen Notizen in das Tagebuch zu schreiben, doch etwas ratlos blieb ich schon zurück. Bald ließ ich das Schreiben und fragte stattdessen, was ich denn sein sollte, was ich tun sollte, was wirklich lohne, wenn alles so fabelhaft in Ordnung sei in der DDR, wenn alle Kämpfe gekämpft und alle Konflikte gelöst seien. «Ihr könnt doch im Frieden leben», war die Antwort von allen Seiten, «und Unterschriften sammeln für diejenigen, die es nicht so gut haben wie ihr.» Und dagegen gab es ja nun absolut nichts zu sagen.

Außer vielleicht, dass ich wiederum begann, das Ausgesparte zu sammeln, dessen Botschaft mir leise und ungeordnet zuraunte, keinen Platz unter *denen* zu haben. Dabei wusste ich nicht einmal, wer *die* waren. Ich fand Sätze, die kaum in meine Vernunft oder den Verstand eindrangen, wohl aber in diese seltsame Sammlung von Geräuschen. «Wenn's mal wieder anders kommt, dann werden sie wieder die Juden und die Kommunisten als Erste an die Laternen hängen.» Dieser seltene Satz meines Vaters gehörte dazu, und ich wusste, ich bin damit auch gemeint. Und weder die Kinder in meiner Umgebung noch deren Eltern, noch die Lehrer oder andere Erwachsene betraf es so wie uns. Dazu kam das gesammelte Schweigen oder die angehaltenen Worte, wie ein schwer entschlüsselbarer Code von Gegensätzlichkeiten in einer Welt, die jeden Widerspruch einfach für gelöst erklärt hatte. Trotz der Mauer, die ein Zwang war für alle, trotz der öffentlichen Heuchelei, der realitätsfernen DDR-Medien, trotz der Kälte der Leute, ihrer Härte und Gleichgültigkeit, trotz der nur grob gewendeten Nazis, trotz des Zwangs zu pompösen Ritualen und größenwahnsinnigen Gesten der politischen Führung, trotz der unerträglichen Selbstgerechtigkeit der Beamten und Technokraten. Es war nur ein Eindruck – das Ausgesparte eben, dessen Bedeutung ich für mich selbst erschließen musste.

5. Kapitel
Frühling

Endlich, mit 14 Jahren, hielt man mich nicht mehr für einen Jungen, einen zierlichen und mit so blöden roten Haaren, aber eben einen Jungen. Im Sommer fuhren wir in die Ferien nach Warna, einer Hafenstadt mit Sonnenstrand in Bulgarien, und zum ersten Mal lohnte es sich für mich, einen Bikini zu tragen. Meine Brüder, schon richtig erwachsen mit Abitur und kurz davor, von zu Hause auszuziehen, begleiteten uns diesmal nicht. Zwei Jahre zuvor waren wir schon einmal dort gewesen; der erste und einzige Urlaub der ganzen Familie. Da sah ich noch aus wie ein Junge und wollte es durchaus auch sein. Beide Male wohnten wir in einem Ferienhotel des Journalistenverbands. Die erste Reise machten wir im Auto, durch Städte und Landschaften der Tschechoslowakei, Ungarns und Rumäniens, und meine Brüder durften fahren. Wir übernachteten in Prag und besuchten dort sehr alte und gute Freunde meiner Eltern. Bei der zweiten Reise verzichteten wir auf diese Strapaze und nahmen das Flugzeug. Ein Kollege meines Vaters mit seiner Familie hatte die Reise mit uns zusammen geplant. Jeden Tag gingen wir an den Strand, machten kleinere Ausflüge, und ich war unendlich stolz, dass der Bikini mir einige anerkennende Pfiffe von bulgarischen Jungen einbrachte.

Es war eine gelassene, angenehme Zeit dort, ich bedauerte, dass sie doch rasch vorbei war und wir die Rückreise antreten mussten. Wir flogen los – geplanter Zwischenstopp in Prag, dann weiter nach Berlin. Nach ungefähr einer Stunde machte die gleichmütige Stimme des Kapitäns eine Ansage: Die Maschine würde nun nicht in Prag landen, sondern nach Warschau umgeleitet, weil in Prag Krieg sei. Ich saß am Gang hinter meinen Eltern und sah, wie mein Vater und sein Kollege, ein riesiger Mann, aufstanden, sehr entschlossen auf das Cockpit zugingen und mit dem Habitus der Macht den Kapitän zu sprechen verlangten. Es war der 21. August 1968, der Tag, an dem die Truppen des Warschauer Paktes in Prag einmarschierten.

Es tat mir furchtbar Leid, dass besonders meine Mutter traurig war über den Verlust der Freundschaft zu der Prager Familie. Aber meine Eltern blieben dabei, sie teilten im Gegensatz zu diesen Freunden nicht die Verurteilung des Einmarschs. Bald danach verließen die Freunde Prag und kehrten nach England zurück, von wo aus sie viele Jahre zuvor als Journalisten in die Tschechoslowakei gekommen waren. Das Definitive und Persönliche dieser Trennung ist mir sehr nahe gegangen. Die Bestimmtheit aber, mit der meine Eltern ihre Ansicht erklärten, immer wieder, den Verlust in Kauf nehmend, ließ absolut keinen Platz für ein Kind mit Bikini, etwas anderes dazu zu meinen.

Nach den Sommerferien sprachen wir darüber in der Schule. Die Sätze der Lehrer waren voll von Vokabeln wie «Konterrevolution» und «Imperialismus». Unter den Schülern aber gab es andere Diskussionen. Rita zum Beispiel, die im Unterricht neben mir saß, sah das nicht so. Ihr Vater war auch Maler, wie meine Mutter, aber er war nicht in gleicher Weise mit der DDR verbunden. Wir wohnten ja im gleichen Haus – einen Aufgang voneinander getrennt –, und es gab heftige Diskussionen zwischen ihm und meiner Mutter, allerdings nicht mit so dramatischen Folgen wie bei den Prager Freunden. Nun saßen Rita und ich im Staatsbürgerkundeunterricht und schrieben uns Zettel. Sie sagte etwas über Sozialismus mit menschlichem Gesicht, und ich bestand auf dem, was meine Eltern meinten. Sie hatte zwar eindeutig die besseren Argumente, aber es war vollkommen ausgeschlossen, ihr und damit nicht meinen Eltern Recht zu geben. So ging es die ganze Stunde hin und her, und irgendwann war es dem Lehrer zu viel. Er hatte bemerkt, dass wir etwas anderes taten, als wir sollten. Also fuhr er uns an. Und fragte zuerst mich, ob ich überhaupt zugehört hatte, worum es im Unterricht ging. Ich hatte absolut keine Ahnung, zog die Unterlippe nach vorn und schwieg. Dann fragte er Rita. Die stand auf und sagte exakt den Text auf, den er offenbar hören wollte. Irgendwas von imperialistischer Weltherrschaft und Sozialismus, und sie bekam eine Eins. Ich sah Rita an und bewunderte sie unendlich dafür, wie sie in jeder Situation das Richtige sagen konnte.

Zwei Jahre später entschlossen wir uns beide, das Abitur auf einer Schule zu machen, in der Spanisch unterrichtet wurde. Mein Motiv war vollkommen klar. Meine Mutter war als junges Mädchen in Spanien zur Schule gegangen, und mein Vater hatte diese großartige Zeit des Kampfes in den Brigaden. Außerdem rückte Lateinamerika dadurch irgendwie näher, das Che Guevara hervorgebracht hatte und meine Musik. Ich spürte ein solche Sehnsucht danach, dass mir gar nichts anderes in den Sinn gekommen wäre. Rio war weit weg, aber es existierte in mir und reicherte sich an mit jeder Schallplatte, die meine Eltern von ihren Reisen mitbrachten, mit jeder Nachricht und jedem Besuch von Freunden aus Uruguay, Chile, Brasilien oder Peru. Da wollte ich sein, ganz gewiss und ohne jeden Zweifel.

Spanisch zu lernen kam mir sehr leicht vor, auch wenn mein Portugiesisch inzwischen vollkommen verschwunden war. Meine Mutter hatte nach dreißig Jahren, in denen sie kaum Gelegenheit hatte, Spanisch zu sprechen, eine neue Freundin gefunden, eine unglaublich schöne und unnahbare

Frau mit hellen, großen grauen Augen, die aus Spanien in die DDR geheiratet hatte. Sie war Grafikerin und mochte meine Mutter sehr. So kam es, dass plötzlich dieses verschüttete Spanisch wieder erschien, als wäre nichts gewesen. Es kam genau richtig, denn Lateinamerika wurde offensichtlich wieder ein interessantes kulturelles und politisches Gebiet.

Die Sommerferien vor dem Wechsel in die neue Schule verbrachte ich mit meiner Mutter auf Schloss Wiepersdorf, das früher einmal Bettina von Arnim als Sommerresidenz gedient hatte und nun eine Art Refugium für offiziell anerkannte Künstler war. Als wir dort ankamen, war ich sehr froh, zu erfahren, dass es ein Pferd gab, um eventuell zu reiten, sowie zwei Mädchen in meinem Alter und damit die Aussicht, nicht nur von älteren Dichtern und Malern umgeben zu sein. Die beiden, Bettina und Caroline, Töchter namhafter Literaten, kannten sich schon und waren, als ich mich vorstellen wollte, in ein ernsthaftes Gespräch vertieft. Sie begrüßten mich sehr herzlich, ohne wirklich ihre Diskussion zu unterbrechen. Es war die Rede von Stalinismus und Kommunismus, von Intellektuellen im Sozialismus und der Rolle der Eltern. Ich saß ganz beschämt daneben, weil mein einziger Kummer darin bestand, dass ich geeignete Reithosen vergessen hatte und eigentlich sofort aufs Pferd wollte. Die beiden begleiteten mich diskutierend in Carolines Zimmer, um eine geeignete Hose zu suchen, ohne dabei die hitzige Debatte zu unterbrechen.

Wir verbrachten gute Tage miteinander, ich verstand mich mit den beiden sehr, hatte aber wenig Ahnung, worüber sie redeten, und bewunderte ihre intellektuelle Redeweise. Niemals, dachte ich, würden mir derartige Formulierungen einfallen, die ich ohnehin kaum verstand, und das sagte ich auch ganz offen. Caroline beschloss daraufhin, dass es Zeit für mich sei, ein neues Leben zu beginnen.

Ich ging nun nicht mehr in die Pankower Schule, sondern fuhr für den Unterricht jeden Morgen quer durch die Stadt. Es war dieselbe Schule, an der auch meine Brüder ihr Abitur gemacht hatten. Das gefiel mir. Und Spanisch gefiel mir und die Nachmittage, an denen ich mich fast täglich mit Caroline traf, um in der Staatsbibliothek Hausaufgaben zu machen. Die meiste Zeit aber verbrachten wir im Kaffeehaus. Dort trafen wir die große Welt: Studenten, junge Künstler, Philosophen, Theaterleute, Liedermacher. Es war die Welt meiner Brüder, es war ihre Generation, die meisten kannten sich schon lange, viele von ihnen waren auch Kinder von Emigranten. Caroline und ich bemühten uns sehr, dazuzugehören, aber wir blieben immer so etwas wie die kleinen Schwestern, die nun gerade groß genug waren, um wenigstens ab und an mitspielen zu dürfen. Ich vermied es inzwischen, über Pferde zu reden, tiefgründige Vokabeln standen mir noch immer nicht zur Verfügung, und Lateinamerika hatte im Kaffeehaus keinen Platz.

Dennoch war es die Dekade Lateinamerikas. Die Musik von dort lehrte mich die wichtigsten Dinge. Ich sah in ihr Landschaften, Menschen und lernte die Sprache durch poetische Bilder. Allende war Präsident in Chile geworden, und meine Eltern durften hinfahren. Sie erzählten von meinen Stars, wie der Sängerfamilie Parra, Violetta, der Edith Piaf des neuen lateinamerikanischen Liedes, Angel und Isabel, ihren Kindern. Und sie erzählten von Neruda, den sie kannten und dort besuchten. Meine Musik und meine bohrende Sehnsucht wurden so immer reicher. Eines Tages brachte mir meine Mutter von einer ihrer Reisen nach Chile eine wunderschöne Pferdegrafik von Delia del Carril mit, der geschiedenen Frau von Pablo Neruda. Nach ihrer Trennung von Neruda soll Delia ausschließlich Pferde gemalt haben. Sie war eine edle, alte Dame geworden. Die Grafik trug die Unterschrift: *Für Nettchen, weil sie Pferde so mag, Delia.* Meine Mutter konnte nicht verstehen, weshalb ich für einen Moment in Undankbarkeit erstarrte, als sie mir dieses Mitbringsel gab. Ich war neidisch und wollte nicht einsehen, dass es für mich auf immer ausgeschlossen sein sollte, Menschen wie Delia selbst besuchen zu dürfen.

Der Spanischunterricht in der Schule hatte zwar nichts von alledem, aber ich liebte es, Spanisch zu sprechen und dabei von der Tristesse des Ausblicks aus dem Fenster in dieser Stunde vollkommen unberührt zu bleiben. Mein Vater hatte die Weltpolitik im Herzen, meine Mutter hatte Neruda im Herzen, Neruda hatte Spanien im Herzen, und ich war damit beschäftigt, im Staatsbürgerkundeunterricht eine Verbindung zu Che Guevara herzustellen. Tamara Bunke, einer jungen Frau aus Leipzig, war es gelungen, ihm nach Kuba zu folgen. Dort wurde sie zu einer Agentin der Guerilla ausgebildet. Mit Che Guevara zusammen ging sie nach Kolumbien, kämpfte und starb an seiner Seite. Ihre Geschichte hatte etwas sehr Vertrautes. Also versuchte ich im politischen Teil des Schullebens oder an anderen Stellen, die DDR als Brücke zu den Abenteuern und dem Kampf meiner Eltern zu sehen. Doch die vorgeschriebene Art, zu denken und zu handeln, blieb mir unverständlich, fremd und ohne Übereinstimmung – weder mit den Träumen noch mit der Realität.

Die siebziger Jahre hatten begonnen. Etwas duftete da draußen, das näher zu kommen schien und mich dennoch nicht zu erreichen vermochte. Tagsüber war es in dem Trubel zwischen Schule und den Abenteuern mit Caroline spürbar – doch nachts zog es woandershin. Von den Albträumen war nur eine Erinnerung übrig geblieben, die mich manchmal von Pankow in die Nähe des Alexanderplatzes trieb. Dort im Scheunenviertel war mein Vater aufgewachsen, in der Grenadierstraße, wo er mit seiner Familie gewohnt hatte. Sie hieß nun Almstedtstraße, und der Alex war kein Platz mehr, sondern ein riesiges Aufmarschgebiet moderner, totalitärer und zugiger Neubauarchitektur, dekoriert mit einigen Produkten des sozialistischen Realismus. Manchmal ging ich abends dorthin, meist aber nachts. Wenn ich dort entlangspazierte, kamen Che Guevara und Tamara niemals hinterher. Von der Almstedtstraße über die Große Hamburger bis hin zum Monbijou verfolgte ich den Weg, den mein Vater mit seiner Großmutter gegangen war, beim Spaziergang, auf dem Schulweg und manchmal, um die große Synagoge, den ganzen Stolz des reformierten deutschen Judentums, zu bestaunen. Ich sah mir die Häuser an, deren dünne Nachkriegstünche bröckelte und stückweise die alten Schriftzüge und diverse Einschusslöcher wieder freigab. Den sachte hervorkommenden hebräischen Buchstaben nach war es also keine mystische Legende aus unerreichbarer Vorzeit, sondern wirklich und nicht allzu lange her. Und ich dachte, es müsse doch nun jeder sehen und das Bodenlose dieses Entsetzens spüren.

Die Abwesenheit der Menschen, die hier gelebt hatten, empfand ich als ebenso stark, wie mir ihre Anwesenheit beschrieben worden war. Ich nahm einen Freund mit, ganz selten und vielleicht als Zeugen. Wir gingen durch die Höfe und sahen den Rentnern zu, wie sie, durch ein Kissen gepolstert, aus dem offenen Fenster die Straße beobachteten. Nur einmal stellte ich einer älteren Frau die Frage: ob sie wisse, wer denn hier früher so gewohnt habe? Wieso ich das wissen wolle, fuhr sie mich böse an. Und ohne eine Antwort abzuwarten, sagte sie leise und scharf: «Gesindel. Nur Abschaum. Nutten und Juden! Heute wohnen hier anständige Leute.» Ich war erschrocken, empört und dennoch fast erleichtert, ein Stück der Wirklichkeit erwischt zu haben. Denn die Tünche gehörte zu den harmloseren Instrumenten der DDR, jüdisches Leben und Sterben unsichtbar zu machen.

Die Frage, ob ich ein Teil dieser Geschichte war, beschäftigte mich sehr. Es gab in der Öffentlichkeit kaum Hinweise darauf, dass sie überhaupt je existiert hatte. Offiziell hieß es in Berichten über jüdische Künstler, Schriftsteller oder Musiker, die man dem eigenen Erbe zurechnete, sie seien vom Hitlerfaschismus Verfolgte gewesen oder Emigranten. Hinter diesen Begriffen entstand eine Ahnung, und ich war nicht die Einzige, die darüber nachdachte. Doch in diesen Jahren taten wir es meist noch vereinzelt. Um mich zu überzeugen, dass es überhaupt noch Juden gab, jetzt in der DDR und im richtigen Leben, ging ich zum ersten Mal in die Synagoge.

Meine Mutter war einfach sauer, als sie den Davidstern an meiner Halskette entdeckte. Entgegen ihrer meist sanften Art schimpfte sie mit mir, fand das albern und unangemessen, fragte, was das solle und was ich mir dabei denke. Ich wusste darauf zwar keine schlüssige Antwort, war erschrocken, aber blieb trotzig. Sie schickte sogar meinen Vater, um mit mir zu sprechen. Er zeigte mehr Verständnis, meinte aber, ich solle, wenn's denn überhaupt sein müsse, den Stern nicht so offen tragen. Er hatte auf seltsame Weise Recht: Als ich kurz darauf eher zufällig einigen Jugendlichen aus meiner alten Schule begegnete, fingen die an, üble, aggressive, antisemitische Judenwitze zu erzählen, die sie in der Situation erstaunlich schnell parat hatten. Ich war wütend und verlegen zugleich und forderte, sie sollten damit aufhören. Wieso ich denn dann den Judenstern trüge, fragten sie. Weil ich eben Jüdin sei, antwortete ich zornig. Da lachten sie mich aus. Ich sähe gar nicht aus wie ein Jude, der habe schwarze Haare und eine krumme Nase. Das, meinten sie, wüssten sie nun wirklich ganz genau.

Ich habe darüber zu Hause natürlich nicht gesprochen. Und ich erzählte auch nicht, was mir im Elternhaus meiner polnischen Schulfreundin Ewa geschehen war. Wir hatten vor, eine Freistunde bei ihr zu verbringen, da sie nahe an der Schule wohnte. Wir waren zu viert, als Ewas Mutter uns die Tür aufmachte. Sie begrüßte herzlich die Gruppe plappernder Mädchen. Während wir die Mäntel ablegten, sah sie mich an, und ihr Lächeln fiel in sich zusammen. Nach einigen Minuten brachte sie selbst gemachte Limonade in Ewas Zimmer. Sie trug ein Tablett und stellte die Gläser auf den kleinen Tisch. Drei Stück. Vor jedes Mädchen eins – mich ließ sie aus. Ich war gar nicht da. Als sie aus der Tür gegangen war, sahen wir uns ratlos und belustigt an. Nur Ewa ging ihr stirnrunzelnd hinterher. Draußen gab es Geschrei, eine Tür krachte. Als Ewa irritiert wiederkam, sagte sie mir, ihre Eltern, beide hochoffizielle Sozialisten, duldeten in ihrem Hause keine Juden. Ich solle jetzt aber dableiben, die Freistunde sei ohnehin bald zu Ende. Vollkommen gelähmt saß ich da, während Ewa sich tausendmal entschuldigte. Das Schlimmste war, dass ich an diesem Tag nicht einmal den Davidstern trug.

Seltsam, ich sollte ihn nicht tragen, diesen Stern, in die Synagoge sollte ich auch nicht gehen, Antisemitismus gab es sowieso nirgends in der DDR, und Judentum war eine Sache der Verwandten, aber nicht unsere. Trotzdem begann ich biblische Texte zu lesen, jiddische Musik zu hören und, anstatt für die Schule Englisch zu pauken, mir selbst hebräische Schriftzeichen beizubringen. Ich tat es nicht im Verborgenen, aber doch ganz allein. Darum staunte ich nicht schlecht, als sich an einem Nachmittag nach der Schule meine Musiksammlung auf ungewöhnliche Weise erweiterte. Gleich beim Hereinkommen hörte ich es und schloss leise die große Tür hinter mir. Aus dem großen Zimmer klang ein rhythmischer, liebevoller und trauriger Gesang, den ich zuerst nicht erkennen konnte. Vorsichtig trat ich näher. Um die Zeit hätte ich meinen Vater nie zu Hause erwartet. Dass er als Jugendlicher Geige gespielt hatte, wusste ich wohl, dass er singen konnte, verblüffte mich. Da stand er im Zimmer mit Schlips und Anzug, ganz der stellvertretende Chefredakteur einer außenpolitischen Wochenzeitung der DDR, und reckte beim Singen die Hände in den Himmel. Es gab keinen Text in diesem Lied, es war ein Lied ohne Worte, ohne Sprache und doch ganz leicht zu verstehen, ein chassidisches Lied, das aus nur einer einzigen Silbe den ganzen Kanon der Gefühle entfaltete. Die Harmonie des äußeren und des inneren Lebens – das Herz des Chassidischen –, so sagte er mir an diesem Tag, als ich ihn überraschte, das war seine große Sehnsucht.

6. Kapitel
Festival

Eine Freundin meines Bruders nähte mir das Kleid für den Abiball. Es war toll, ganz lang, nur mit gekreuzten Bändern am Rücken zusammengehalten, aus zartem pastellfarbenem Stoff. Natürlich war die ganze Party albern, aber ich war so erleichtert und befreit, als diese Schule endlich vorbei war, dass ich doch hingehen wollte um des Punktes willen, den man am Ende dahinter setzen muss. Ich hatte Rita eine riesige ungarische Salami versprochen, weil sie mir so sehr geholfen hatte, die Matheprüfung zu bestehen. Ich stand vor dem Spiegel, fand das Kleid gewagt, aber angemessen und ärgerte mich, dass ich keine Salami bekommen hatte. Die gab es nur ganz selten, und natürlich kam mir kein Glück zu Hilfe. Meine Mutter hatte schließlich versprochen, eine zu besorgen, aber auch ihr war es nicht gelungen. Rita und ich, wir waren uns vom Kindergarten an verbunden, nie wirklich ganz nah und doch auf unsere eigene Weise einander immer treu geblieben. In den letzten Jahren hatte sich unsere Bindung langsam gelöst, und ich wusste, von nun an würden sich unsere Wege trennen. Verdammte Mangelwirtschaft, nicht einmal eine Salami war zur rechten Zeit da!

Da stand ich nun und fand mich gar nicht so übel. In den zurückliegenden Jahren hatten sich mein inneres und mein äußeres Bild weit voneinander entfernt. Ich konnte überhaupt nicht verstehen, wie Leute mich sahen: kraftvoll, frech, mit einigem Temperament ausgestattet, nicht gerade dumm und sehr präsent. Auch wenn mein Selbstbild eher das Gegenteil sagte, war es mir in diesem Moment egal. Die Schule war aus, das Leben konnte kommen. Ich war immer noch nicht so hübsch wie Rita, aber was soll's. Mein Thema war nun auch gefunden: Ich würde Lateinamerikanistik studieren. Nicht Malerei, nicht klassisches Ballett, nicht Pferdezucht – das alles war einigermaßen ernsthaft von mir betrieben worden, aber dann doch nicht ausreichend. Meine Mutter hatte mir von Malerei abgeraten, es sei eine brotlose Kunst und nur Menschen zu empfehlen, deren ganze Passion und Begabung darin liege. Nun, so war es bei mir nicht. Ich zeichnete und malte gern, aber nicht besessen. Mein ältester Bruder war in die Richtung gegangen, das genügte – er hatte die nötige Energie und Begabung.

Ich sah Lateinamerika nicht als eine Art Berufsbild aus der Perspektive der DDR, sondern mehr als ein Ziel. Vielleicht würden sich dort meine Widersprüche auflösen, und ich könnte Teil von irgendetwas sein, ohne in einen politischen Konflikt zu geraten. Das Gute und Richtige zu tun mit Menschen, denen gegenüber ich nicht solches Misstrauen hätte oder solche Furcht oder in manchem Moment solche Wut. Ja, das war das Ziel, egal, mit welchem Beruf, egal, unter welchen Bedingungen. Denn eigentlich hatten es meine Eltern ja ähnlich gemacht. Und so ließ es sich auch mit der DDR gut auskommen. Ich würde viele interessante und tolle Menschen kennen lernen, sinnvolle Kämpfe kämpfen und meinen eigenen Weg finden, hinaus aus der diffusen Bedrückung, der unauflöslichen Ödnis und Kälte und den Zweifeln mit mir selbst, die sowieso niemand verstand. Und es gab weiß Gott genug Ungerechtigkeit in der Welt, ich hatte sie ja selbst gesehen. Außerdem stand jeden Tag in der Zeitung, dass die DDR sich nun öffnen würde. Der Grundlagenvertrag wurde unterzeichnet, Transitregelungen kamen in Gang, ausländische

Presse durfte herein. Die DDR wurde Mitglied der UNO. Immerhin – vielleicht bedeutete es etwas.

Mein Kleid war schon beeindruckend, aber der Abiball nicht so sehr. Ich fühlte mich gehetzt, es war nicht meine Party, und sosehr ich den Beginn der neuen Zeit herbeisehnte, so wenig spürte ich den Abschied von der alten. Wahrscheinlich deshalb blieb ich nicht lange. Ich küsste Rita beim Weggehen und musste fortan immer an sie denken, wenn ich eine ungarische Salami sah.

Der Sommer begann, er würde aufregend werden, denn Berlin war der Ort der Weltfestspiele, zu denen Tausende Jugendliche aus allen Ländern in die Stadt kamen. Ich hatte mich als Dolmetscherin angemeldet, als Freiwillige. Doch so richtig brauchte man mich nicht, also machte ich mich selbst auf den Weg.

Die Stadt war wie verwandelt. Der verhasste Alexanderplatz wurde ein lebendiger Ort – ich traute meinen Augen kaum. Überall sah ich Gesichter, echte, schöne, vertraute oder ganz unerwartete, überall hörte ich Geschichten von Menschen, die nicht viel älter waren als ich. Ich genoss die Zeit und die Begegnungen, die Musik auf der Straße und wollte einmal keine zwiespältigen Gefühle haben. Natürlich hatte ich sie doch auf Veranstaltungen von der FDJ mit ihren verlogenen und großspurigen Verkündigungen. Doch das interessierte mich nicht so sehr. Ich lernte Leute aus Argentinien, Uruguay, Chile und Peru kennen und fragte sie aus über jedes mögliche Detail ihres Lebens und ihrer Welt. Ich war absolut sicher, dass es nicht eine bloße Geste der Hoffnung war, mit ihnen Adressen und Telefonnummern zu tauschen. Der Umgang mit ihnen war mir ganz geläufig, normal und familiär, einigen zeigte ich auf ihren Wunsch hin sogar die Synagoge. Sie schienen es ebenso zu empfinden wie ich.

Ariela, Alberto und Ruben wohnten in Córdoba, einer großen Stadt im Westen Argentiniens. Ariela studierte Ökonomie und lebte mit Alberto in einer kleinen Wohnung zusammen. Er arbeitete für den kommunistischen Jugendverband und dachte darüber nach, sein abgebrochenes Studium wieder aufzunehmen. Er wollte Architekt werden, aber vorher, meinte er, bräuchte ihn die Partei noch eine Weile. Die beiden erzählten von Pariser Studenten und den Streiks, die sie organisiert hätten. Sie waren entsetzt über Perón, den Präsidenten, dessen Populismus das Land überflutete. Ruben war auch ein Mitglied der Partei, aber er wohnte in Buenos Aires und erklärte mir deshalb dauernd die Sprache des Tangos. Ich lernte die Begriffe zu entschlüsseln, wie die vielen verschiedenen Bezeichnungen für Nieselregen und deren Bedeutung, aber tanzen konnte ich ihn nicht. Ruben war es, der die Synagoge unbedingt sehen wollte. Also gingen wir alle zusammen dorthin. Sie war geschlossen an dem Tag, auch der Pförtner wollte uns nicht hineinlassen. Wir setzten uns davor auf die Straße, direkt vor den Eisenzaun mit Davidstern, das war während des großen Festivals möglich, ohne dass Polizisten, Hausmeister oder Passanten sich empörten. Und Ruben erzählte von seiner Familie. Seine Mutter hatte ihre Eltern und Geschwister in Auschwitz verloren, sein Vater war schon in Argentinien geboren. Er würde niemals, sagte er lachend, ein nichtjüdisches Mädchen heiraten. Trotz der Partei. Das könne er seiner Mama nie antun. Ich fühlte mich gut mit ihm, es war ganz leicht, ganz nah und selbstverständlich, fast als wäre er ein Bruder. Ich hätte ihn auch geheiratet in dem Moment, wenn jemand da gewesen wäre, der uns die Chuppa gehalten hätte. Nicht aus Romantik, davon waren wir weit entfernt, alle vier, sondern weil es so gut passte. Endlich konnte Ruben auch über seine anstrengende Familie sprechen, ohne Ariela und Alberto damit wieder auf die Nerven zu gehen. Ich war ein gutes und kenntnisreiches Publikum für ihn und hatte auch einiges zu erzählen. Ja, so sollte es sein. Und der Gegenbesuch war in meiner Phantasie gewiss. Für ein paar Tage schien die Welt durchlässig zu werden, und ich konnte nach meinem Rhythmus tanzen. Keinen Tango, aber Salsa und Samba allemal. Ich war nicht in Ruben verliebt, nicht einen Augenblick, sondern in die Vorstellung, dass diese drei Menschen auch mich noch vertragen könnten, ohne dass ich ihnen merkwürdig oder fremd erscheinen würde.

Das Bild von Fülle und Verschiedenheit ging mir sehr nahe. Mit dem ideologischen Rummel des Festivals hatte ich nichts zu tun. Meinen lateinamerikanischen Freunden gegenüber interpretierte ich ihn mit einer Nachsicht, die auch etwas Herablassendes hatte, als die einzig mögliche Ausdrucksform der DDR für Solidarität. Mittendrin starb auch noch Walter Ulbricht, und wir hofften vor allem, dass dieses Festival dadurch nicht unterbrochen werden würde. Es hieß, sein Nachfolger Erich Honecker stehe für eine stärkere Öffnung, und das passte in den Schwung dieser Tage. Aber dann waren sie plötzlich und sehr schnell zu Ende, und ich musste mich verabschieden.

In den ersten Septembertagen begann meine Arbeit, das Studium konnte frühestens im folgenden Jahr losgehen, weil in Lateinamerikawissenschaften nur alle vier Semester immatrikuliert wurde. Es war mir sehr recht so, ich hatte ein Volontariat im Rundfunk vor mir. Selbst Geld zu verdienen und jeden Morgen wie andere auch zu arbeiten, das gefiel mir. Der Sender, bei dem ich anfing, hieß Radio Berlin International, was mich nicht allzu sehr beeindruckte, weil ich ja wusste, wie provinziell die DDR-Auslandspropaganda war. Dagegen schien das Leben in diesem Staat noch reich und bunt – in der Propaganda verschwand es vollständig. Aber ich sollte in der Lateinamerika-Redaktion arbeiten, die auch Nachrichten und

Berichte aus der Region brachte. Dass ich wenig damit zu tun haben würde, sondern Hörerpost von Kurzwellenfreaks aus panamesischen Kleinstädten beantworten müsste, wurde mir erst nach und nach klar.

Das Gebäude am anderen Ende Berlins war wie eine riesige Radiostadt. Das bot viele Möglichkeiten, notfalls zu verschwinden. Bei Botengängen zum Beispiel, wo ich bald Dominique treffen konnte. Gleich in der ersten Woche entdeckten wir eine Sauna auf dem Gelände, die allen «Werktätigen» zur Verfügung stand, und natürlich die vielen kleinen Bistros, die wir nacheinander ausprobierten. Selbstverständlich habe ich auch gearbeitet und kam mir mehr oder weniger nützlich vor. Ich fühlte mich – wie vermutlich alle Praktikanten – etwas unterfordert. Und trotzdem: Es war langweilig und Propaganda, aber ich hatte ja ein Ziel. Und mein eigenes Thema.

Der 11. September 1973 war ein normaler Arbeitstag in der Redaktion. Doch dann kamen die Nachrichten: In Chile putschte General Pinochet, der Präsidentenpalast wurde bombardiert, Menschen wurden auf der Straße gejagt und Allende am Ende ermordet. Wir saßen in den Redaktionsräumen und im Studio, lasen die Meldungen über Ticker und warteten auf Telefonverbindungen nach Santiago de Chile oder Buenos Aires. Ich war so fassungslos und erschrocken, als wäre ich mittendrin und nicht am anderen Ende der Welt in einem kleinen, mit Stacheldraht abgezäunten Land, das eingequetscht zwischen Vergangenheit und Zukunft seine erbärmliche Mittelmäßigkeit lebte. Für mich war Chile nicht irgendeine Hoffnung in einer fernen, exotischen Welt. Meine Eltern waren oft dort gewesen, gerade in den letzten Jahren, sie hatten Freunde, die genau zu denjenigen zählten, die nun gejagt wurden. An dem Tag hatte ich Angst. Ich verstand nicht, wie ich hier sitzen konnte, um in einem monströsen Backsteinlabyrinth Nachrichten zu hören, anstatt dort zu sein. Ich saß in diesem grauen Büro unter Menschen, deren Gesichtsausdruck, politische Geschäftigkeit und Kommentare wenig mit mir zu tun hatten. Dann erreichten uns die ersten Bilder von Panzern auf der Straße und von Militär, das auf die Zivilbevölkerung schoss, und die Nachrichten meldeten, Menschen würden in großen Sportstadien zusammengetrieben und gefangen gehalten. Es gab einiges zu tun – ich hatte Material zu besorgen, Unterlagen zu suchen und Botengänge zu machen. Während dieser Stunden versuchte ich mir alle Assoziationen vom Leibe zu halten und mir einzureden, ich würde übertreiben. Ich strengte mich sehr an, meine Aufregung nicht über das professionelle Maß hinaus zu empfinden und zu zeigen.

Als ich sehr spät am Abend nach Hause fuhr, stieß ich auf dem Bahnhof mit einer Schulfreundin zusammen. Sie war heiter und laut und begrüßte mich lebhaft. Ich konnte es nicht erwidern und fragte sie, ob sie die Nachrichten gehört hätte. Der Putsch in Chile – ja und? Sie war kein unpolitischer Mensch, so kannte ich sie nicht. Ganz im Gegenteil. Ich sagte gar nicht viel, aber mir war die Anspannung offenbar anzusehen. Sie reagierte kühl, denn es schien ihr unmöglich, dass jemand, der auch in Pankow wohnte wie sie, von fernen Ereignissen getroffen sein könnte. Einfach nur so hat niemand Mitgefühl, meinte sie sarkastisch. Ich lief weinend davon. Als lägen nicht Welten zwischen Berlin und Chile, empfand ich den Verlust der Hoffnung, durch eine Wahl dort mehr Gerechtigkeit herzustellen, fast wie ein Urteil, das ich genauso würde tragen müssen wie die Freunde dort und in anderen Ländern Lateinamerikas. Ich konnte ihr Entsetzen nachvollziehen, konnte es fast körperlich spüren. Für mich war Armut kein Abstraktum der DDR-Propaganda – ich hatte sie ja wirklich gesehen. Es musste doch möglich sein, auch hier so etwas wie Mitgefühl zu entwickeln. Doch wie? Ein Wort wie Mitgefühl war längst umgestanzt worden in einen Begriff, dem systematisch der Sinn entzogen worden war: Solidarität. In den Jahren des Krieges in Vietnam, die gerade einige Wochen zuvor und fast lautlos zu Ende gegangen waren, gab es kaum noch Mitgefühl, sondern nur eine Maschinerie, die Geld und ideologische Punkte sammelte unter dem Vorwand der «Solidarität mit dem vietnamesischen Volk». Inzwischen hatten die Amerikaner das Land verlassen, und der Krieg war vorüber – genau so, wie das Wort Solidarität in der DDR nichts mehr von seiner Bedeutung hatte. Vielleicht kam einiges zusammen, das es der Schulfreundin unmöglich machte, anders zu reagieren. Doch ich merkte, dass etwas in meine Zeit eingedrungen war, das durch seine Dramatik und den Ort, an dem es geschah, direkt auch meine Identität betraf und nicht mehr allein der Geschichte meiner Eltern gehörte.

Ich war so froh, dass meine Mutter zu Hause ganz ähnlich auf die Ereignisse reagiert hatte, und sie verstand auch, was ich ihr etwas atemlos über die Begegnung mit der Schulfreundin erzählte. Wir kamen einander auf eine neue Weise sehr nah in diesen Tagen. Ich war nun kein Kind mehr, ich hatte ein eigenes Thema. Endlich teilte sie auch mit mir eine Leidenschaft, so wie sie es mit jedem ihrer Söhne tat.

Die nächsten Tage waren anstrengend. Einige Chilenen, die in der DDR studierten oder arbeiteten, trafen sich. Es wurden Versammlungen und Kundgebungen vorbereitet. Und es gab doch viele Menschen in Berlin, denen die Ereignisse in Chile nahe gingen. Die Regierung der DDR erklärte, sie würde Flüchtlinge aus Chile aufnehmen. Es gab ja keinerlei Recht auf Asyl in der DDR, deshalb hatten alle kleinen Flüchtlingsgruppen, die im Laufe der Jahre hier Aufnahme fanden, einen besonderen Beschluss erfordert. Nun also auch die Chilenen. Meine Mutter und ich kümmerten uns um einen Studenten, der in diesen Tagen in Berlin angekommen war. Er kam aus Vietnam, um von dort seinen Sohn zu holen, dessen Mutter bei einem der Bombenangriffe ums Leben gekommen war. Das Kind sollte, bevor die beiden nach Chile weiterreisten, in der DDR behandelt werden, denn es hatte den Angriff nur knapp überlebt. Das Kind war verstört, der Vater verzweifelt, denn er wollte unbedingt nach Chile zu seiner Familie. Ich war sehr froh, mit meiner Mutter zusammen etwas für die beiden tun zu können.

In der Redaktion bereitete man sich auf die Ankunft einiger chilenischer Journalisten vor, die in die DDR emigrieren wollten. Sie sollten dann ein spezielles Programm für Chile machen. Der Rundfunk hatte auch Korrespondenten in Santiago, die das Land rasch verlassen mussten. Und einige Wochen nach dem Putsch waren sie wirklich in Berlin und erzählten, was sie gesehen und erlebt hatten. Ich war froh, endlich aus erster Hand hören zu können, was geschehen war. Ich bewunderte und beneidete sie dafür und war dankbar, in dieser Zeit genau hier gelandet zu sein.

Einige Tage später begann im Nahen Osten der Jom-Kippur-Krieg. Syrien, Irak und Ägypten hatten Israel überfallen, und nun schlug die israelische Armee zurück. Eigentlich war ich durch die Entwicklung in Chile schon beunruhigt genug, deshalb versuchte ich, die Gedanken an den Krieg von mir fern zu halten. Wir hatten Verwandte in einem Dorf, nicht allzu weit entfernt vom Gaza-Streifen: die Tante meines Vaters und ihre Familie. Sie war sehr früh mit anderen Jugendlichen nach Palästina gegangen. Durch diese glückliche Entscheidung war es ihr erspart geblieben, im Untergrund jeden Tag um ihr Leben fürchten zu müssen, wie mein Großvater, oder nach Auschwitz zu kommen, wie einige ihrer Geschwister. Sie hieß Rosa und hatte in Israel einen Mann geheiratet, dessen Nachname Lilie war. Rosa Lilie. Auf den Fotos vor der großen und einzigen Palme in Ber Tuvia, ihrem Dorf, sah Rosa immer etwas verloren aus, ein wenig wie eine Touristin wider Willen. Die Familie dort lebte einfach, sie bearbeiteten Orangenplantagen und hatten Milchkühe. Rosa war Berlinerin geblieben, die besser vor ein Mietshaus oder auf einen Boulevard passte als vor eine Palme in flirrender Hitze mit Kuhstall im Hintergrund. Ich kannte sie kaum, sie hatte uns nur selten besucht. Doch dieses Bild mit dem feinen selbstironischen Lächeln der Deplatzierten war mir sehr sympathisch.

In eine der Redaktionssitzungen, die wie immer die Lage in Chile und den angrenzenden Ländern zum Thema hatte, drang plötzlich dieser Krieg ein. Ich war ganz munter dabei und hatte gerade einen Vorschlag gemacht, wie man eine Postkarte für die Kurzwellenfreaks drucken könnte, die ein deutliches Zeichen der Solidarität für die Verfolgten in Chile sein sollte – jetzt, wo überall in der Welt protestiert würde gegen den Putsch und die Ermordung von Menschen, die sich mit der demokratisch gewählten Regierung identifizierten. Ja, ja natürlich, das könne man tun, sagte jemand, und ich freute mich, dass ich etwas beigetragen hatte. Aber dieser Krieg in Israel, den müsse man ganz anders bewerten, sagte ein anderer. Dann erhob sich eine zierliche Frau. Das sei alles inszeniert, meinte sie und wurde lauter. Amerika, die CIA und die Juden an der Wall Street wollten nur ablenken von Chile und dem gerechten Kampf des chilenischen Volkes. Ein Dorn im Fleisch der Völker sei Israel. Diese verdammten Zionisten, sie dürften sich nicht wundern, wenn sie angegriffen würden. Zerschlagen solle man sie.

Ich senkte den Kopf und schob den Entwurf für die Postkarte mit dem chilenischen Motiv meinem Nachbarn zu.

7. Kapitel
Dominique

Wir arbeiteten beide beim Rundfunk, Dominique und ich. Wirkliche Arbeit konnte man das nicht nennen, wir waren Volontäre und trudelten und trödelten durch die Redaktionen. Es gab viele Gründe, Dominique zu bewundern, ich kannte sie schon eine Weile, denn sie gehörte zum Freundeskreis der Emigrantenkinder, die meisten davon jüdisch, obwohl das kein Thema sein konnte. Noch nicht. Der Name Dominique passte zu dem Mädchen, denn sie wirkte manchmal burschikos und entschlossen, fast wie ein Junge, und manchmal wie ein Vamp. Sie hatte kurzes schwarzes Haar und ein starkes Gesicht. Nur ihr weicher Mund ließ erkennen, wie empfindsam sie eigentlich war. Meine Bewunderung hatte sie schon mit 16 Jahren erworben, als sie bei sich zu Hause Knutschpartys veranstaltete, wenn die Eltern nicht da waren. Laute Rockmusik, alles was so auf dem Markt war, ihre Eltern hatten ihr die gewünschten Platten aus dem Westen mitgebracht, und Dominique als Gastgeberin dieser Partys war einfach großartig. Einmal war ich dort, traute mich nicht zu knutschen und fühlte mich unendlich unreif und unattraktiv. Ich hatte keine Ahnung von Sex oder Liebe, und dass es da einen Unterschied gibt, erklärte Dominique mir in mein erstauntes Gesicht. Ich war froh, sie beim Rundfunk wieder zu treffen. Sie war mir vertraut, unsere Eltern kannten sich aus dem Exil, und ich konnte auch noch mit 19 viel von ihr lernen.

Wir trafen uns immer in einer bestimmten kleinen Kantine, in der es Eisbecher mit Erdbeeren, Sahne und Eierlikör gab. Ich aß den Eisbecher, und Dominique erzählte von ihren Abenteuern. Das änderte sich erst, als ich Victor kennen lernte, einen chilenischen Journalisten, Mitglied der Kommunistischen Partei Chiles, der gerade vor Pinochet in die DDR geflohen war und nun in unserer Redaktion arbeitete. Ich hatte mich augenblicklich in ihn verliebt, und es begann eine leidenschaftliche Geschichte, die mich lange beschäftigte. Victor war kein Abenteuer; so schwierig die Beziehung für mich auch werden würde, mir war klar, er ist meine erste große Liebe. Also erzählte ich von ihm. Die große Liebe zu erkennen, wenn man sie trifft, ist mit 19 nicht so schwer. Und eines Tages hatte auch Dominique sie gefunden.

Es wurde Winter, und längst waren die Erdbeeren Vergangenheit, doch die kleine Kantine blieb unser Treffpunkt. Dominique wollte diesen Mann, und er wollte sie. Das Problem war nur, dass er aus dem Westen war. Irgendwann hatte sie sich entschlossen. Die DDR spielte dabei keine Rolle, sie hinderte nur zu lieben, wen man wollte. Victor und ich hatten ähnliche Erfahrungen gemacht: Er hatte mir gesagt, seine Partei dulde nicht, dass er sich eine eigene Wohnung nähme. Ein Komitee hatte ihm eine Wohnung zusammen mit seiner geschiedenen Frau zugewiesen. Das sei das Beste für beide Genossen, hatte man ihm gesagt, zumal in der DDR Wohnungsnot herrsche. Ich konnte nicht fassen, dass die Partei sich mit solchen Dingen beschäftigte und ich zu einer Art politischem Problem geworden war. Also trafen wir uns heimlich. Und ich dachte an meinen Vater, dem die Partei damals im französischen Exil die Order gegeben hatte, dass meine Mutter nicht die Richtige sei und er den Kontakt abbrechen solle. Er tat es nicht, er ließ sich nicht davon abbringen, mit der Frau zusammenzuleben, die er liebte. In Dominiques Erinnerung wie in meiner gab es viele Geschichten von Untergrund, Spionage und gefälschten Papieren, von illegalen Grenzübertritten, heimlichen Treffen und Verkleidungen. Sie waren alle gut ausgegangen; allein die Tatsache unserer Existenz hatte es bewiesen.

Wir dachten damals nicht lange darüber nach, wie unmenschlich ein Land ist, in dem Liebende keine Chance hatten, zusammen zu sein, weil es der Partei nicht passte. Dieser Widerspruch gehörte zu unserem Leben und den Erfahrungen unserer Eltern, die ja dennoch in die DDR zurückgekommen waren. Im Gegenteil, Pflicht und Verzicht, ebenso wie Verlust und Tod trugen erst zum Mythos, ja sogar zur Romantik in den Erzählungen vom antifaschistischen Widerstand unserer Eltern und in der einschlägigen Literatur bei. Werte wie Loyalität, Verschwiegenheit, auch unter Folter und Haft, Mut, Entschlossenheit und Risikobereitschaft hatten unsere Eltern und andere Helden unter Beweis stellen dürfen. Uns blieb in der DDR nur ein grauer Alltag, als wäre keine dieser Tugenden noch nötig und gefragt. Alles hätten sie für uns erlebt und erlitten, so wurde gesagt, es sei nicht unsere Geschichte, wir hätten nun das Glück, im Sozialismus die Früchte ihrer Taten zu genießen. Alles Heldentum war aufgebraucht und unser eigenes Leben blass und leer. Und im Gegensatz zu ihnen, die wie mein Vater ohne Furcht und Vorurteil zu sein schienen, war eine Dimension unserer eigenen Wirklichkeit bestimmt von Angst und Vorbehalt. Jeder konnte sich, wenn diese Dimension zu wirken begann, in einen Faschisten, einen kalten und brutalen Deutschen verwandeln. Alle konnten auch ganz anders sein. Und das bedeutete: Die anderen blieben immer irgendwie fremd. Nicht fremd waren nur diejenigen, die unsere Geschichten teilten. So wie Dominique.

Sie beschloss, ihrer Liebe zu folgen. Ich hätte den Mut nicht aufgebracht, das auch nur zu denken. Die Vorstellung, ohne meine Familie irgendwo zu sein, hätte mich geängstigt. Nicht aber Dominique. Sie war in allem viel erwachsener und unabhängiger als ich. Für Victor wäre ich ohne Zweifel nach Chile gegangen, aber Deutschland? Das war der Westen. Für Dominiques Freund kam ein Leben in der DDR natürlich überhaupt nicht infrage.

Also schmiedete sie Pläne. Sie brachte in Erfahrung, wie man an Visaformulare kommt, wie man sie ausfüllt. Ich verstand nicht genau, was sie eigentlich vorhatte, aber irgendwie wollte sie einen Ausweis oder einen Pass besorgen, ihr Freund half ihr dabei. Dann sollten die Einreisestempel in die DDR hinein und, wie gesagt, eine Art Visum. Jeden Tag steckten wir unsere Köpfe zusammen, und sie erzählte, was sie gerade unternahm. Ihr Plan war, mit ihrem DDR-Pass nach Ungarn zu fahren und von dort, bei den weniger aufmerksamen Grenzbeamten, mit den nachgemachten Papieren nach Österreich auszureisen. Das war sehr abenteuerlich, und wir überlegten, was noch alles zu bedenken sei. Zeitweise fühlten wir uns wie in den Geschichten der Eltern. Dominique hatte Urlaub genommen und sagte, sie würde nach Prag fahren. Kurz bevor es losgehen sollte, das genaue Datum hat sie mir nicht gesagt, besuchte ich sie noch einmal.

Man erkennt jemanden aus dem Osten immer als Erstes an den Schuhen und am Mantel. So jedenfalls erkannten wir die Leute. Deshalb gab ich ihr auf die Reise noch etwas mit: einen giftgrünen Mantel mit knallorangem Fell, den mein Vater mir aus Finnland mitgebracht hatte, und ein Paar Hush Puppies, Schuhe mit Fransen, die aus dem Westen waren. Und dann verabschiedeten wir uns. Sie hatte drei Wochen Urlaub, irgendwann in der Zeit wollte sie es tun.

Wir hatten nicht an alles gedacht. Und uns nicht auf alles vorbereitet. Ich ging zum Rundfunk, wie jeden Tag, um langweilige Hörerbriefe auf Spanisch zu beantworten, die irgendwelche Kurzwellenfreaks geschrieben hatten. Radio Berlin International war eine Art Propagandasender der DDR, in dem immerzu von den Errungenschaften des Sozialismus auf deutschem Boden berichtet wurde. Ich arbeitete in der Lateinamerikaredaktion bei den Hörerbriefen. Der Job war dann doch etwas interessanter geworden, denn kurz nach dem Putsch in Chile, der mich und viele Menschen überall auf der Welt wirklich erschüttert hatte, kamen Victor und seine Freunde. Ihre Sendungen speziell für Chile waren wunderbar – eine ganz andere Art Journalismus und jede Menge Informationen über die Lage dort. An einem dieser Arbeitstage zwischen Langeweile und Aufregung, ziemlich früh am Morgen, erschienen zwei Zivilpolizisten. Ich wurde zur Abteilungsleiterin gerufen, dort sagten sie mir, Dominique sei beim Versuch der Republikflucht verhaftet worden, und nahmen mich mit zur Befragung. Wir fuhren vom Rande der Stadt nach Karlshorst, und irgendwo dort fand das Verhör statt. Nein, ich war auf nichts dergleichen vorbereitet.

Es war ein schlichtes Büro mit Schreibtischen und Telefonen, alles etwas alt und vergilbt. Zwei Männer, die sich als Beamte der zuständigen Kriminalpolizei ausgaben, befragten mich. Ob ich gewusst hätte, was Dominique vorgehabt hatte? Ob ich ihr bei der Vorbereitung geholfen hätte? Wann ich sie das letzte Mal gesehen hätte? Ob ich ihren Freund kenne? Seit wann ich sie kenne? Nein, sagte ich, ich wisse nichts. Dass sie verliebt gewesen sei, schon, aber ich würde den Freund nicht kennen. Sie habe ein Geheimnis daraus gemacht, weil er wohl verheiratet gewesen sei. Nein, ich hätte keine Ahnung, sie habe gesagt, sie wolle nach Prag. Ich versuchte herauszufinden, was die Beamten wussten und wo genau sie gefasst worden war. Dann redete ich über ihre Familie, darüber, dass sie niemals die DDR würde verlassen wollen. Schon ihrer Eltern wegen nicht. Ja, sie sei sehr verliebt gewesen, aber sie habe niemals erwähnt, woher ihr Freund stamme. Dass sie mit ihm nicht zusammenleben könne, habe sie gesagt, aber wegen der Ehe und nicht, weil er aus dem Westen sei. Ihre Haltung zur DDR sei unzweifelhaft. Aber die Liebe, wenn sie so stark sei, könne vielleicht zu Kurzschlussaktionen führen. Über sieben Stunden wurde ich befragt. Ich durfte niemanden anrufen, auch nicht meine Eltern. Und ich blieb dabei. Dann sollte das Protokoll geschrieben werden. Ich war erschöpft.

Ein Mann, der als Dritter die ganze Zeit schweigend im Raum gesessen hatte, lud mich draußen zu einer Tasse Kaffee ein. Als er meine Erleichterung spürte, lächelte er, wartete einen Moment und sagte mir dann auf den Kopf zu, ich hätte die ganze Zeit gelogen. Während der vielen Stunden hatte ich keinen einzigen Augenblick des Zweifels oder der Angst gehabt, denn ich war konzentriert darauf, Dominique zu schützen, soweit es in dieser Situation überhaupt noch möglich war. Jetzt sah ich den Mann an und wusste, auch dies konnte eine Verhörmethode sein. Also schwieg ich, er musste mir schon sagen, wie er darauf kam. Aber das tat er nicht. Er behauptete es nur. Und drohte mit leiser, freundlicher Stimme. Ob ich wisse, was Falschaussagen bei Republikflucht bedeuteten? Er sei sich keineswegs sicher, ob ich nicht doch Beihilfe geleistet habe. Ich schüttelte den Kopf.

Der Kaffee kam, und er wechselte das Thema. Ob es denn wirklich so gewesen sei, dass Dominique nicht den Sozialismus kritisiert habe? Nein, das habe sie auf keinen Fall getan. Und wie es denn bei mir sei? Auch nicht. Wie könne ich gegen den Sozialismus sein, wo doch meine Eltern dafür gekämpft hätten? Und jetzt die Chilenen, die ich im Rundfunk erlebte? Na ja, wegen der Liebe, so meinte der Mann, könne so was ja passieren. Aber es gebe Leute, die kommerziell Menschen aus der DDR schmuggelten. Für viel Geld. Hinter denen sei er eigentlich her, nicht hinter einem ungeschickten Mädchen, das

Papiere schlecht fälsche. Sein Name sei Hartung, sagte er und zeigte mir einen Ausweis der Staatssicherheit. Er fragte mich genauso leise und freundlich, ob ich auch einen Freund hätte. Dann sah er auf die Uhr. Bevor wir wieder hineingingen, solle ich mit ihm eine Verabredung treffen. Er wollte wissen, ob ich Vertreter ausländischer Botschaften kenne. Ich hatte es eilig, ich wollte nur noch das Protokoll unterschreiben und dann endlich gehen, schließlich schlug ich ihm einen Treffpunkt vor.

Heute frage ich mich, weshalb ich damals die Verabredung mit dem Stasimann eingehalten habe. Ich wünschte, ich wäre von dieser Erfahrung verschont geblieben oder so gut aufgehoben gewesen, dass es mich weniger Kraft gekostet hätte, von ihr wieder loszukommen. Doch vielleicht waren diese Kraft und die Erkenntnis daraus wichtig für das, was später kam.

8. Kapitel
Tor zur Welt

Das Jahr nach dem Putsch war sehr aufregend. Ich war ständig mit Victor und Lilli zusammen, die beide ihr journalistisches Handwerk verstanden wie sonst niemand in der Redaktion. Sie waren schnell, hatten Witz und Schärfe in ihren Kommentaren und Ansichten. Mein Spanisch wurde immer besser, ich war ganz besessen davon und begann sogar persönliche Notizen auf Spanisch zu schreiben, als stünde mir eine andere Sprache gar nicht mehr zur Verfügung. Mir gefiel es, Lilli agieren zu sehen: Sie rauchte, telefonierte dabei lebhaft und klapperte gleichzeitig auf ihrer Schreibmaschine. Sie war ein wunderbarer Kontrast zu ihren DDR-Kollegen. Und sie war mir so vertraut, wie sie für viele Kollegen befremdlich wirkte. Sie und Victor ermutigten mich, als ich endlich die Nachricht bekam, dass ich in Rostock studieren würde. Und sie sagten mir, es sei wichtig, trotz aller kulturellen Unterschiede – also obwohl es in Deutschland so öde und unlebendig sei –, dass ich dabei bliebe, ihre Genossin zu sein, hier in der sozialistischen DDR. Nun, ich war weit davon entfernt, das nicht zu sein, aber Mitglied in der SED wollte ich wirklich nicht werden. Wir diskutierten sehr viel darüber, ihre Argumente hatten die Kraft des zurückliegenden Kampfes, der frischen Erlebnisse der Verfolgung. Sie redeten von der äußeren Bedrohung, der die DDR ausgesetzt sei, und ich versprach, wenigstens nach den Aufnahmebedingungen für die Partei zu fragen. Ich tat es auch irgendwann, aber dabei blieb es.

Rostock war nicht Valparaíso, obwohl meine Mutter wie zum Beweis des Gegenteils mit mir an eine bestimmte Stelle ging, an der ein Torbogen den Blick abwärts auf den Alten Hafen umrahmte, wo noch viele alte Häuser standen. Es war ein kleines Viertel mit schmalen Straßen hin zum Ufer der Warnow. Sie hatte Recht, der Ausschnitt war gut gewählt. Nur wenn man etwas zurücktrat, gehörte der Torbogen zur Rostocker Variante der Stalinallee. Bald nach dem Beginn meines Studiums fand die Stadtverwaltung dann, die alten Häuser müssten weg, um schönen Neubauten Platz zu machen. Schluss mit Valparaíso. Aber ich wusste, meine Mutter wollte es mir leichter machen. Und Lilli und Victor ja auch. Sie hatten mir die Adresse von chilenischen Freunden gegeben, die seit kurzem in Rostock-Lütten Klein wohnten.

Als Tor zur Welt wollte Rostock gesehen werden, es hatte einen Überseehafen, der in den sechziger Jahren unter gewaltigen Anstrengungen gebaut worden war, um nicht mehr auf den Hamburger Hafen angewiesen zu sein. Doch das Tor blieb geschlossen und Rostock kleinstädtisch und provinziell. Die Grenze war umso mehr zu spüren. Mehrmals am Tag fuhren Fähren von Warnemünde in Richtung Dänemark und Schweden, direkt an den Kaffeetassen der Ostseeurlauber und Rostocker vorbei, nah und unerreichbar zugleich, so wie der Überseehafen selbst, der einer exterritorialen Zone glich. Die Mischung aus Offenheit und Abwehr bestimmte auch das Klima der Stadt. Nichts schien mir hier leicht oder selbstverständlich zu sein.

Einige der Studenten waren sehr in Ordnung, andere waren zum Studium delegiert worden und wussten, sie würden in den Abteilungen für Internationale Beziehungen ihrer Institutionen arbeiten: in Betrieben, beim Innenministerium, beim Zentralrat der FDJ oder einer Parteihochschule. Meist redeten sie wie Funktionäre, benahmen sich wie Funktionäre und sahen auch so aus. Sie hatten wenig Interesse für Lateinamerika. Andere waren viel offener, hatten klare Motive und Berufsvorstellungen, um die ich sie beneidete. Sie wollten Journalisten werden oder Übersetzer, Handlungsreisende oder Lektoren.

Nur der Unterricht langweilte mich ganz erbärmlich. Anders konnte man den Lehrplan nicht beschreiben – es war ein Zurück in die Schule. Wir hatten Seminare und Vorlesungen, allesamt Pflichtveranstaltungen mit Anwesenheitskontrolle, und unglaublich blöde Fächer. Neben dem obligatorischen Grundstudium des Marxismus-Leninismus gab es noch Kurse wie die «Einführung in die sozialistische Sprachwissenschaft» und ähnlichen Unsinn. Das alles hatte absolut nichts mit Linguistik zu tun, sondern war, wie andere Kurse auch, reine Ideologie. Geographie, Geschichte, Literatur Lateinamerikas kamen nur rudimentär vor, denn zu meinem großen Unglück hatte man mich in die Studienrichtung «Sprachmittler» eingeteilt. Diese Wortschöpfung sollte verdeutlichen, wie es hieß, dass es sich hier um die perfekte Mischung zwischen einem Übersetzer und einem Dolmetscher handelte. Mit dieser Einteilung war ich sehr unglücklich, denn natürlich hatte ich mir Literatur gewünscht. Nie wäre es mir in den Sinn gekommen, einmal «Sprachmittlerin» zu werden.

Eigentlich stand das «Werden» ohnehin nicht sehr weit oben bei meinen Motiven. Es ging mir nicht um einen Beruf, sondern um eine Kultur. Und über die, dachte ich, könne ich nur im Bereich Literatur etwas erfahren, deshalb wollte ich gern in die kleine Gruppe derer, die sich mit Literatur beschäftigen durften. Aber die Entscheidung, wer welche Studienrichtung belegen durfte, hing überhaupt nicht mit persönlichen Wünschen oder Neigungen zusammen, sondern nur mit der Kategorie der «Zuverlässigkeit». Hier hatte ich von Anfang an schlechte Karten, sowohl ideologisch wie persönlich – das wurde mir nach wenigen Wochen deutlich gesagt. Ich hatte mich sogar mit «Selbstkritik» vor der FDJ-Gruppe zu verantworten, weil meine Noten für das Kollektiv zu schlecht und mein Interesse für sozialistische Sprachwissenschaft offensichtlich zu gering waren. Unsere Lehrpläne waren völlig zugeschüttet mit Pflichtfächern, wir hatten etwa 32 Stunden zu absolvieren und bekamen Hausaufgaben, die kontrolliert wurden. Außerdem war ich aus bürokratischen Gründen gezwungen, den Anfängerkurs in Spanisch zu wiederholen, obwohl ich redete, als wäre ich in Valparaíso zu Hause.

Der Institutsdirektor war Professor für Literatur und bekannt als hartleibig und linientreu. Er ließ gleich am Anfang eine Arbeit schreiben, in der jeder seine Gründe für die Studienwahl aufschreiben sollte. Ich schrieb, was mich bewegte, und garnierte das wie alle anderen mit den rituellen Zitaten von Lenin und Honecker. Nur mir wurde es nicht abgenommen, und ich bekam eine Fünf dafür. Der Direktor las meine Arbeit vor, die meine Motive durchaus leidenschaftlich und authentisch beschrieb – bis auf die obligatorische Zitiererei. Er las sie vor als Beispiel besonderer Verlogenheit. Damit hatte er ja nicht Unrecht, trotzdem war es eine Frechheit, mich so vorzuführen. Allerdings kam niemand im Raum auf die Idee, sich darüber zu meinen Gunsten aufzuregen. Es war ein interessanter und keineswegs deprimierender Moment für mich, weil mir in diesem Augenblick vor Augen stand, wie falsch sich das alles anfühlte. Ich begann mir eine Ecke für unerlaubte Wut anzulegen.

Bis zum Ende des Studiums hielt sich das Gerücht, der Institutsdirektor rühme sich, den magischen Realismus einiger lateinamerikanischer Autoren, wie z. B. Julio Cortázar und Gabriel García Márquez, besonders kritisch unter die Lupe zu nehmen. Ja, man behauptete sogar, er habe durch eine Intervention beim ZK der SED dafür gesorgt, dass García Márquez' großer Roman «Hundert Jahre Einsamkeit» in der DDR nicht übersetzt werden durfte. Dass er dann doch erschien, sogar in der Übersetzung eines «Westdeutschen», war der Legende nach das inkonsequente Werk liberaler Romanisten an der Berliner Humboldt-Universität. Ob es wirklich so war, ist ungewiss, aber es passte zum geistigen Klima des Rostocker Instituts.

Dazu gehörten noch einige andere skurrile Phänomene. Die chilenischen Freunde von Lilli lebten in einem riesigen Neubaukomplex in einem der Satellitenviertel in Rostock. Das Gebäude war etwa hundert Meter lang und wurde «Wohnscheibe» genannt. Es trug den Namen zu Recht, denn als Haus konnte man den monströsen Bau mit seiner nervösen Architektur wirklich nicht bezeichnen. Doch die chilenischen Emigranten waren dankbar für diese Möglichkeit, zusammen auf wenigen Etagen zu leben, auch wenn sie sich weder die Stadt noch den Ort selbst aussuchen durften. Dabei war Rostock recht begehrt, denn hier lebten viele Künstler – Musiker wie Schauspieler, die am Rostocker Theater arbeiten konnten. Manche hatte es einige Kämpfe gekostet von einem Ort, wo sie in Betrieben arbeiten sollten, nach Rostock zu kommen. Andere hätten Berlin bevorzugt und sich gern selbst um Arbeitsmöglichkeiten bemüht. Aber so war es nun mal, und Dankbarkeit und Parteidisziplin hielten sie dort, wohin sie verwiesen worden waren.

Gladys und Aníbal arbeiteten für das Theater. Sie hatten drei Kinder und nahmen mich sehr herzlich bei sich auf. Ich übernachtete an den Wochenenden auch oft bei ihnen. Es war wunderbar dort und eine Rettung vor der Enge des Studentenwohnheims, wo ich mit zwei anderen Mädchen das Zimmer teilte. Ihre kleine Wohnung war für mich eine Insel mitten in der ungeliebten Stadt. Wir kochten und redeten, und ich teilte ihre Traurigkeit und Sehnsucht, ihr Abgeschnittensein, ihre Furcht vor der Zukunft und ihre Zweifel, so gut es eben ging. Gladys sagte mir einmal unter Tränen lachend, sie habe den Sozialismus so oft in ihren Träumen herbeigewünscht. Und nun sei sie aufgewacht, sei wie in einer Maschine irgendwo in Zeit und Raum angekommen und versuche dauernd nachzuschauen, ob sie die Koordinaten richtig eingestellt hatte.

Weil sie den Traum nicht zerstören konnte, so fern von Valparaíso, lachte sie eben lieber über das Skurrile des deutschen Alltags. Ausgerechnet Deutschland, gluckste sie, als könne es eine größere Distanz zu ihren Träumen nicht geben. Man stelle sich vor, sagte sie, ich bin an einem Ort gelandet, wo es offenbar ein Ministerium gibt, das über das Prinzip Schikane im Alltag wacht. Sie sprach von der Bürokratie in den Ämtern, davon, wie sich die Straßenbahntüren vor ihrer Nase schlossen, wie die Fahrpläne genau so gemacht waren, dass man in der Kälte möglichst lange warten musste. Sie sprach von mehr oder weniger offenem Rassismus bei den Lehrern ihrer Kinder, von der Stimmung gegen Ausländer in den Geschäften, von Angriffen auf Matrosen aus Nordafrika und von der Art, wie man hier in der DDR mit den eigenen Kindern umging. Sie klagte über eine Art von Kälte im Umgang miteinander, die sie aus Chile nicht kannte. Und sie versuchte mit aller Kraft, sich das Gute der DDR und ihres Neubauviertels vor Augen zu führen. Daraus entstand jene zauberhafte Ironie, für die ich sie so sehr bewunderte.

Manchmal konnte ich ihr beim Übersetzen in das Leben dieser Stadt helfen, und manchmal war es auch genau umgekehrt. Gladys und Aníbal erlaubten mir einzutauchen in die Welt der Emigranten, die mir so vertraut war. Ihre Geschichten und Ängste, die Erinnerung an bessere Zeiten in Chile, ihre Heimatlosigkeit und der Alltag in der DDR, den sie wie ich mit großer Ambivalenz erlebten, waren wie selbstverständlich für mich. Bei Gladys und Aníbal konnte ich mich fühlen, als wäre Lütten Klein eine Vorstadt in Südamerika und nicht das sozialistische Neubaughetto zwischen Evershagen und Lichtenhagen, als wäre das Exil meiner Eltern an einem glücklicheren Ort beendet worden.

Viel deutlicher, als ich es von meinem eigenen Elternhaus gewohnt war, redeten wir über das Absurde unseres täglichen Lebens und lachten darüber, so gut es ging. Ja, es war skurril und wir haben gelacht, aber komisch war es eigentlich nicht. Ich kannte die Gruppe der Chilenen ganz gut, mit einigen war ich befreundet, andere waren mir nicht so nah. Zu ihnen gehörte auch Carlos, der im Theater arbeitete, aber eigentlich weder Schauspieler noch Musiker war. Ein gemütlicher Mann, der gern erzählte und Menschen um sich hatte, fühlte er sich recht gut in Rostock, dennoch gefiel es ihm in Berlin besser. Dort lebte auch sein Bruder, und einen Job wie den in Rostock konnte er in Berlin allemal haben. Also fuhr er nach Berlin und blieb da: eine Woche und noch eine und noch eine. Der Bruder war oft nicht da, und Carlos verfügte mehr oder weniger über dessen Neubauwohnung. Eines Morgens klingelte es heftig an der Tür. Als Carlos verschlafen öffnete, standen da drei Volkspolizisten und verlangten, er solle sich ausweisen. Nun, er bat sie herein, zeigte seinen Ausweis, der ihm beschied, Ausländer mit Aufenthalt in der DDR zu sein – wohnhaft in Rostock. Die Polizisten fragten ihn, was er in Berlin zu suchen habe, wo er doch in Rostock über Arbeit und Unterkunft verfüge. Es halfen keine Erklärungen, er wurde festgenommen, in einen Kleinbus gesteckt und nach Rostock gebracht. Dort lieferte man ihn vor seiner eigenen Wohnung ab wie ein Paket. Er dürfe nicht einfach nach Berlin reisen und dort bleiben. Carlos schimpfte ein wenig, nahm sein übliches Leben wieder auf und fuhr eine Woche später wieder nach Berlin. Und das Geschehen wiederholte sich: Volkspolizisten führten ihn ab, brachten ihn nach Rostock und ermahnten ihn eindringlich. Wie eindringlich, ließ sich nicht feststellen, aber Carlos' Reisen zu seinem Bruder beschränkten sich von nun an auf einige Wochenenden.

Ich lebte zwischen den Welten, was an sich nichts Außergewöhnliches hätte sein müssen, es fühlte sich teilweise auch nicht so an. Aber teilweise eben doch. Denn ich wurde ins Institut zitiert und zurechtgewiesen. Ob ich denn nicht wisse, dass die Studenten Geheimnisträger seien und keine Kontakte zu Ausländern haben dürften. Nein, sagte ich, das seien keine Ausländer, sondern Bürger in Lütten Klein und Emigranten, die sich ihre Freunde frei wählen dürften. Das sei möglicherweise richtig, aber ich als Studentin der Lateinamerikawissenschaften dürfe meine Freunde nicht frei wählen und hätte ab sofort den Kontakt zu meiden. Ich protestierte natürlich und fragte, wie sie sich das vorstellten, ob ich vielleicht in dieser Stadt die Straßenseite wechseln solle, wenn ich meine Freunde traf, nur weil sie Chilenen sind. Darauf sagte man mir, wenn ich nicht als Reisekader geeignet sei, dann bräuchte ich auch nicht zu studieren und könne meinen Studienplatz jemandem zur Verfügung stellen, der bereit sei, den Interessen der DDR jetzt und in Zukunft zu dienen. Nun, das wollte ich mir nicht in Abrede stellen lassen, meiner Überzeugung wegen, des Studiums wegen und meines familiären Hintergrunds wegen. Also fragte ich, was das bedeuten solle. Ich würde meinen Freunden niemals aus dem Weg gehen. In dem Fall würde man mir ab sofort Stadtteilverbot erteilen, ich dürfe Lütten Klein vorerst nicht betreten. Sollte man mich erwischen, würde ich exmatrikuliert.

Das hat mich schon eingeschüchtert und sehr bedrückt. Also fanden wir andere Wege, uns zu sehen. Die Freunde in Lütten Klein spendierten mir jeder eine Taxifahrt. Das Problem war die Fahrt, aber auch der Aufenthalt in dem Wohnblock, denn dort lebten Institutsmitarbeiter, deren Aufgabe es auch war, die Chilenen zu überwachen. In dem Gespräch im Institut war ich ausdrücklich darauf hingewiesen worden – es war also kein Geheimnis. Wir trafen uns deshalb in einer der Wohnungen, die nicht im selben Aufgang lagen wie die der Betreuer. Und so kochten sie reihum und freuten sich über meinen Besuch, wir lachten zusammen über das absurde Theater, und meine Freunde trösteten mich. Doch das Selbstverständliche, das Unbelastete der Freundschaft war verschwunden, und übernachten konnte ich dort nun nicht mehr.

Meine Kommilitonen hatten das Problem nicht, und ob sie es verstanden, musste ich bezweifeln. Die «Funktionäre» redeten ohnehin immer schlecht von den «Ausländern». Für sie wie für manche der Institutsmitarbeiter waren die Chilenen nichts weiter als politische Figuren und als solche sehr willkommen. Als Menschen galten sie nichts. Klischees und Vorurteile über sie zu äußern war normal. Die Männer galten als heißblütig, die Frauen entweder als rassig oder naiv. Allem, was die so Beschriebenen taten, wurde ein sexuelles Motiv unterstellt. Die deutschen Mädchen – wie ich beispielsweise – würden benutzt und bezirzt, und am Ende könnten sie natürlich nicht anders, als alle Geheimnisse zu erzählen. Dieses Frauenbild galt ebenfalls als normal. Je mehr ich mich darüber aufregte und fragte, was denn das für Geheimnisse sein sollten, desto klarer stand ich unter dem Verdacht politischer Unzuverlässigkeit, weil ich mir offenkundig nicht vorstellen konnte, dass sich unter den Chilenen auch CIA-Agenten befinden könnten. Schließlich seien sie doch Ausländer.

Die anderen Kommilitonen, mit denen ich sehr gut zurechtkam, hatten dazu eher kein Verhältnis. Manchmal sahen sie mich an, wenn ich in derartigen Schwierigkeiten steckte, als wollten sie sagen: Muss das wieder sein, lass doch die Latinos und kümmere dich um das wahre Leben, als wären meine Freundschaften eine Flucht aus der Ernsthaftigkeit der Realität in der DDR. Ein Verantwortlicher der FDJ, dem ich den Widersinn eines Kontaktverbots besonders für einen Studenten der Lateinamerikawissenschaften zu erklären versuchte, meinte wohlwollend, ich müsse doch verstehen, dass so ein Interesse für Lateinamerika und die «chilenischen Menschen» nicht von jedem Studenten zu erwarten sei. Bei den Seminargruppenfeiern war das gemeinsame Schunkeln noch allemal üblich. Genauso wie der strafende Blick und die bösen Worte, weil ich mich nicht mit amüsieren konnte und wollte.

Sicher wäre ich erleichtert gewesen, wenn mir meine Eltern während der Wochenenden in Berlin den Rücken gestärkt hätten: Das musst du nicht ertragen, hätten sie sagen können, das ist absurd, widersinnig, das ist provinziell, unwürdig, beleidigend. Es wäre eine Form von Klarheit gewesen, zumindest darüber, dass ich die Dinge nicht falsch wahrnahm oder interpretierte. Stattdessen fiel ein Satz, der wehtat und den Boden unter meinen Füßen zum Schwanken brachte: «Was ist los mit dir, dass du immer wieder Ärger hast? Das sind doch alles Genossen.»

Also war es einfach meine Schuld. Wie eine Süchtige, die immer wieder mit einem neuen trügerischen Vorsatz den Tag beginnt, starrte ich auf den riesigen Neubaukomplex des Studentenwohnheims in der Hoffnung, dass sich heute oder bald alles würde erklären lassen und jeder nächste Tag dann vielleicht auch mit meinem Ziel zu tun haben könnte. Wenn es an mir lag und nicht an Umständen und Verhältnissen, dann konnte ich wenigstens Hoffnung haben.

Eigentlich teilte nur Hanna jenes dumpfe Gefühl, erpresst zu werden. Sie war im nächsten Studienjahr und ganz unauffällig, doch mir konnte sie mit ihrer Zurückhaltung nichts vormachen. Hanna nahm mich in ihrem Zimmer auf und schützte mich davor, ganz an mir selbst zu zweifeln. Sie wusste immer genau, worüber ich sprach, auch wenn es keine Lösung gab. Wir waren ja die Guten, wir waren für den Frieden und die Gerechtigkeit. Und das nicht, weil so die Losung hieß, sondern weil wir beide es ganz genau wissen wollten. Weil uns die Personen interessierten und nicht nur eine Theorie über sie. Der Weg des Kampfes für Gerechtigkeit war nie ohne Verzicht und Opfer geblieben. So stand es in der Literatur unserer Jugend und genauso hatten es meine Eltern erlebt.

Ich konnte dem Marxismus-Leninismus-Grundkurs nie wirklich folgen, weil daran alles Theorie war, moralisch begründet, lückenlos logisch, einleuchtend. Also saß ich da im Lesesaal der Uni oder in der Bibliothek und las die Texte mit ebenso viel Interesse wie Verzweiflung. Die Seiten füllten sich mit unterstrichenen Stellen, bis ich irgendwann aufgeben musste. Die Wissenschaft des Guten hatte sich nicht vor dem Leben zu beugen, sondern das Leben vor ihr. Ich versuchte zwar ab und an, daran herumzuzerren, doch meist blieb das Gehörte oder Gelesene nicht lange in meinem Gedächtnis. Ich konnte es einfach nicht halten, nicht fassen, nicht in mir aufgehoben sein lassen. Das merkten auch meine Lehrer.

Für uns war kein Pathos übrig geblieben, wohl aber der Verzicht. Diesen Verzicht aber als Pathos anzunehmen, dazu waren wir weder ideologisch noch dumm genug. Sosehr wir ihn als öde Variante der großen Geste des sozialistischen Humanismus sahen, so wenig mochten wir ihn akzeptieren. Die Sache des Friedens und der Gerechtigkeit in der ganzen Welt war so gewaltig, dass sie unsere Moral bestimmte, aber keine Übereinkunft mit Hannas und meinem realen Leben möglich schien. Uns gingen die großen hungrigen Kinderaugen in Lateinamerika und anderswo wirklich nahe. Tat man, wie wir, einen Blick hinaus aus der DDR und in jenen Teil der Welt, statt nur im Inneren der deutschen Befindlichkeit zu bleiben, war der Druck, das Richtige zu tun, enorm. Und genau darin lag die Erpressung: Wenn ihr dafür eintreten wollt, sagte man uns, dann müsst ihr das andere akzeptieren. Vor allem anderen steht das Menschenrecht auf Leben, Bildung, Arbeit und Gesundheit, und das lässt sich nur im Sozialismus verwirklichen. Es ist wichtiger als das bürgerliche Recht auf so manipulierbare Dinge wie Freiheit von Meinung oder andere individuelle Rechte.

Also saß ich da in Hannas Zimmer mit Stadtteil- und Kontaktverbot, und weder diejenigen, die ich nun meiden sollte, noch meine Eltern konnten abrücken von ihren Hoffnungen und von den Loyalitäten, die man im Exil so dringend braucht. Also blieb meiner Wut kein anderer Weg als der gegen mich selbst. Was für eine gigantische Falle. Hanna und ich konnten sie sehr wohl spüren. Wir wussten, wir sitzen drin. Doch aus ihrem Inneren heraus hätten wir sie niemals beschreiben können.

9. Kapitel
Planwirtschaft im Paradies

Irgendwann reichte es mir. Ich ging zu der für die Studentenbetreuung zuständigen Person, der gleichen, die mir das «Stadtteilverbot» verordnet hatte. Ich hatte es nur wenige Wochen heimlich unterlaufen und war dann wie immer offen zu meinen chilenischen Freunden gefahren, doch es blieb, trotz der stillschweigenden Duldung durch das Institut, etwas Subversives und Unnatürliches, und ich galt dadurch als absolut unzuverlässig. Wegen meiner Familie hätte sich das Institut nicht getraut, mich zu exmatrikulieren, doch es gab andere Wege, mir die Ablehnung klar zu machen. Als meine Mutter starb, verweigerte man mir, zu ihrer Beerdigung zu fahren. Ich war gezwungen, mich krankzumelden, um bei meinem Vater in Berlin sein zu können. Die Zuständige hatte gemeint, ich solle mich nicht so haben, ihr würden jedes zweite Jahr irgendwelche Familienmitglieder wegsterben, da könne sie auch nicht immerzu freinehmen.

Der Tod meiner Mutter hatte an meinem Lebensnerv gezerrt, durch den wir tief miteinander verbunden waren. Es ging uns allen so: meinen Brüdern, meinem Vater und mir. Die Ereignisse um uns herum standen in keinem Verhältnis zu diesem Verlust. Doch irgendwann musste ich wieder nach Rostock zurück.

Die Ausweisung von Wolf Biermann nach seinem Konzert in Köln fand in dieser Zeit statt, und ich sagte in Rostock, wie falsch ich das fand. Doch niemand nahm es wahr. Es wurde auch nirgendwo diskutiert. Einige meiner Kommilitonen sahen es genauso wie ich, aber dieses Thema blieb ein Korridorgespräch. Institut und Studenten hatten viel zu tun, es war kein Platz für ideologische Auseinandersetzungen. Zwei Jahre zuvor hatte eine Revolution Portugal ins Blickfeld der Ereignisse gerückt, und die Studenten der Lateinamerikawissenschaften waren nun fast die einzigen in der DDR, die Portugiesisch lernten, weil die Sprache bis dahin als ausgefallen und politisch irrelevant galt. Regulär wurden wir ab dem zweiten Studienjahr in Portugiesisch unterrichtet, weil Brasilien zu Lateinamerika gehört. Doch mit einem Mal ging es nicht mehr um Brasilien, sondern um ein riesiges Potenzial für alle möglichen Aktivitäten und Märkte – in Portugal selbst, das sich dem Sozialismus zuwenden wollte, und noch viel mehr in Afrika, in den unabhängig gewordenen Kolonien Portugals. Kaum zwei Monate nach dem Beginn des Unterrichts in Portugiesisch kamen schon Anfragen, ob nicht Studenten beim Dolmetschen helfen könnten. Seitdem war die Nachfrage ständig gestiegen. Die Studenten arbeiteten für Delegationen von Politikern, Vertretern von Wirtschaft, Kultur, Sport oder Landwirtschaft. Es begann mit Anfragen innerhalb der DDR, doch bald reisten die ersten Studenten auch ins Ausland. Einer nach dem anderen um mich herum wurde abberufen. Nur ich nicht. Ich sah ihnen beim Packen zu und blieb in Rostock. Und irgendwann war niemand mehr da von meinen Kommilitonen, ich saß eines Tages mit meinem portugiesischen Sprachdozenten ganz allein im Seminarraum, und wir beschlossen, alle folgenden Stunden in einer Eisdiele unter dem Sonnenschirm abzuhalten.

Der Tod meiner Mutter hatte die Wut hinausgeschoben. Ich war sprachbegabter als die meisten, das Dolmetschen fiel mir leicht, doch die Institutsleitung «übersah» mich weiterhin, ich wurde geduldet und versuchte, solange es ging, durchzuhalten. Man hatte erfolgreich dafür gesorgt, dass ich mich selbst für diese Situation verantwortlich fühlte. Doch manchmal tauchten einige Kommilitonen zwischen ihren Reisen in Rostock auf und erzählten von den Ländern, die sie gesehen hatten: Mosambik, Portugal, Guinea, Angola und São Tomé. Sie sprachen von Chaos und Reichtum, von Landschaften und Elend, manche mit mehr und andere mit weniger Sympathie für die Menschen dort. Viele empfanden ihre Reisen als lästig, die Ziele als unattraktiv. Ich war einfach nur neidisch auf ihre Möglichkeiten. Und irgendwann überwältigte mein Zorn doch das diffuse Gefühl von schlechtem Gewissen, auf das ich mich eingelassen hatte. Ich ging zur Verantwortlichen im Institut.

Auch in Rostock hatte ich oft zu hören bekommen, dass ich «unmöglich» sei. Doch anders als bei Mr. Dass hatte es mich hier jeder Klarheit beraubt. Als ich das Direktorat betrat, war mir alles egal. Selbst die Heiligkeit des Studienplatzes. Ich verlangte sofort und definitiv nach einer Erklärung, weshalb ich so umgangen wurde, und bestand auf einem Termin und der schriftlichen Form. Die Zuständige sah mich fassungslos an. Sie war so überrascht, dass sie mir kleinlaut eine Prüfung meiner Einsatzmöglichkeit versprach.

Noch vor dem genannten Termin wurde ich ins Institut bestellt. Sie hätten meinen «Fall» geprüft und würden mich zunächst zur «Bewährung» in den Sommerferien zu einem Inlandseinsatz schicken. Falls ich dort gut arbeitete, käme ich nach São Tomé, von wo sie gerade eine Anforderung bekommen hätten. Die beiden saßen hinter einem dicken Schreibtisch, ich stand davor, und sie bemühten sich sehr um strafenden Blick und herablassenden Ton. Mir war das egal. Ein halbes Jahr später, im fünften und letzten Studienjahr, konnte ich endlich selbst und nicht mit meinen Eltern eine Reise in eine unbekannte Welt machen. Aus dem dramatisch kalten

Winter zu Beginn des Jahres 1979 flog ich in den wohl tropischsten Teil Afrikas.

Das Licht und die Luft in São Tomé umgaben mich augenblicklich wie ein warmes und reinigendes Bad nach langer Zeit in Kälte. Die Luftfeuchtigkeit lag bei fast 100 Prozent, die Sonne hier am Äquator schien sich den ganzen Tag im Zenit zu halten, bis auf die kurzen Momente ihres Auf- und Abstiegs. Dämmerung gab es hier nicht. Auf der Fahrt vom Flughafen in die kleine Stadt São Tomé sah ich Ansammlungen von Vögeln, ähnlich wie die Tauben in europäischen Städten, doch es war eine Art Falken, die zu Hunderten den Himmel und den Boden beherrschte. Von überall wuchs üppiges Grün an den Hängen herunter, und das Meer rundum bewegte sich lebhaft in kristallklarem Blau und Türkis. Wir fuhren vorbei an kleinen Siedlungen, wo zwischen den hellen oder bunten Gebäuden in bescheidenem Kolonialstil auch selbst gezimmerte Baracken standen. São Tomé ist eine Insel mitten im Atlantik, direkt auf dem Äquator, und wird von ihren nichtafrikanischen Besuchern gern als Paradies beschrieben. Sie sieht tatsächlich aus wie eine Parodie auf jede Vorstellung von Südseeromantik. In der Mitte von São Tomé liegt ein riesiger erloschener Vulkan, der bei seinen Ausbrüchen einige bizarre Berge, aus denen nun Kaskaden sprudeln, Buchten und malerische Inseltropfen hinterlassen hat. Der Boden ist fruchtbar, es gibt reichlich Regen und Sonne in regelmäßiger Abfolge, und zum Meer hin umkränzen die Insel eine Vielzahl kleiner weißer Strände, an denen Kokospalmen sich dem Wasser zuneigen. Die Insel São Tomé ist winzig, so groß wie Rügen ungefähr, und Príncipe, der andere Teil der República Democrática de São Tomé e Príncipe, liegt eine halbe Flugstunde entfernt und dürfte nur wenig breiter und länger sein als Hiddensee. Dort bevölkern schreiende und flatternde Graupapageien den Himmel, und die Menschen sind noch etwas isolierter als auf São Tomé.

Dieser kleine Staat war erst drei Jahre zuvor von Portugal unabhängig geworden, und nun versuchten Fachleute aus den sozialistischen Ländern, das Land auf Kurs zu halten. Mit einem dieser Fachleute aus der DDR war ich hingeschickt worden. Er sollte die Planwirtschaft einführen, und ich half beim Übersetzen. Ich blieb das ganze Jahr, bis auf eine Unterbrechung im Sommer, und hatte verschiedene Auftraggeber. So konnte ich die Situation in São Tomé sehr gut und gründlich kennen lernen.

Die Portugiesen hatten die Insel schon im 15. Jahrhundert besiedelt, und da sie so günstig lag, wurde sie zum Umschlagplatz für den Sklavenhandel nach Amerika. Später setzte man die Sklaven ein, um die Kaffee- und Kakaoplantagen zu bearbeiten. Erst im 19. Jahrhundert wurde die Sklaven- in Zwangsarbeit umgewandelt, die ihrerseits erst kurz vor der Unabhängigkeit abgeschafft wurde. Die Portugiesen hatten über Jahrhunderte aus den Kolonien Angola, Mosambik und Kapverden Menschen nach São Tomé deportiert, sie dort auf den kleinen Landgütern eingesperrt und jeden Tag in die tropische Hitze geschickt, um die Früchte der Palmen und Kakaobäume zu ernten und zu bearbeiten. Die malerischen Hänge und die hohe Luftfeuchtigkeit machten diese harte körperliche Arbeit sehr schwer und wegen der Insekten und Schlangen auch sehr gefährlich.

Die Güter gehörten verschiedenen Eigentümern und waren systematisch angelegt worden. Es gab ein System von jeweils einem Hauptsitz und winzigen Niederlassungen, alle in einem meist sehr hübsch anzusehenden architektonischen Stil gebaut. Doch die Niederlassungen hatten selten Strom, und die Familien der Plantagenarbeiter lebten jeweils in einem Zimmer mit Tür und Fenster ohne Glas und ohne sanitäre

Einrichtungen. Abends wurde die Anlage ab- und morgens aufgeschlossen. Dazwischen lag die Arbeit. Manchmal hatten die Güter eine gemischte Bevölkerung, aber oft waren die Menschen nach ethnischen Gruppen getrennt. Als sich nach der Unabhängigkeit die Güter öffneten, kamen die Menschen zaghaft hinaus, und die winzige Insel wurde für sie zur weiten Welt. Vor allem unter den Kapverdianern, deren trauriger und freundlicher Gesang überall ertönte, herrschte Aufbruchsstimmung. Viele von ihnen zog es aus dem Exil, in das sie hineingeboren worden waren, auf die Kapverdischen Inseln zurück. Die kleine Insel São Tomé mit ihrer berauschenden Landschaft war zugleich ein Spiegel des brutalsten Teils der weltweiten portugiesischen Kolonialgeschichte.

Ich arbeitete in einem Büro des Planungsministeriums, dessen Aufgabe nicht viel mehr als eine Bestandsaufnahme sein konnte. Der größte Reichtum des Landes hing wie dicke Tropfen an den zarten Baumstämmen der Kakaopflanze. Nach seiner einfachen Bearbeitung fand der Kakao mehr oder weniger reißenden Absatz auf dem Weltmarkt und wurde bevorzugt von niederländischen und Schweizer Firmen gekauft, um daraus zarte und aromatische Schokolade zu machen. Auf São Tomé aber gab es kaum Schokolade, fast alle Lebensmittel mussten importiert werden. Das Planungsministerium sollte nach der Verstaatlichung aller Plantagen hier nun umsteuern, ohne den wirtschaftlichen Lebensnerv Kakao zu stören. Eine schwierige Aufgabe, da es kaum Landwirtschaft gab und es unter der Planwirtschaft nicht besonders attraktiv war, sie zu entwickeln.

Ich teilte mein Büro mit dem DDR-Fachmann, der sein Bestes tat, um ein System aufzubauen, das in den sozialistischen Ländern schon nicht funktionierte. Die Staatliche Plankommission der DDR hatte ihn geschickt, nicht ohne dafür auch Geld von der Regierung São Tomés zu bekommen.

Selbstverständlich bezahlte man für die Spezialisten generell in Dollar. Sie selbst bekamen davon nur einen Teil – der Rest wurde eine Deviseneinnahmequelle für die schwache Bilanz der DDR im Außenhandel.

An den Abenden besuchte ich häufig Kollegen aus São Tomé: meinen Nachbarn, den Minister, einen jungen, sehr gebildeten Mann, Alicia, die Sekretärin, Will, den Ökonomen, und Maria, die im Ministerium sauber machte. Die Insel war so klein, die Leute waren so sehr miteinander verwoben, verbunden und verwandt, dass ich bald alle Zeichen und Gespräche zu deuten vermochte, die das Leben dieser Gesellschaft entschlüsselten. Gerade weil alles so eng beieinander lag, fuhr jeder selbst die kürzesten Strecken mit dem Auto, um die Illusion von Raum herzustellen, den es hier nicht gab. Es war genau umgekehrt wie in der Sowjetunion, wo riesige Entfernungen als Katzensprung galten. So konnte man in São Tomé schon an der Stellung oder Bewegung der Autos erkennen, wer warum wen besuchte. Auch der DDR-Attaché fuhr abends durch die Gegend, um diese Zeichen zu lesen, und machte sich dabei gleichzeitig zum Objekt der Recherche. Erst wenn er seine Runden beendet hatte und das Licht in seinem Haus erloschen war, konnte sich ohne Beobachtung eine Art normales soziales Leben entfalten.

Es gab einen Arzt aus der DDR, der die Widersinnigkeit des geltenden Kontaktverbots mit den «Ausländern» genauso absurd fand wie ich. Die DDR-Vertretungen im Ausland hatten überall ein solches Kontaktverbot auferlegt. Bei der ersten Belehrung durch den Attaché hatte ich gefragt, wen er denn als Ausländer betrachte. Er war verblüfft über diese Frage. Selbstverständlich seien alle Nicht-DDR-Bürger gemeint. Auch die São Tomenser? Ja, natürlich, sagte er, und die Sowjets, Kubaner und alle anderen auch. Meine Frage, ob nicht eher wir hier die Ausländer seien, empfand er als unpassend.

Also trafen wir uns nach Mitternacht, und es war eine Frage des Vertrauens. Alle Beteiligten wussten, dass diejenigen aus den sozialistischen Ländern außerhalb der Arbeit weder miteinander verkehren durften noch mit den anderen, denen aus São Tomé oder aus kapitalistischen Ländern wie Brasilien, den Niederlanden, England usw. Diese demütigende Form des Zusammenseins brachte eine Art lächerlicher Konspiration hervor. Jeder achtete peinlich darauf, den anderen auch nicht zufällig zu verraten, wenn er ihn am Tage traf, was natürlich ständig geschah. In den warmen Nächten kam so eine Gruppe von Menschen zusammen, die nichts Ungewöhnliches tat, dies allerdings unter Bedingungen, die sich nur durch einen entwickelten Sinn für Humor und Ironie aushalten ließen.

Natürlich gehörte mein Planungsspezialist nicht zu dieser Gruppe, im Gegenteil, er war einer der sozialistischen Protagonisten, die strikt an die Unselbständigkeit von Individuen glaubte und daran, dass man sie als Masse lenken, führen und zum «neuen Menschen» erziehen müsse. Als es um die Planung des Wohnungsbaus ging, ein sehr wichtiger Teil der postkolonialen Aufgaben, meinte er auf kleinere Wohnungen verzichten zu können, da die Familien ohnehin viele Kinder hätten. Und junge Leute sollten halt zu Hause wohnen, bis sie heirateten. Aber was, wenn Ehen scheitern, weil die Frauen manchen tradierten Rollenbestimmungen hier nicht mehr bedingungslos ausgeliefert sein wollten?, fragte ich. Oder eben nicht sofort von der Tochter zur Mutter werden wollten? Er schüttelte den Kopf. Scheidungen müssten per Gesetz verboten werden, und diese ganze Selbstfindung sei bürgerlicher Unsinn, wenn die Kinder nur richtig erzogen würden durch Elternhaus und Schule. Der Staat habe da eine prägende und den Menschen formende Aufgabe. Und in den Entwicklungsländern könne man, da aus der Erfahrung lernend, manchen Fehler von vornherein vermeiden.

Den einen oder anderen dieser Fehler konnte ich selbst vermeiden helfen. Mitunter erschienen Vertreter von DDR Kombinaten über eine Außenhandelsorganisation, die verschiedene Maschinen zum Kauf anboten und sie natürlich in den glänzendsten Farben schilderten. Es kam also öfter vor, dass meine Freunde aus São Tomé mich anriefen und baten, ich solle ihnen diese Wunderwerke erklären und eventuell auch den Prospekt übersetzen, in eine Sprache, die sie auch verstünden. Das wohl deutlichste Beispiel für wirtschaftlichen und kulturellen Schwachsinn, gepriesen als Meilenstein auf dem Weg zum Sieg des Sozialismus, war das Angebot mehrerer Mähdrescher. Nicht einer, sondern gleich mehrere dieser gewaltigen Ungetüme sollten auf São Tomé und Príncipe zum Einsatz kommen. Fachleute aus der DDR schilderten die Vorzüge dieser teuren Maschinen, wie man einem kleinen Jungen die technischen Finessen des neuen elektrischen Spielzeugbaggers und seiner vielen tollen Funktionen erklärt. Die Haltung dieser Verkäufer war herablassend, arrogant und, insbesondere in ihren Bemerkungen untereinander, zutiefst rassistisch. Ich wollte meinen Freunden das so nicht sagen, ich wollte sie nicht beleidigen, auch nicht indirekt. Sie waren sehr beeindruckt von den fabelhaften Maschinen und hatten großes Vertrauen in ihre deutschen Partner. Also versuchte ich mit ihnen zu überlegen, wo und wann die Mähdrescher eingesetzt werden könnten, da doch die infrage kommenden Felder klein waren und inmitten felsigen Geländes lagen. Getreide gab es ohnehin kaum, nur Mais wurde angebaut, und auch in Zukunft konnte sich angesichts der klimatischen und geologischen Bedingungen niemand eine extensive Landwirtschaft vorstellen. Außerdem gab es eine große Arbeitslosigkeit. Und wie sollten die riesigen und schwerfälligen Mähdrescher überhaupt nach Água Izé kommen, um dort einige voneinander getrennte Felder von vielleicht einem Hektar Größe zu befahren? Wir lachten dann bei der Vorstellung, dass man mit einem riesigen Transporthubschrauber, der auch von der DDR gegen Dollar gekauft werden würde, den Mähdrescher vorsichtig auf einem Feld herunterlassen müsste. Der Kauf der Mähdrescher wurde kurz und klar abgelehnt – sehr zum Erstaunen der sozialistischen Handelsleute.

In meiner kleinen Wohnung sah ich bei der Morgentoilette in den Spiegel und wunderte mich manchmal über meine Hautfarbe, die ich unter den Freunden im Laufe des Tages vollkommen vergaß. Nach einigen Monaten war ich so vertraut mit dem Leben in São Tomé, mit den Problemen, mit der Armut, mit der Schwierigkeit der Menschen, in diesem so anstrengenden Klima harte körperliche Arbeit zu verrichten, mit den Intrigen, den Verboten, den Konflikten der politischen Klasse, ja sogar mit den Kopfschmerzen des Ministers, der sie als eine Art klaustrophobischer «Inselmacke» beschrieb, dass die DDR trotz ihrer seltsamen Präsenz allmählich zu verschwinden begann.

Will und Alicia holten mich öfter an den Wochenenden sehr früh, damit kein Attaché es sah, mit einem Jeep ab und fuhren mit mir an entlegene Orte auf der Insel. Entlegen bedeutete mehr als eine halbe Stunde Fahrt durch unwegsames Gelände. Ich sah Güter, kleine Niederlassungen, wir sprachen mit Leuten dort. Wir besuchten Dörfer, die vereinzelt in den Bergen lagen. Ich versuchte, beim Schleppen von Bananenstauden mit anzupacken, die von einer Plantage ins Dorf gebracht werden mussten, und in einer Fermentierungshalle, wo der Kakao beim Gären große Hitze produzierte, halfen wir umrühren, auf der Plantage beim Tragen der Körbe voller Kakaofrüchte. Will erzählte dabei alle Details der Geschichte von São Tomé, und er machte keinen Hehl aus seinen Vorwürfen gegen die Europäer. Ich konnte ihn verstehen. Inzwischen hatte ich auch immer weniger Geduld mit weißen Europäern, die nicht aufhören wollten, ihr Entzücken über die paradiesische Schönheit dieser Insel auszudrücken, und sich gegenseitig Tipps für idyllische Badestrände gaben.

Ich sah mich als Teil dieser europäischen Tradition, egal, wie barbarisch sie auch auf dem eigenen Kontinent gewütet hatte. Einmal saßen wir auf einer Steintreppe, und ich erzählte ihnen vom industriellen Massenmord an den Juden in Deutschland. Weder sie noch ich hatten einen Zweifel daran, dass uns nichts anderes blieb, als jetzt die Verantwortung zu tragen für das, was wir gerade tun. Auf dem Rückweg im Jeep hörte ich afrikanische Popmusik, wie sie jeden Tag zu schnellen Rhythmen klingelte, und die unwirklich schöne Landschaft flog vorbei. Über die Nähe zu den Freunden, die ich gewonnen hatte, konnte ich am Ende schließlich doch noch das Paradiesische am Paradies wieder entdecken.

Als ich in die DDR zurückkehrte, wusste ich mehr über dieses Stück der Welt, als die deutsche Republik in meinen Augen vertragen konnte. Ich war zurück, ich war wieder weiß wie alle anderen, und das Grau fing mich ein und legte sich auf meine Augen. In dieser Zeit schrieb ich extern meine Diplomarbeit über einen kubanischen Schriftsteller, und wie um der Farblosigkeit des Lebens einen Ausdruck zu geben, schnitt ich mir die roten Locken auf Streichholzlänge ab. Es hat Monate gedauert, bis ich wirklich wieder angekommen war.

10. Kapitel
Treffen

Die Treffen passten mir eigentlich nie in den Kram. Ich hatte mir von der wenigen Zeit für die Wochenenden in Berlin immer gleich ein paar Stunden freizuhalten. Manchmal ging es auch schneller, wenn ich sehr darauf bestand. Es war immer irgendwie lästig, selbst der Typ, mit dem ich mich traf, war kein besonders sympathischer Mann. Er hatte eine scharfe große Nase, farbloses Haar und kleine, ebenso farblose Augen. Eigentlich sah er aus wie ein Polizist in Zivil, der so unauffällig ist, dass er eben nur ein Polizist sein kann.

Er rief an und wir verabredeten uns. Dann fuhr ich mit der Straßenbahn zu unserem Bahnhof und überquerte den Platz. Der Augenblick hatte was, weil ich jedes Mal spielte, ich ginge woandershin und hätte etwas anderes zu tun vor als in Wirklichkeit. Auf dem Rückweg war es dann das Gleiche. Natürlich dachte ich an die vielen Beispiele der Konspiration, wie ich sie in Erzählungen oft gehört und in Büchern gelesen hatte: Ruth Werner und Olga Benario, die Rote Kapelle und Richard Sorge und nicht zuletzt auch Tamara Bunke, genannt Tania la Guerillera. Und an meine Eltern natürlich, besonders meinen Vater, der sich ja oft als jemand anderen ausgeben musste, während er in der Illegalität lebte. Die charmante Chutzpe, mit der er viele lebensbedrohliche Situationen gemeistert hatte, fand ich immer sehr anregend.

Das war natürlich nur ein Trost, denn so richtig konnte ich die Parallele zu mir nicht sehen. Außer in einem sehr allgemeinen Punkt war ich weit davon entfernt, wirklich an etwas Heldenhaftes zu denken. Und dieser Punkt lag eher darin, dass ich mir selbst misstraute – denn das Signal «Misstrauen» war ja auch in Rostock vom Institut her die bestimmende Botschaft an mich. Es hatte nie wirklich ein Zeichen gegeben, dass ausgerechnet ich zu irgendetwas nütze war innerhalb der Loyalitäten, denen ich mich verpflichtet fühlte. Ich wollte so gern etwas dafür tun und schien so gar nicht dazu in der Lage. Und nun kam da dieser Typ und fragte mich nach dem, was ich erlebte, und er fragte eben, was die meisten anderen nicht taten. Am Anfang nach Dominiques Flucht war der Druck sehr konkret. Vielleicht hätte ich trotzdem nein sagen können, doch das hätte mehr Mut erfordert, als ich mit 19 hatte. Dann wurde die Verbindung entspannter. Und ich sah hier die Chance, endlich Ordnung in mein Leben zu bringen und alle Ambivalenzen als Kinderkram hinter mir zu lassen. Am Anfang funktionierte es schon. Er nannte sich Hartung, das passte auch zur Schärfe seiner Nasenkontur. Seine Aufgabe war es, die neue Situation seit Einrichtung der Botschaften in der DDR und der Akkreditierung ausländischer und westdeutscher Journalisten einzuschätzen. Dabei gebe es zwei wichtige Aspekte, wie er sagte: Es solle ein gutes Bild der DDR entstehen und es müsse verhindert werden, dass die Freizügigkeit für die Diplomaten an den Grenzen von Schleusern missbraucht würde. Mit dem ersten Aspekt hatte ich überhaupt kein Problem, beim zweiten wollte ich nicht gern helfen. Und das tat ich auch nicht.

Meine Aufgabe war eigentlich nicht schwer und kam mir sehr entgegen – ich war ja neugierig, kontaktfreudig, lebhaft, sprachbegabt und hatte vielleicht gerade wegen meiner eigenen Zerrissenheit das Bedürfnis, zwischen möglichst vielen Menschen haltbare Brücken zu bauen. Ja, und warum sollte ich nicht mithelfen, die DDR im Ausland oder bei Journalisten gut darzustellen? Das war genau, was meine Eltern auch taten, bei ihren Reisen unterwegs in der Welt. Und wenn die DDR eine Einheit aus Eltern und Staat ist, dann konnte diese Aufgabe nicht falsch sein. Es gab einen offensichtlichen Widerspruch zwischen dem, was ich lebte, und dem, was von mir erwartet wurde. Um ihn zu lösen, hätte es eines gesunden Menschenverstandes bedurft. Doch der stand mir zu jener Zeit nicht zur Verfügung.

Bis im Herbst 1974 mein Studium in Rostock begann, traf ich Hartung relativ regelmäßig. Er fragte nach allem Möglichen, er wollte wissen, wen ich kannte, wie ich lebte und was ich meinte. Also schwatzte ich drauflos – erzählte ihm von mir und meinem Leben und davon, was mich beschäftigte. Ich tat es so, wie ich auch mit anderen redete, es kam mir nicht in den Sinn, mich zu verstellen oder zu kontrollieren. Es war wie ein Angebot an Kontakten und Möglichkeiten, aus denen er das Wichtige schon herausfinden könnte. Das ging eine Weile so, bis ich allmählich merkte, wie er doch versuchte, mich so in Gespräche einzuwickeln, dass ich dabei ein ungutes Gefühl bekam. Ich wollte auf keinen Fall schlecht über Leute reden, über deren Absichten und Ansichten, selbst wenn ich sie nicht teilte. Aber darüber zu reflektieren und dann sogar Bedingungen zu stellen fiel mir sehr schwer.

Hartung hatte zwar gesagt, ich dürfe mit niemandem über unsere Treffen reden, doch ich war unsicher und bedrückt. Meine Zeit in der Redaktion ging langsam zu Ende, was dann in Rostock kommen sollte, war vollkommen ungewiss. Die Trennung von Berlin, besonders von Victor, stand bevor, und ich wollte einfach nichts tun, was mich noch stärker bedrängte. Deswegen erzählte ich Victor von meinen Treffen mit Hartung und fragte ihn, was ich denn tun solle. Wir machten einen langen Spaziergang bei den Arkaden auf der Museumsinsel. Er sagte mir, ich solle den Kontakt mit Hartung halten, denn das Interesse der DDR an positiven Verbindungen mit Diplomaten und Journalisten sei legitim und sehr notwendig. Aber ich solle aufpassen mit allgemeinem Geplapper. Ich sah ihn entsetzt an und dachte nach. Ich wusste nicht, was ich Hartung alles erzählt hatte, als er mich nach Leuten auf irgendwelchen Partys gefragt hatte. Victor hatte Recht: Es war genau das, was ich empfunden hatte. Aber er konnte mir nicht wirklich helfen, denn er fand, dass ich auf jeden Fall weitermachen sollte. Das sei, so sagte er, eine wichtige Aufgabe für die DDR angesichts der neuen Offenheit mit dem Westen. Bei den nächsten Treffen mit Hartung versuchte ich also, mich zu disziplinieren.

Nachdem ich das Studium in Rostock begonnen hatte, trafen wir uns etwa alle vier bis sechs Wochen in Berlin. Wir fuhren meist mit seinem blassgelben «Wartburg» mit Frankfurter Kennzeichen in irgendeine Gaststätte oder gingen in eine Wohnung, um dort die Gespräche zu führen. Für den Moment freute ich mich immer, dass er mich offenbar schätzte und meine Meinung hören wollte und sich mir nun endlich eine Gelegenheit öffnete, mit meinen beschränkten Möglichkeiten auch etwas für die DDR tun zu können. Dass sie selbstverständlich meine «politische Heimat» war, wie es eine Freundin einmal umschrieb, daran bestand überhaupt kein Zweifel. Die Partei und die Kollektive, denen ich misstraute in ihrem Antifaschismus, waren kein Ort für mich. Doch hier gab es eine unmittelbare Nähe zum Staat, ohne Ablehnung dessen, wer, wie und was ich war. Der Staat selbst also zeigte sich, wie ich es erhofft hatte: Klarer und auch liberaler mir gegenüber als seine absurde Variante in Gestalt der Rostocker Verhältnisse. So empfand ich es am Anfang. Und so war es offenbar mir gegenüber auch gewollt und beabsichtigt.

Es kam mir überhaupt nicht in den Sinn, dass meine Aufgabe hier genau das beinhaltete, was mir in Rostock verboten war. In Rostock durfte ich keine Kontakte zu Ausländern haben, hier waren sie erwünscht. Der Widerspruch fiel mir nicht einmal auf. Ich weiß nicht, was passiert wäre, wenn ich darüber nachgedacht hätte. Diese Paradoxie hätte ich nicht auflösen können; sie wäre für Rostock und für den Staat verheerend gewesen, doch von der Erkenntnis trennten mich noch Jahre.

Während meiner Rostocker Zeit war Hartung vor allem damit beschäftigt, noch andere Studenten von dort zu gewinnen. Es war nicht schwer, einige meiner Kommilitonen, nach denen er fragte, in den besten Farben zu schildern. Sie waren meist ohnehin von staatlichen Stellen zum Studium delegiert, und wenn Hartung fragte, ob sie denn zuverlässig seien und auch kooperieren könnten, bestätigte ich ihm das gern. Dann bat er mich, über Hanna eine Einschätzung zu schreiben, die allgemein sein sollte und sich nicht auf eine Zusammenarbeit bezog. Während ich sie verfasste, fragte ich mich, was er damit wollen könnte. Hanna war für einige Wochen zum Dolmetschen unterwegs, und als sie wiederkam, sprach ich mit ihr darüber. Ich sagte ihr, was ich geschrieben hatte, und fragte sie, ob sie eine Ahnung habe, warum das MfS eine Einschätzung über sie wollte. Wir wussten alle, dass man im Studium auch regelmäßig auf seine Eignung als «Reisekader» überprüft wurde, doch das war nicht Hartungs Aufgabe. Eine ganze Weile konnten wir uns keinen Reim darauf machen. In unserem Alltag von Rostock spielte die Verbindung zu Hartung keine Rolle.

In den Gesprächen mit Hartung war es schwierig, eine Balance zu halten zwischen dem, was richtig und falsch war, so wie Victor es mir empfohlen hatte. Ich sprach nie über meine chilenischen Freunde in Rostock, und als Hartung einmal danach fragte, sagte ich ihm, die Art, wie sie behandelt würden, vor allem diejenigen, die nicht der Kommunistischen Partei angehörten, sei unmöglich. Als Biermann ausgewiesen wurde, sagte ich Hartung in Berlin gleich, was ich davon hielt. Ich war empört, wie viele andere auch. Ich erklärte, er solle bloß nicht auf die Idee kommen, mich nach der Meinung anderer dazu auszufragen. Ich könne ihm sagen, wie ich dächte, aber ich würde nicht über andere sprechen. Das funktionierte auch einigermaßen.

Sein Interesse lag vor allem im Kontakt zu ausländischen Botschaften, die sich in der Zeit in Berlin niederließen. Ich bekam einen Brief von einem kolumbianischen Schauspieler, der eine Weile in Berlin gewohnt hatte. Er bat mich darum, für ihn und seine Theatergruppe Auftritte zu vermitteln. Also ging ich in die kolumbianische Botschaft und sprach mit der Kulturverantwortlichen. Sie hieß Clara und freute sich, mich kennen zu lernen. Ich zeigte ihr und ihrem Mann Thomas Berlin, den Teil der Stadt, den sie bisher nicht gekannt hatten. Wir unterhielten uns über Kolumbien, das Land, das mich wegen seiner aufregenden Geschichte besonders interessierte. Wir trafen ihre Freunde, ich lud sie aufs Land ein, wir gingen ins Theater. Hartung wollte vor allem den Kontakt. Die Gespräche über die beiden waren nicht sehr tief, es ging darum, überhaupt zu erfahren, welche neuen Kreise hier entstanden. Er drängte mich herauszufinden, ob die beiden oder irgendwer sonst DDR-Bürger in den Westen mitnahmen. Hinten im Auto zum Beispiel. Es war mir nicht recht, Clara auszufragen oder überhaupt rausbekommen zu wollen, wenn jemand die DDR verlassen wollte. Also tat ich es auch nicht. Ich hatte deswegen Hartung gegenüber ein schlechtes Gewissen, aber es war nicht so wichtig, dass ich mich deswegen selbst unter Druck gesetzt hätte. Ich erzählte Hartung von den Begegnungen mit Clara und davon, wen ich noch so getroffen hatte. Er insistierte eine Weile, aber irgendwann hörte er damit auf.

Inzwischen hatte Hanna ein Kind bekommen. Sie wollte mir nicht sagen, wer der Vater war. Wir wohnten in Rostock noch so lange zusammen, bis sie mit dem Studium fertig war. Während der Schwangerschaft kümmerte ich mich um sie, brachte sie in die Klinik, als es so weit war, und wickelte das Baby nachts, damit sie schlafen konnte. Im Studentenwohnheim gab es «Mütterzimmer». Sie waren nicht größer als die anderen und auch für drei Personen eingerichtet, hatten aber eine kleine Kammer, in der drei Kinderbettchen standen. Hanna war die einzige Mutter, und so konnte ich bei ihr im Zimmer bleiben. Die Vorstellung, dass hier drei Mütter mit drei Säuglingen wohnen müssten, war einfach schrecklich. Wir hatten Glück, auch wenn Hanna nicht sehr glücklich war. Nach einem Semester musste sie mit ihrem Sohn ausziehen und wurde in einem heruntergekommenen Gebäude untergebracht, das für siebzig Bewohner, meist Absolventen, nur eine Dusche im Keller hatte. Sie arbeitete bei einer Übersetzungsagentur in Rostock, die wenig Rücksicht darauf nahm, dass sie einen kleinen Sohn hatte. Er musste in die Krippe und wurde dort dauernd krank. Hanna verdiente wenig Geld, ihre Situation war miserabel. Ich setzte ihr sehr zu, mir zu sagen, wer der Vater des Kleinen war, der sich so gar nicht um das Kind und seine Mutter kümmerte. Sie sagte mir nicht, wer es war, nur, dass sie den Mann nicht finden könne.

Sie wollte eine Wohnung in Berlin. Sie wollte weg aus Rostock. Ich machte mich auf die Suche, denn die einzige Möglichkeit, an eine Wohnung zu kommen, war, eine leer stehende zu finden und zu besetzen. Ich suchte und fand eine und besorgte sogar den Schlüssel für die kleine Wohnung im Prenzlauer Berg. Hanna hatte die Nase voll und packte wirklich ihre Sachen in Rostock ein, beschaffte einen Lastwagen für ihre Möbel und kam kurzerhand mit dem Kind nach Berlin. Doch als wir vor dem Haus ankamen, war die Wohnung schon belegt. Jemand hatte schneller reagiert. Wir suchten weiter, hatten aber wenig Glück. Die Wohnung, in die sie dann einzog, war schön gelegen, aber sehr baufällig, was sie dem Kind nicht zumuten konnte. Nach Monaten des Hin und Her musste Hanna aufgeben und plante die Rückkehr nach Rostock.

Sie sagte mir dann irgendwann, wer der Vater des Kleinen war. Er hatte sich Heinz Hoffmann genannt und das Seminar geleitet, das sie damals dolmetschen musste, als von mir verlangt worden war, ihre Zuverlässigkeit zu bestätigen. Es ging beim Seminar um den Aufbau des Zolls in Mosambik. Dieser Seminarleiter hatte mit Hanna ein Verhältnis angefangen und war, als sie ihn wegen der Schwangerschaft kontaktieren wollte, nicht mehr auffindbar gewesen. Nirgendwo. Es gab ihn gar nicht. Als sie nach Berlin kam, meldete er sich bei ihr und lud sie ein, das Wochenende in einem Haus am Stadtrand zu verbringen. Sie fuhr hin, fand den hinterlegten Schlüssel und fuhr wieder ab, weil er nicht da war. Ich war richtig sauer über diese Art und sagte ihr, dieser Mann arbeite bestimmt nicht beim Zoll, sondern beim Ministerium für Staatssicherheit. Was sonst bedeutete «Zoll» in der DDR? Einige Wochen später, als ich Ferien hatte und in Berlin war, fuhr ich zu der Adresse am Stadtrand. Nicht am Wochenende, sondern tagsüber, zur Dienstzeit. Und da saßen auf dem Hof drei Männer, die alle aussahen wie Hartung, und ich frage, wer von ihnen nun Herr Hoffmann sei. Sie waren verwundert und irgendwie erstarrt. Natürlich war keiner von ihnen Herr Hoffmann. Ich war ziemlich wütend und erklärte, warum ich nach Hoffmann suchte. Danach bekam ich Anrufe von besagtem Herrn Hoffmann, der mich offen bedrohte. Bei meinem nächsten Treffen mit Hartung erzählte ich ihm davon. Die Drohungen waren mir egal, aber dass dieser Mann keine Verantwortung übernehmen und im Apparat untertauchen wollte, das war eindeutig Unrecht. Hartung spielte das herunter und hielt mich hin.

Er wolle sich erkundigen. Irgendwann tauchte Hoffmann dann auf und half Hanna wenigstens beim Umzug zurück nach Rostock. Ich bereitete mich in diesen Wochen auf die Reise nach São Tomé vor und war sehr enttäuscht von Hartung und seinen Kollegen.

Nach dem Jahr in Afrika brauchte ich lange, um mich in Berlin wieder zurechtzufinden. Ich fühlte mich unbehaust und wusste eine Zeit lang nicht, ob ich in Deutschland noch einen Platz hatte. Als ich zurückkam, wollte Hartung gleich, dass ich meine Kontakte wieder aufnahm. Das hätte ich ohnehin getan, denn ich dachte nicht daran, mit Leuten zu verkehren, die ich nicht auch mochte. So lernte ich John kennen, er war Journalist beim ZDF. Hartung interessierte sich sehr für ihn. Er wollte vor allem wissen, ob John ein eher positives oder negatives Bild von der DDR hatte. Die Berichterstattung über die DDR, besonders die der Nachrichtenmagazine jener Jahre, war bis auf wenige Ausnahmen gar nicht so schlecht. Auch John lieferte einige gute und differenzierte Beiträge aus der DDR. Leider blieb er nicht lange. Er wollte nicht Korrespondent werden, sondern nach einiger Zeit lieber ins Ausland gehen. Aber ich traf mich weiter mit einer Praktikantin, die in seiner Redaktion gearbeitet hatte und mit der ich mich sehr gut verstand. An ihr nun war Hartung sehr gelegen. Ich konnte das nicht wirklich ernst nehmen, denn ich kannte sie gut, und ihr Bedürfnis, den Ostteil der Stadt kennen zu lernen, hatte wenig zu tun mit dem, was Hartung sich unter «Bindung an die DDR» vorstellte. Er erfuhr, dass sie griechische Musik liebte, sich gut mit meinen Freunden verstand und die niedrigen Mieten in der DDR bestaunte. Maureen war eine junge Westberlinerin mit einigem Engagement für die Hausbesetzerszene und die Diskussionen in der Studentenschaft, aber ohne besondere politische Präferenzen. Sie brachte mir Raufasertapete, als ich meine erste Wohnung einrichtete, und erzählte mir von den schrecklichen Polizeieinsätzen gegen die Hausbesetzer, bei denen schließlich ein junger Mann zu Tode gekommen war. Westdeutschland war für mich keine Alternative zur DDR. Aber Westberlin als Stadt, als kultureller Ort, als eine Art Kasten innerhalb dieses anderen Deutschlands interessierte mich schon. Und umgekehrt ging es Maureen ebenso, nur dass sie nicht eingesperrt war in der DDR. Das machte mir immer mehr zu schaffen.

Dann begann etwas Neues. In Polen entstand die Solidarność-Bewegung. Ich erinnerte mich nur vage an die Zeit des Prager Frühlings und den Sommer, als Prag besetzt wurde, aber es war vollkommen klar, dass ich nun alt genug war, um mir über Polen selbst ein Bild zu machen. Manchmal kamen Leute aus Polen, die erzählten, was mit einem Mal dort möglich wurde. In diesen Momenten spürte ich die Enge der DDR besonders. An der Uni, wo ich nun arbeitete, wurde anfangs mit Skepsis und dann sehr bald mit enormer Abfälligkeit über die Entwicklung in Polen diskutiert. Die Zeitungen füllten sich mit gehässigen Kommentaren, und auf den Straßen nahm die Aggressivität gegenüber den Polen zu. Sie wurden in der Presse immer offener verantwortlich dafür gemacht, dass es in den Geschäften wenig zu kaufen gab. Ich sagte Hartung, ich fände es unerträglich, wie Vorurteile geschürt würden. Die Partei in der DDR könne doch nicht ernsthaft glauben, dass es nicht auch hier für die Arbeiter Gründe gäbe, auf die Straße zu gehen, und wer denn der Klassenfeind sei, wenn die Klasse selbst die Bedingungen nicht mehr ertragen wollte? Er antwortete etwas hölzern, es war ziemlich sinnlos, mit ihm darüber zu diskutieren, denn dafür war er nicht zuständig. Er wollte nur immer am guten Bild der DDR weiterbasteln, das mir selbst aber nach und nach verloren ging.

Als ich nach Mosambik geschickt wurde, hatte ich die unbestimmte Angst, alles könne sich verändern. Ich hatte Hans kennen gelernt, einen Freund von Gerhard, dem Arzt aus São Tomé. Hans arbeitete an einem gesellschaftswissenschaftlichen Institut. Er dachte viel nach über den Marxismus-Leninismus und die Wirklichkeit dazu. Das «geschlossene Weltbild» bekam durch seine Worte Risse, die ich überall wahrzunehmen begann. Und Gerhard machte dauernd böse Witze über die DDR und sagte, er wolle hier nicht bleiben. Ich war sehr froh, dass ich bei den beiden offene Ohren fand. Gerhard klopfte mir zum Abschied auf die Schulter und lachte: Ich solle mal rausgehen in die Welt und weiterlernen.

Als ich losfuhr nach Mosambik, begann die Partei in Polen das Kriegsrecht gegen das eigene Volk vorzubereiten.

11. Kapitel
I want to go to Mozambique

Wo ist Afrika? Bevor ich losfuhr, sagten einige: Ach ja, wieder nach Afrika. Aber Afrika ist vieles, und Mosambik liegt ganz am anderen Ende. Man fliegt los, ein kurzes Stück über Europa, hält kurz an in Tripolis, und dort beginnt es. Danach kommen noch dreimal mehr Stunden Flug bis ganz in den Süden hinein. Ich war furchtbar aufgeregt, und als wir endlich das Territorium von Mosambik erreicht hatten, blieben noch drei Stunden bis nach Maputo. Ich presste meine Stirn an das kleine Fenster, um etwas zu sehen, und hatte die ganze Zeit das Lied von Bob Dylan im Ohr: *I like to spend some time in Mozambique / The sunny sky is aqua blue / And all the couples dancing cheek to cheek.* Er hatte es geschrieben, als Mosambik ganz aus eigener Kraft heraus unabhängig geworden war. Ein Liebeslied und eine Verbindung für einen Moment zwischen der Welt von Bob Dylan, die so weit entfernt war, und der meinen. Auf keinen Fall wollte ich mich diesmal der Schönheit entziehen, die mir gewiss begegnen würde. Meine Reise nach São Tomé lag nun schon zwei Jahre zurück.

Es gab für die Absolventen des Instituts keine Möglichkeit, sich selbst einen Job zu suchen; wir hatten uns alle verpflichten müssen, nach Abschluss des Studiums für mindestens drei Jahre dahin zu gehen, wo der Staat uns brauchte. Ich hatte mit einigem Nachdruck darauf bestanden, in Berlin arbeiten zu dürfen und nicht in Rostock oder Zwickau. Und so wurde ich als Lehrerin für Portugiesisch der Humboldt-Universität zugeteilt. Das bedeutete, dass ich Fachleuten der DDR, wie ich sie schon kennen gelernt hatte, Portugiesisch im Intensivkurs beibringen musste. Meine Begeisterung und wohl auch Begabung für einen pädagogischen Beruf hielt sich in Grenzen, aber ich versuchte, die Erfahrungen aus São Tomé dabei zu vermitteln. Die Schüler waren meist älter als ich, manche mochten meine Methoden und Geschichten, andere nicht. Den komplizierten Konjunktiv beispielsweise versuchte ich mit dem Zauber des berühmten brasilianischen Bossa Nova «The Girl from Ipanema» zu vermitteln. Darin gibt João Gilberto in zarter Wehmut zu bedenken, was wäre, wenn sie wüsste, was geschah, wenn sie so lächelnd vorbeischritt an ihm. Für einen Augenblick zog es die Studenten in das sanfte und verführerische Gespinst aus Wenn und Vielleicht und der niemals nachlassenden Sehnsucht nach Liebe und Schönheit hinein. Ein Konjunktiv, gepinnt an die Wand im neonbeleuchteten Seminarraum 021 der Humboldt-Universität.

Ich wohnte nun längst nicht mehr zu Hause, ging vormittags zum Unterrichten, nachmittags manchmal ins Kaffeehaus und abends viel ins Theater. Meine Brüder hatten beide inzwischen Familie, und wir sahen uns seltener als vor dem Tod unserer Mutter. Ich hatte Rostock hinter mir gelassen, aber einige der Freunde behalten. Andere waren aus dem Exil ins Exil gegangen wie Aníbal und Gladys, die den Sozialismus in seiner ganzen Fremdheit gegen eine unsichere Existenz in Spanien getauscht hatten. Nach einem Jahr an der Uni wurde ich gebeten, nach Mosambik zu fahren, um dort Tiefbauingenieure zu begleiten. Die Wahl fiel auf mich, weil meine Kolleginnen Familie hatten und sie nicht allein lassen konnten oder wollten. Obwohl ich inzwischen Hans kennen gelernt hatte, den ich später heiraten würde, hielt mich das nicht ab, dieses Angebot sofort anzunehmen.

Im Norden von Mosambik sollte eine Stadt gebaut werden,

deshalb waren die Ingenieure und Baufachleute dorthin unterwegs. Mosambik war viel, viel größer als São Tomé, die Hauptstadt Maputo galt als Perle am Indischen Ozean. Sie war am Meer entlang und zum Meer hin gebaut, eine moderne Stadt mit reichen, hellen und armen, düsteren Vierteln. Mosambik war reich, es gab seltene Mineralien, Steinkohle, großartige Landschaften, Anbaugebiete für Tee, Cashewnüsse, Ölpalmen und Fische und Krabben im Meer, alles Dinge, für die man sich in der DDR interessierte. Ich hatte inzwischen Grund daran zu zweifeln, ob das Interesse für das Land selbst ebenso groß war wie für seine strategische Lage am Horn von Afrika und seinen Reichtum.

Bevor es in den Norden ging, blieben wir eine Weile in Maputo. Wir wohnten im Hotel Polana, die Ingenieure und ich. Es thronte über der Stadt mit Blick auf das Meer – ein großes, blendend weißes Gebäude im englischen Kolonialstil. Ich hatte ein winziges Zimmer zum Hof in der Nähe einer Wäschekammer. So lernte ich gleich am ersten Morgen Lula kennen, eines der Zimmermädchen. Ich hatte sie auf dem Flur kapverdische Melodien singen hören. Lula war groß und hübsch und hatte eine wunderbare Stimme. Sie ärgerte sich sehr über ihren Namen, den ihr die Mutter wegen ihrer Schlaksigkeit gegeben hatte, denn er bedeutet Tintenfisch. Ich ging mit ihr in die Räume im Souterrain, wo ich sie und ihre Kollegen oft besuchte, wenn der Dienst vorbei war. Natürlich war es nicht erlaubt, die Gäste dorthin mitzunehmen, aber da es auch mir nicht erlaubt war, mit den «Ausländern» zu verkehren, hatten wir etwas Gemeinsames. Ich wusste wenig und war sehr neugierig, deshalb liebte ich die Gespräche mit Lula und ihren Freunden. Einige der Jungs, die oben als Kellner arbeiteten, so wie Zé, waren ehemalige FRELIMO-Kämpfer. Sie hatten sich, bevor sie in Maputo einmarschierten, weiter im Norden der Unabhängigkeitsarmee angeschlossen und dort vor allem für den Schutz der «befreiten Zonen» gesorgt. So hießen jene Gebiete, die schon vor der Unabhängigkeit autonome Strukturen und Verwaltungen hatten.

Oberhalb des Souterrains war das Hotel prachtvoll, und die Gäste hatten allen Grund, sich wohl zu fühlen. Meine deutschen Kollegen bemerkten und genossen die besondere Freundlichkeit der Kellner uns gegenüber. Mir war es recht. Mir war klar, dass ich mehr erfahren würde als andere Gäste. Doch ebenso wusste ich, dass ich viel mehr tun müsste und könnte, um diese Trennung wirklich zu überwinden, als mit Lula zusammen die Mornas zu singen. Doch unter den gegebenen Umständen blieb es erst einmal bei dieser Art geteilten Lebens. Morgens bekamen wir ein wunderbares Frühstück, und Zé hatte schon Zeitungen besorgt und brachte sie uns. Danach besuchten wir das Bauministerium, denn dort fanden die Verhandlungen statt.

Es ging um den Bau einer Stadt im Norden, wo besonders viele Bodenschätze lagen. Sogar Erdgas und Uran tauchten in Gesprächen auf. Bei diesem Teil der Verhandlungen ging es um den Tiefbau, das heißt alles, was für die Infrastruktur wichtig ist: Rohre für Wasser und Abwasser, Gullis, Kabelschächte, Straßen, Wassertanks, Abwasseraufbereitung – sehr wichtige Dinge, die eine Stadt braucht. Beim Dolmetschen hatte ich auch die Gelegenheit, in Erfahrungen und Perspektiven aus mir sonst vollkommen unzugänglichen Bereichen des Lebens einzutauchen. Zum Beispiel lernte ich die Frage zu beantworten, warum Gullydeckel eigentlich rund sein müssen. Gullys sind so etwas wie Türen zum Kanalisationssystem, und mitunter müssen Menschen dort hinein. Die Gullydeckel sind sehr schwer, damit sie fest aufliegen können. Wenn nun jemand unten arbeitet, muss er sicher sein, dass ihm niemals der Deckel auf den Kopf fällt. Er würde es nicht überleben. Und die einzige Form, die in keiner Position durch ihr eigenes Negativ fallen kann, ist der Kreis. Das deutsche Ingenieurwesen hat mich schon sehr beeindruckt.

Manche Dinge werden niemals normal, so wie das Kontaktverbot. Und doch war ich anfangs mehr mit meiner Neugier beschäftigt als dem ewigen und dumpfen Einbrechen der DDR in das Leben hier. Ich kannte Verhandlungen. Es gab faire und unfaire, gute und schlechte Konditionen. Diese hier waren weder fair noch gut in den Bedingungen. Etwas Schlechtes für einen hohen Preis zu verkaufen und sich dabei auf die Freundschaft zu berufen ist nur zynisch. Wir trafen uns meist in einem großen, hellen Büro im Zentrum von Maputo. Der zuständige Staatssekretär, ein eleganter Mosambikaner, begrüßte uns sehr herzlich. Er war Architekt und hatte sich intensiv mit modernem und traditionellem Hausbau beschäftigt und betrieb viele verschiedene Projekte im ganzen Land. Es war für ihn wie für alle anderen beschlossene Sache, die Verträge mit der DDR abzuschließen. Er hatte für die Verhandlungen eine kleine Gruppe junger Mosambikaner eingesetzt. Am Anfang wurden Listen zusammengestellt, auf denen alles stand, was verkauft werden sollte. Es waren einige Dinge dabei, die es in Mosambik selbst gab und die nicht für viele Dollar hätten gekauft werden müssen. Manchmal fangen Verhandlungen eben so an, hier aber gab es eine abgesprochene Linie: viel und teuer verkaufen im Interesse der Devisenbilanz des DDR-Außenhandels. Nach einigen Tagen angestrengter Gespräche spürten es die Mosambikaner, waren sich aber nicht sicher und wagten wohl auch nicht, den gegebenen Freundschaftsbonus infrage zu stellen. Zwischendurch machten wir Ausflüge zu verschiedenen Bauprojekten, und bei der Gelegenheit sprach ich vorsichtig mit ihnen und versuchte, sie zu ermuntern, bei den Verhandlungen etwas forscher zu sein. Das änderte sich, als ich auch die DDR-Verhandler ansprach und mir das ganze Ausmaß an Zynismus direkt ins Gesicht gesagt wurde. Ich fand keinen Grund mehr zur Vorsicht.

Überall in Mosambik arbeiteten Freiwillige aus den verschiedensten Ländern, Fachleute oder Studenten, die sich um Entwicklungshilfeprojekte kümmerten und den Aufbau von Verwaltungen unterstützten. Sie kamen aus Holland, England, Portugal, Westdeutschland, manche sogar aus Südafrika, dem Land der Apartheid. Es waren junge Leute, so alt wie ich, die ihre Arbeit unter schwierigen Bedingungen als Beitrag ernst gemeinter Solidarität machten. Ethan gehörte dazu. Er war Ingenieur für Umwelttechnik, hatte Südafrika wegen der Apartheid verlassen und wurde hier im Nachbarland dringend gebraucht. Wir trafen viele dieser Freiwilligen bei den Besuchen neuer Baustellen, und die Stimmung dort war einfach wunderbar. Ich dachte, so ungefähr muss es bei den Internationalen Brigaden gewesen sein, von denen mein Vater manchmal gesprochen hatte. Es war genau so, nur eben nicht mit Waffen, sondern mit dem, was jeder kann. Es gab keine Arroganz, keinen Rassismus, die Leute gingen respektvoll miteinander um und hatten statt irgendwelcher ideologischer Worthülsen wirkliche Arbeit anzubieten. Ich beneidete sie sehr. Ethan wohnte irgendwo in der Stadt mit seiner Familie, sie hatten ein offenes Haus für Nachbarn und Freunde und teilten ihre Sorgen über den Alltag und den um sich greifenden Bürgerkrieg im Norden. Es war vollkommen ausgeschlossen, dass ich ihn besuchte, denn die Ingenieure bestanden auf meiner Begleitung, und alles andere war eben auch verboten. Der DDR-Sicherheitsapparat war hier viel stärker und präsenter als die einfachen Kontrollfahrten des Attachés in São Tomé. Bei einem Treffen in der DDR-Botschaft erzählte mir ein Architekt, einer seiner Kollegen sei in die DDR zurückgeführt worden. Gegen seinen Willen. Begleitet von einem Sicherheitsbeamten, war es eine regelrechte Deportation, wobei der Delinquent mit Spritzen auf dem Flug nach Berlin ruhig gestellt worden war. Er hatte sich offenbar in eine «Ausländerin» verliebt, und man befürchtete, dass er sich «absetzen» wolle. Diese Geschichte war entsetzlich, und mir wurde übel bei dem Gedanken an meine Treffen mit Hartung.

Ich hatte keine Angst, sondern fühlte mich vor allem sehr beschämt, Ethan gegenüber, aber auch in meinen eigenen Augen. Also verabredete ich mich mit ihm, und Lula half mir dabei. Ethan holte mich an einem Sonntagmorgen ab, und Lula schaute nach, ob die Ingenieure wirklich noch nicht aufgestanden waren, denn ihre Zimmer lagen in einem anderen Flügel des Hotels. Der Sonntag war frei, und Zé sollte, falls die Ingenieure nach mir fragten, so etwas wie Schwimmbewegungen machen. Ich schlich mich aus dem Hotel, es war absolut nichts Romantisches dabei – keine Olga Benario, keine Tamara Bunke begleiteten mich, nur ein Gefühl von Wut und Unruhe. Ethan und seine Frau Maria hatten einen Brunch gemacht für ihre Freunde und für mich. Wir saßen draußen im Hof ihres Reihenhauses und redeten über Mosambik, über die neue Stadt und die bevorstehende Reise dorthin. Ethan sagte mir, worauf ich achten solle, wenn über die Details des Tiefbaus geredet würde, ich machte mir Notizen. An diesem Vormittag war eine bunte Gruppe zusammengekommen, und ich genoss die Stimmung und die Gespräche, so gut es ging. Auf dem Rückweg fragte ich ihn, ob es in Maputo eine Synagoge gebe. Er lachte mich an, und wir fuhren direkt dahin. Die kleine Synagoge lag an der Straße nahe dem Hotel. Er parkte direkt davor, und wir gingen hinein. Sie war nicht größer als eines der Häuser dort in der Gegend, doch sie hatte ein kuppelartiges Dach und stand etwas schräg zur Straße, wegen der Ausrichtung nach Osten. Drinnen war sie leer. Die Bänke lagen durcheinander im Raum, der Thoraschrein stand offen. Oben im Gebälk hing eine Art Wespennest. Es war keine Verwüstung, eher das Zeugnis eines aggressiven Rückzugs. Auf dem Boden lag ein zerknitterter und beschmutzter Sidur, ein Gebetbuch. Ich bückte mich, um ihn aufzuheben, er lag mir tonnenschwer in der Hand. Ethan erzählte, dass hier bis vor wenigen Jahren viele Südafrikaner gelebt hätten, unter ihnen auch Juden. Nun waren sie alle fort. Die jüdischen Gemeinden in Südafrika, so sagte er mir, seien wie seine Familie alle Teil des Apartheidsystems gewesen, ohne es jedoch politisch zu unterstützen. Von draußen hörte ich den Verkehr und trat unwillkürlich vom Fenster zurück, als ein Auto langsam vorbeifuhr. Ich legte noch einen Stein auf das Pult, wo sonst beim Gottesdienst die Thora ausgerollt liegt, und beschloss, den Rest des Weges zum Hotel zu Fuß zu gehen. Als Ethan beim Abschied vor der Synagoge nicht verstehen wollte, weshalb er mich nicht noch ein Stück begleiten könnte, fing ich an zu weinen.

Einige Tage später brachen wir auf in den Norden, nach der Provinzhauptstadt Tete, vor deren Toren die neue Siedlung gebaut werden sollte. Wir wohnten in einem Hotel, das aussah wie eines der schütteren Holzgebäude im Wilden Westen. Die Hitze kroch im Laufe des Tages vom Horizont her hinauf, bis sie kurz vor Mittag wie eine undurchdringliche Decke alles Lebendige zum Stillstand brachte. Wir hatten einige Termine bei der Verwaltung des Distrikts und wollten die zukünftige Baustelle begutachten. Die Ingenieure waren solche Temperaturen nicht gewöhnt. Ich erzählte ihnen von São Tomé, wo es weit weniger heiß war und dennoch niemand in der Mittagszeit arbeiten konnte. Der Hitze auszuweichen, sich auf sie einzustellen war die einzige Möglichkeit, hier angemessen arbeiten zu können. In Indien war es der kleine Kühlschrank im Innern, auf den man sich besinnen musste, so hatte es mir damals meine Aya beigebracht, und nun versuchte ich den Ingenieuren vorsichtig zu erklären, dass sie ihren Energiepegel und die Geschwindigkeit umstellen müssten. Doch ihre Antwort war nur aggressiv. Sie wollten nicht einsehen, dass zwischen 11 und 15 Uhr keine Ortsbegehungen möglich sind. Und sie zwangen die mosambikanischen Partner, sich nach ihnen zu richten.

Einer der Ingenieure lief auf der Baustelle herum, um Messungen zu überprüfen. Er hatte sich ein Taschentuch an den vier Ecken geknotet auf den Kopf gesetzt. Sein Gesicht war hochrot, er inspizierte die geologischen Punkte und schrie dabei die mosambikanischen Arbeiter an. Er schimpfte und fluchte, wenn er etwas nicht gleich fand oder einen Fehler entdeckte. Die Mosambikaner bezeichnete er als Affen und Neger, die zu blöd und zu faul seien zum Arbeiten.

Unter den Beschimpften war auch Leovigildo, ein junger Mann, der in der Verwaltung angestellt war. Er hatte mir erzählt, dass er jeden Morgen zehn Kilometer zu Fuß aus seinem Dorf gelaufen komme, wo er mit seiner Familie wohnte. Er war klein, schmal und zart, sehr ehrgeizig, intelligent und hungrig nach Wissen und vernünftiger Nahrung. Schon vor der Unabhängigkeit hatte er die fehlende Schulbildung nachgeholt und sich immer weiter qualifiziert. Sein Traum war es, richtig studieren zu können, am liebsten in Europa. Am allerliebsten in der DDR. Seine Arbeit im Büro begann um sieben Uhr am Morgen und endete um sieben Uhr abends. Zwei Stunden brauchte er jeweils für den Hin- und Rückweg. Ein Fahrrad konnte er sich nicht leisten, weil er der einzige Ernährer in seiner Familie war. Während unserer Gespräche strahlte er immer einen unglaublichen Optimismus aus. Ich hatte das Gefühl, wenn er genug zu essen und zu lesen bekäme, hätte seine Kraft kaum Grenzen.

Selbstverständlich hatte ich nichts von den Pöbeleien des Ingenieurs übersetzt. Doch allein der Ton und das Verhalten dieses satten, dicken und selbstgefälligen Deutschen waren eine Beleidigung. Wir hatten eine scharfe Auseinandersetzung, und mir wurde klar, dass er nicht nur zynisch, sondern zudem noch rassistisch war. In meiner Gegenwart kamen von den Ingenieuren nun keine direkten Äußerungen dieser Art mehr, doch die Haltung blieb.

Leovigildo hatte uns eingeladen in sein Dorf. Mit einem Jeep fuhren wir die schnurgerade Landstraße entlang, durch ausgetrocknete Flussläufe und kleine Pisten. Dann waren wir da – in Leovigildos Dorf, bei seiner Mutter, den Geschwistern, der Familie, die uns Getränke und den Schatten der traditionellen Hütten anboten. Es war mir unendlich peinlich, die Ingenieure dort herumpoltern zu sehen. Sie waren laut und grob und fotografierten das Dorf, als wäre es ein Zoo. Einer der Männer ging jubelnd auf zwei Frauen zu, die in hohen Holzgefäßen mit langen Mörsern Getreide zerstampften. Er wollte das fotografieren und bedeutete den Frauen aufzuhören. Dann arrangierte er die Werkzeuge, so wie er es hübsch fand, legte alles ordentlich hin, trat nochmal einige Schritte zurück, um die Perspektive zu betrachten. «Folklore», murmelte er. Und dann machte er eine energische Handbewegung und scheuchte damit die Frauen und alle Umstehenden aus dem Bild. Ich hätte nicht sagen können, was schlimmer gewesen wäre: die Leute aus dem Bild zu eliminieren oder sie wie Objekte seiner Klischees posieren zu lassen – ein Herrenmensch, dem es nicht in den Sinn kam, einen Begriff wie Respekt in Bezug auf die Dorfbewohner überhaupt zu denken. Leovigildo sah mich an. In seinen Augen war kein Vorwurf, nur das starre Lächeln einer Verwunderung, die mich mit den anderen in eine gemeinsame Kategorie ethnischer Zugehörigkeiten katapultierte.

Danach folgte ein Kampf auf der technischen Ebene. Die Ingenieure wollten alle Wasserrohre aus Asbest herstellen lassen, auch die für das Trinkwasser. Fragen und Protest wehrten sie einfach ab. Das Theater um Asbest als Krebs erregende Substanz sei eine Propagandalüge des Imperialismus. Alles Unsinn. In der DDR verwende man schließlich auch Asbest. Im Moment nicht gerade für Trinkwasser, aber hier sei das kein Problem. Außerdem gebe es hier viel Asbest, und Krebs sei ohnehin eine Zivilisationserkrankung. Das zweite Problem waren die runden Wassertanks. Um sie zu bauen, brauchte es gewalzten Stahl, und den gab es nicht in der Gegend. Das einzige Walzwerk stand tausend Kilometer entfernt, die Eisenbahnstrecke dorthin war in der Hand von Bürgerkriegsbanden. Doch ohne Wassertanks kein Trinkwasser, ohne Trinkwasser keine Stadt. Vom Büro der Bezirksverwaltung aus rief ich aufgeregt Ethan an und erklärte meine Zweifel. Er verstand und wollte die Verhandlungspartner informieren.

Am Abend setzte ich mich auf die Stufen des kleinen Hotels. Es war, als ob sich mir alles, was ich hier erlebte, gleichzeitig zu entschlüsseln versuchte. Als hätte es noch eines weiteren Zeichens bedurft, traten zwei junge Männer auf mich zu. Sie fragten, ob ich aus Deutschland sei – aus der DDR. Sie waren beide leicht angetrunken und zerzaust. Ihr Versuch, deutsche Wörter aus der Erinnerung zu kramen, wirkte irgendwie tapfer. Sie gehörten zu den ersten der Vertragsarbeiter, die Mosambik in die DDR geschickt hatte. Und sie waren aus der DDR wieder nach Hause beordert worden. Warum, war ihnen überhaupt nicht klar. Von wirren Erklärungen in seltsamen, von ferne gelernten ideologischen Begriffen blieb eine Ratlosigkeit, wie sie manchmal in ihrer Komik nur von Betrunkenen ausgedrückt werden kann. Die beiden setzten sich neben mich, und uns einte für wenige Augenblicke das Gefühl, vollkommen entwurzelt zu sein.

Einige Tage später setzten wir die Verhandlungen in Maputo fort. Lula hatte mir Blumen ins Zimmer gestellt, Ethan die mosambikanischen Kollegen gesprochen, und das Klima bei den Gesprächen hatte sich verändert. Die Ingenieure bestanden auf runden statt eckigen Wassertanks und auf Asbestrohren. Die Mosambikaner lehnten das Angebot ab. Die Ingenieure kabelten nach Berlin, der Betrieb solle dort eckige Tanks projektieren. Der Betrieb hatte aber nur Zeichnungen und Berechnungen für runde in der Schublade, und neue zu machen passte nicht in die staatlichen Planungsvorgaben. Die Ingenieure appellierten an die Völkerfreundschaft, die Mosambikaner an den Menschenverstand. Die Verhandlungen wurden vertagt. Die Ingenieure sagten hinterher, man würde diesen Afrikanern wohl entgegenkommen müssen.

Im Flugzeug nach Berlin hatte ich eine große Büchse Cashewnüsse auf dem Schoß. Lula hatte sie mir geschenkt. Wir waren alle noch einmal im Souterrain zusammengekommen. Sogar Ethan und Maria kamen kurz vorbei. Er kannte das Bob-Dylan-Lied, und Lula hatte gelacht bei der Vorstellung, dass die Paare in Mosambik Wange an Wange tanzen würden. Die letzte Strophe dann sangen wir zusammen.

And when it's time for leaving Mozambique,
To say goodbye to sand and sea,
You turn around to take a final peek
And you see why it's so unique to be
Among the lovely people living free
Upon the beach of sunny Mozambique.

Ich aß verzweifelt diese Nüsse, eine nach der anderen. Wir flogen nach Norden, und ich versuchte unten die Stadt zu erkennen und mich an den vielen Bildern festzuhalten. «Viva a Revolucão» hatte handgemalt auf einem Vorhang gestanden, der an einer straffen Leine quer durch die Kapelle eines Klosters italienischer Mönche gezogen worden war. Wenn man den Vorhang zurückzog, standen da zwei schwarze Heilige aus Holz. Ein Mann in FRELIMO-Uniform hatte sie stolz gezeigt.

Als wir die Grenze nach Tansania überflogen hatten, war ich mir sicher, dass dies meine letzte Reise gewesen war.

12. Kapitel
Abschied

Es war nicht so einfach, wie ich es mir vorgestellt hatte. Es stand schon fest, dass ich diese DDR nicht mehr nach außen hin schönreden konnte. Die achtziger Jahre hatten gerade erst begonnen, und es sah nicht aus, als ob sich so bald irgendetwas ändern würde. In Polen herrschte nun Kriegsrecht, im Westen Berufsverbot. Osten und Westen rüsteten auf, und die Friedensbewegung beider Seiten begann sich zu formieren. Gerade hatten Richter im Westen den letzten Maidanek-Prozess mit milden Urteilen enden lassen, und RAF-Terroristen und ihre Sympathisanten bekamen die ganze Härte des repressiven Staates zu spüren. Im Westen erschoss ein Neonazi auf offener Straße drei Ausländer, im Osten flohen die ersten Menschen in ausländische Botschaften, um endlich in den Westen zu kommen. Das Feinbild der DDR-Staatssicherheit verwandelte sich, nicht mehr alte Konterrevolutionäre, sondern die vielen jungen Oppositionellen mit Anspruch auf Frieden wurden zum wichtigsten Ziel.

Als ich zurück kam aus Mosambik wusste ich, dass es für mich keine politische Identifikation mit der realen DDR mehr geben könnte. Ich hatte erlebt, wie mit Freunden umgegangen wurde, wie tief der Rassismus in den Menschen und in der DDR als Staat verwurzelt war. Alles, was ich selbst erlebt oder gespürt hatte, konnte ich immer auf mich beziehen und als ein persönliches Problem interpretieren, aber zu sehen, wie das mit anderen geschah, veränderte etwas in mir.

Ich kannte Hans noch nicht lange, doch es war vollkommen klar, dass ich mit ihm über Hartung sprechen würde. Es zu tun war schon eine Entscheidung. Hans hatte andere Motive, sich vom Staat abzuwenden, aber er verstand meine gut. Ich erzählte ihm von den Treffen und von der Scham, die mich beschäftigte. Hans meinte sehr trocken, ich müsse Hartung nur von diesem Gespräch erzählen, und schon wäre alles vorbei. Allerdings hieß das auch, ab sofort nicht mehr im Ausland arbeiten zu können. Das machte mir natürlich etwas aus, aber es bedeutete doch nicht allzu viel. Ich hatte ein Gefühl des Trotzes entwickelt, das mich über diese Hürde trug. Na und? Dann eben nicht. Womit sonst hätte ich für meine Dummheit bezahlen können als mit dem, was mir am wichtigsten war? Dass ich bereit war, diese Folgen in Kauf zu nehmen, zeigte mir, dass die Wut nun stärker war als die Sorge um eine aussichtslose Zukunft.

Trotzdem war es nicht so leicht, es Hartung sofort und unmittelbar zu sagen. Der Ursprung meiner Verbindung zu ihm war ja ein schlechtes Gewissen, weil ich den Ansprüchen der Geschichte meiner Eltern und damit der DDR nicht genügte. Inzwischen war es umgekehrt: Ich hatte genau deshalb ein schlechtes Gewissen, weil ich mit seiner Hilfe versucht hatte, diesen Ansprüchen zu genügen. Hartung aber war derselbe geblieben. Ich machte mir Vorwürfe, weil ich ihn als Person nie wirklich wahrgenommen und mich damit der Frage entzogen hatte, was eigentlich seine Motive waren. Ich hatte ihn mir als einen Vertreter der wahren Staatsmacht schöngeguckt, die ganz anders war als die unschöne Realität, und das war mir plötzlich sehr peinlich. Als ich Hartung das nächste Mal traf, stieg ich in seinen Wartburg und fing gleich an, über die Rolle der DDR im Ausland loszuwettern. Ich wollte seine Reaktion sehen. Er saß neben mir, schaute auf den Schreibblock auf seinen Knien, so wie immer, aber er schrieb nicht. Nach einer

Weile sah er mich verwundert an – er hatte keine Ahnung, wovon ich eigentlich sprach. Er redete davon, dass die Botschaftsangestellten bisher mit Dienstausweisen nach Westberlin fahren durften und dass die DDR jetzt vorhatte, sie zu verpflichten, ihre Pässe zu zeigen. Es war mir vollkommen egal, und ich war angewidert – vor allem von mir selbst – und stieg aus.

Beim nächsten Treffen versuchte er es nochmal. Er sagte, er habe schon verstanden, was ich gemeint habe, fing aber gleich wieder an, von Maureen zu sprechen. Seine Unaufrichtigkeit und sein Desinteresse für das, was mich beschäftigte, waren offensichtlich. Wir redeten aneinander vorbei. Manchmal ist es ja so: Es gibt Augenblicke, in denen nichts Besonderes geschieht und sich trotzdem alles verändert. Er strich sich mit der Hand über das Gesicht, wie um einen Krümel wegzuwischen. Diese kleine Geste verlängerte sich in meinen Augen wie in Zeitlupe. Während ich ihn ansah, erlosch in mir das schlechte Gewissen dem Staat gegenüber. Es war verschwunden, als er weiterredete und mich dann auch noch fragte, was meine Kollegen über die Situation in Polen dächten. Ich stieg aus dem Auto, wir waren irgendwo zwischen Alexanderplatz und Brandenburger Tor. Er kam hinterher, und ich sagte ihm, ich werde den Kontakt mit ihm jetzt sofort abbrechen. Sein Wieso und Warum machten mich wütend. Aber ich antwortete trotzdem. Das könne es nicht sein, wofür meine Eltern gestanden hätten. Es beschäme mich, dass ich das gedacht hätte. Ich würde ihm nicht mehr helfen, jemanden wie Maureen an die DDR oder gar das MfS zu binden, ich würde auch jetzt nicht über meine Kollegen sprechen, ich könne das alles nicht mehr verantworten, denn es gebe keinen Grund, es zu tun. Und er solle mich nicht mehr anrufen, denn mein Freund wisse Bescheid. Dann ging ich weg.

Am nächsten Tag ging das Leben in der Uni wie gewohnt weiter. Meine Aufregung über diesen Abschied hatte sich gelegt. Aber ich fühlte mich nicht besser, sondern nur zurückgeworfen auf das Gefühl, gescheitert zu sein. Im Nachhinein war ich froh über Hartungs Ehrgeiz und seine Dummheit, die es mir erspart hatte, in der Situation auch nur den Funken eines Konflikts zu spüren. Aber Hans sah das positiver. Er meinte, Erkenntnis könne man nicht zurücknehmen. Doch welche Erkenntnis hatte ich denn? Zunächst nur die, dass ich eingesperrt sein würde und es dazu keine Alternative gab. Meine eigene berufliche Biographie war damit an einem entscheidenden Punkt erledigt. Aber das machte nichts, denn ich hatte ja ohnehin keinen Beruf, nur einen Job. Unterrichten war für mich nichts auf Dauer. Übersetzen auch nicht. Und Karriere in einem Parteibetrieb wollte ich sowieso nie machen. Das Institut in Rostock hatte mir schon gereicht. All die Einschränkungen, Auflagen und Verbote, all das ideologische Gequatsche kamen für mich nicht infrage. Aber ich hatte eine Entscheidung getroffen, und neben dem «na und?!» schaute ich auf neue Weise um mich, um zu sehen, wie andere mit der DDR fertig wurden.

Es war eine Zeit des Vakuums. Die Bundesrepublik verhandelte offiziell mit der DDR, gab ihr Kredite, es erschienen Abgeordnete aus Bonn, die Stationierung der Pershing-Raketen stieß auf breiten Protest in der DDR wie in der westdeutschen Friedensbewegung, die auch eine Anerkennung der DDR befürwortete, um endlich Schluss zu machen mit dem alten Hut der konservativ-nationalen Wiedervereinigungsregungen in der Bundesrepublik. Währenddessen machte ich meine Zweifel vor allem an den unübersehbaren Zeichen des Rassismus in der DDR fest. Wenn sie keine Garantie gegen Rassismus und Antisemitismus war, hatte sie ihre Legitimation für mich verloren. Das nun war das bessere Deutschland, das meine Eltern gewählt und erkämpft hatten? Die richtige Seite? Viele werden meine Reaktion für übertrieben halten, viele sahen diesen Konflikt nicht. Für sie gab es keine Juden, keine Ausländer, keine Minderheiten, und Rassismus blieb in ihren Augen so etwas wie Folklore, ein Nebenwiderspruch, den sie nur mit Mühe wahrzunehmen bereit waren. Für mich wurde er aber das Kriterium aller Dinge, auch im Umgang mit denen, die sich unter dem Dach der Kirchen für den Frieden stark machten. Noch war ich weit davon entfernt, den Sozialismus als Ganzes infrage zu stellen. Ich wusste zwar, was ich nicht mehr wollte, aber es fehlte eine Alternative, mit der ich etwas hätte anfangen können.

Wenn sogar Inge oder Simon sie nicht zu erkennen vermochten, wie sollte ich mich dann erdreisten zu wissen, was akzeptabel ist und was nicht? Inge war die Mutter eines Freundes, der mir ähnlich hin und her geworfen schien wie ich selbst. Seine Mutter war nicht nur jüdisch und sprach auch dauernd davon, sie hatte außerdem fast zwanzig Jahre in einem von Stalin errichteten Gulag zubringen müssen. In den dreißiger Jahren war sie ihrem Mann in die Sowjetunion gefolgt, als sie in Berlin nicht mehr bleiben konnte. Doch ihr Mann war verschwunden. Sie suchte ihn überall. Sie hatte ihren Sohn bei sich und arbeitete als Krankenschwester. Als der Krieg ausbrach, musste sie ihr Kind in ein Kinderheim geben. Dann erfuhr sie, dass ihr Mann als Verräter in einen Gulag gesteckt worden war. Sie versuchte alles Menschenmögliche, um zu ihm zu kommen. Und so kam auch sie nach Kasachstan, wo die beiden Zwangsarbeit machen mussten und in einer Erdhöhle lebten. Als Stalin starb, dauerte es noch mehr als zwei Jahre, bis sie rehabilitiert und aus dem Lager entlassen wurden. Doch sie hatten so große Hoffnung auf einen neuen Anfang, dass sie noch im Lager einen weiteren Sohn bekamen, meinen Freund. Drei Jahre lebte er noch in Moskau, sein großer Bruder wurde gefunden, verwahrlost und der Familie entfremdet, dann kehrten sie zurück nach Berlin und fanden niemanden aus der Familie lebend vor. Sie waren alle ermordet worden.

Jetzt wohnte Inge an einer Ecke der Stadt, an der Busse, Straßenbahn und S-Bahn zusammentrafen. Sie war eine sehr lebendige und zugewandte Frau, die ständig Kontakt zu anderen suchte. Und wenn sie auf der Straße jemanden fand, der Russisch sprach, stürzte sie sich geradezu auf ihn, lud ihn zu Tee und Gesprächen ein. Wir hatten nur annähernd eine Vorstellung davon, nach welchen Maßstäben Inge agierte. Für sie blieb die Sowjetunion trotz ihres großen persönlichen Unglücks, das sie unter Stalin erlebt hatte, immer die Befreierin vom Faschismus, und nichts und niemand konnte an dieser Haltung etwas ändern. Sie liebte etwas, das ihr von ganzem Herzen wie die Antithese zu den deutschen Nationalsozialisten vorkam. Dabei spielte Stalin keine Rolle und auch nicht der Antisemitismus in der Sowjetunion, den sie selbst dauernd erleben musste. Sie war kein wirklich politischer Mensch, keine Stalinistin, sie hatte nur diese eine starke Bindung. Alles andere war ihr immer fremd geblieben.

Simon war zur Komintern nach Moskau geschickt worden und kam dann ebenfalls ins Lager. Er war ein alter und sehr vertrauter Freund meines Vaters. Nachdem er aus Kasachstan zurück war, wo er auch fast zwanzig Jahre verbringen musste, zitterten seine Hände. Er sprach nie über diese Zeit. Er schüttelte immer energisch den Kopf, wenn wir danach fragten. Aber auch er hatte eine Bindung, die weit größer war als die Bitterkeit seiner Gefangenschaft. Was bedeutete dagegen schon mein Wunsch nach Gerechtigkeit ganz anderer Art? Was konnte schon die Alternative dazu sein? Das Glaubens- und Leidensgebäude der Eltern war schwer zu erschüttern und dagegen anzutreten fast unmöglich. Die Frage des Rassismus blieb auch für sie nur ein Nebenwiderspruch innerhalb eines globalen bipolaren Weltsystems von Klassenkämpfen, in dem Gut und Böse so eindeutig gekennzeichnet schienen.

Ein Jahr später, 1983, waren die verpflichtenden drei Jahre an der Uni vorbei. Man wollte mich dort auch nicht mehr, aus ideologischen und persönlichen Gründen. Die Beendigung meines Vertrages war nicht rechtmäßig, einen Prozess vor dem Arbeitsgericht hätte ich sicher gewinnen können, doch so sehr lag mir nicht daran. Innerhalb des für mich Möglichen wollte ich nun frei arbeiten. Doch dieser Status war nicht leicht zu bekommen; ich hatte mich bei mindestens drei Betrieben zu bewerben und nachzuweisen, dass keine Stelle frei war. Die Vorstellung, in einem Elektrokombinat Verträge und Bedienungsanleitungen für Staubsauger übersetzen zu müssen, war schrecklich. In der Uni hatte man mich mit einiger Häme darauf hingewiesen, dass solche Betriebe viele offene Stellen hätten, da der Handel mit Afrika ja floriere. Also ging ich zu einem Elektro- und einem Chemiekombinat. Ich stellte mich vor, und das Kunststück war, für eine Ablehnung ohne Beschwerde zu sorgen. Wunschgemäß fiel ich an beiden Arbeitsstellen durch. Sie hielten mich eindeutig für *impossible*. Die dritte Station war ein Übersetzungsbüro, das eng mit der Partei zusammenarbeitete. Die Personalchefin verstand sofort, woran mir lag, und zeigte sich hilfsbereit. Sie erklärte, sie würde mich ablehnen und mich dennoch, wenn ich erst freischaffend war, in ihre Kartei als freie Mitarbeiterin aufnehmen. Ich war ihr sehr dankbar. Eine Kommission entschied über meinen Antrag, und endlich bekam ich die Zulassung.

Und so reiste ich durchs Land und lernte viel über Computerchips, Eisenbahnschwellen, Wellblechdächer, Kulturbetriebe und Architektur. Ich begleitete Gäste aus Portugal, Angola, Kuba oder Mosambik. Unter ihnen war eine kleine Delegation aus Mosambik, die sich mit Sport beschäftigte. Die Mitglieder wollten von der großen Sportnation DDR etwas lernen, das sie in Mosambik beim Aufbau des Breiten- und Leistungssports anwenden konnten. Einer der Funktionäre des DTSB (Deutscher Turn- und Sportbund), ein aufgeschwemmter, selbstgefälliger Bürokrat, erklärte mir, ich solle mit den «Schwarzen» rumfahren und sie unterhalten, die sollten mal sehen, wie man hier in Deutschland Sport macht. Die hätten's zwar im Blut mit dem Tanzen und dem Laufen, aber wie man richtig durchorganisiert, das kriegten Schwarze nie auf die Reihe. Meinen Protest beantwortete er mit einem: «Jaja, schon gut, sind ja alles Genossen.»

Ich holte die drei jungen Männer vom Flughafen ab, und wir fuhren nach Thüringen. Unter den drei kleineren Städten war auch jene, die ich als Kind während der Kur kennen gelernt hatte. Überall trafen wir Sportfunktionäre, die Anlagen zeigten, auf denen trainiert wurde, doch mit den aktiven Sportlern selbst kamen wir nicht in Kontakt. Abends blieben die Peinlichkeiten wie Saufen mit Schunkeln nicht aus, zuweilen gefolgt von der lauten Aufforderung an die jungen, sehr zurückhaltenden Leute, doch auch mal was aus dem Busch zum Besten zu geben. In einer der Städte fuhren wir gerade durch das Zentrum, als ein Bulldozer alte, heruntergekommene Fachwerkhäuser beiseite schob. Um der neuen Tatra-Straßenbahn Platz zu machen, hieß es. Die käme sonst nicht um die Ecke.

Auf dem Plan der Delegation aus Mosambik stand auch der Besuch des neuen Kindergartens. Die Leiterin ging stolz den Weg zu den verschiedenen Räumen voran und erläuterte die Errungenschaften der Einrichtung, die von sechs Uhr morgens bis sechs Uhr abends die Kinder der Werktätigen betreue. Sie besichtigten die Waschräume mit den winzigen Waschbecken und die Toiletten, wo gerade eine Gruppe der Jüngsten auf den Töpfen saß, denn nun und nicht später war die Zeit, das große Geschäft zu erledigen. Es war kurz vor Mittag, alle gingen weiter, und zwischen ihren munteren Sätzen blieb die Leiterin vor einem Raum stehen, aus dem kein einziger Laut drang. Sie öffnete die Tür. An einem niedrigen Tisch saßen 24 Kinder im Alter von fünf bis sechs Jahren und aßen. Ohne einen Mucks.

Die Erzieherin stand auf und begrüßte die Gäste. Einige der Kinder fingen an, zu tuscheln und zu kichern. «Das sind unsere Freunde aus Afrika», sagte die Erzieherin streng zu den Kindern, «in ihrer Heimat haben es die Kinder nicht so gut wie ihr. Dort müssen viele an Hunger sterben. Wir haben doch gerade darüber gesprochen.» Die Kinder nickten und wandten sich wieder ihrem Essen zu. Nur ein kleines Mädchen mit einer grünen Schleife im Haar starrte noch immer voller Staunen die drei fremden schwarzen Männer an.

Für die jungen Sportler aus Mosambik wurde ein Geschenk vorbereitet. «Ein Baum aus unserer Heimat» war das Thema. Die Erzieherin sammelte die Bilder der Kinder nach der Malstunde ein. Ein Baum, der Stamm rot, die Krone blau, der Himmel orange – die Zeichnung wird hochgehalten. «Sieht denn so unsere Kastanie aus, Kinder?», fragte die Erzieherin mit hoher Stimme und hängte die Zeichnung mit einigem Abstand in die Reihe der Bilder der übrigen Kinder, deren Bäume alle einen braunen Stamm, eine grüne Krone und einen blauen Himmel zeigten. Es war die Zeichnung des Mädchens, das mir schon beim Mittagessen aufgefallen war. Sie hieß Stephanie. Gelächter – Stephanie weinte. «Was hast du dir dabei gedacht? Na, mal es eben noch einmal, Stephanie, so wie es sich gehört, dann lacht dich auch niemand aus.» Also malte Stephanie, etwas blass um die Nase, in der hinteren Ecke des Raumes, während die anderen Kinder mit ihrer Erzieherin Lieder sangen, die von Schneemännern, kleinen weißen Friedenstauben und der Heimat erzählten. Ich kannte sie noch alle.

Am Tag danach fuhren wir nach Weimar. Am Rand des Rasens und der Grünanlagen der Stadt von Goethe und Schiller standen kleine Schildchen mit der Aufschrift «Betreten verboten». Einige der jugendlichen Touristen wurden von Bürgern auf die Schilder hingewiesen, weil sie den Rasen in der Nähe des Goethe-Hauses dennoch betreten hatten. Die drei Sportler waren voller Bewunderung für die Ordnung und die Sauberkeit der Anlagen und erstaunt über das Engagement der Einwohner, sie zu schützen. Ich verstand genau, was sie meinten, und enthielt mich deshalb jeden Kommentars. Wir bekamen eine Führung durch das Goethe-Haus. Es war sehr anstrengend, den Erklärungen der Führerin zu folgen und sie zu übersetzen, denn die Sportler kannten Goethe nicht. Unsere Begleiterin trieb uns von einem Raum zum anderen und redete ununterbrochen. Goethe war aus ihrem Munde ein Vorkämpfer für die Rechte der unterdrückten Klasse, ein nationales Denkmal, das in der DDR seine wahre Heimstatt gefunden hatte. Als Beleg dafür zitierte sie aus Fausts Visionen und sprach über seine Ehe mit der armen, aber stolzen Proletin Christiane. Sie versäumte es auch nicht, sich über Goethes Schwächen zu äußern, die aus seiner sozialen Herkunft zu interpretieren waren. Nach einer Stunde war die Führung vorbei, und ich blieb mit dem Gefühl zurück, selten so viel Schwachsinn auf einmal gehört zu haben. Die Mosambikaner schauten etwas hilflos, denn ihnen war gesagt worden, was für großartige Errungenschaften gerade die deutsche Geistesgeschichte hervorgebracht hatte und wie bereits Goethe den historischen Materialismus verkörperte. Die drei wollten unbedingt Respekt zeigen, trotz ihrer eigenen Sicht auf die Errungenschaften europäischer Geschichte, und ich verzichtete darauf, sie in meine Bilder und Probleme zu drängen. Doch aus vollkommen verschiedenen Perspektiven fanden wir alle diese Szene mit der plappernden Frau bei Goethe sehr seltsam und prusteten los. So standen wir vier also in Weimar zwischen Rasen und Goethe und lachten.

Das Lachen verging uns dann, als wir nach Buchenwald fuhren. Ein junger Sportfunktionär begleitete uns diesmal. Er führte die drei Jungs durch das Lager. Ich hatte versucht, sie auf die Schrecklichkeiten einzustimmen, die sie dort erwarteten, doch das war unmöglich. Sie bekamen die Filme mit den Leichenbergen zu sehen und den Weimarer Bürgern, die gezwungen wurden, sich das alles anzuschauen. Einer der drei begann zu weinen. Sie sahen die Baracken, das Krematorium und das riesige leere Gelände am Hang des Ettersbergs. Der junge Mann, der uns begleitete, führte sie am Ende noch zur Genickschussanlage, wo Gefangene am Fließband ermordet worden waren. Wie um dem Entsetzen noch etwas hinzuzufügen, erklärte er den Ablauf einer Erschießung. Das Loch in der Wand, vor das sich der Gefangene stellen musste, war ein länglicher Schlitz, sodass der unterschiedlichen Größe der Gefangenen Rechnung getragen werden konnte. Wenn der Tote dann umfiel, war eine Art Lore zur Stelle, die ihn in Richtung Ofen abtransportierte. So war gleich Platz für den Nächsten. Der junge Mann ereiferte sich in der Beschreibung, wie praktisch und technisch gut durchdacht das alles aufgebaut war. Nein, sagte er, seine Eltern hatten mit den Faschisten nichts am Hut, und man wusste auch nichts von dem Lager – außer natürlich von den Gefangenen, die im Straßenbau zu sehen waren. Meine mosambikanischen Freunde waren entsetzt über so viel Barbarei. Ich erzählte ihnen von der Geschichte meiner Familie, aber ich konnte und wollte nichts tun, um den verheerenden Eindruck ihrer Reise zu mildern.

Der Abschied vollzog sich langsam, nicht immer bewusst und nicht auf einmal. Es waren Momente, die aneinander gereiht langsam eine Kette bildeten und mir den Hals zuschnürten. Jedes Mal, wenn mir gesagt wurde, dass ich nicht für einen Auslandseinsatz infrage käme, jedes Mal wenn jemand, den ich kannte, die DDR verließ, jedes Mal, wenn ich die Leute über die Türken am Alex reden hörte, jedes Mal, wenn ich Mosambikaner auf der Straße sah. Je größer der Abstand, desto größer wurde auch meine Scham darüber, dass ich nicht früher von meiner eigenen Geschichte hatte wegdenken können. Die Mauer um die DDR bedeutete mehr, als nur eingesperrt zu sein. Sie grenzte auch aus.

13. Kapitel
Der Dibbuk

Dibbuks sind Geister, die keine Ruhe finden und sich deshalb in den Leib eines Lebenden flüchten. Manchmal gehen der Lebende und der Geist des Verstorbenen eine Symbiose ein, manchmal aber leidet der Besessene schrecklich darunter. Die chassidischen Mystiker, von denen die Geschichten der Dibbuks kommen, meinen aber, dass die Existenz eines Dibbuks meist einen von Menschen verursachten Grund hat. Dibbuks sind keine Teufel oder bösen Geister schlechthin, sie sind verirrte Seelen, denen vielleicht sogar ein Unrecht widerfahren ist, weshalb sie diese Zuflucht suchen. Nur den großen und weisen Rabbinern war es gegeben, einen solchen Dibbuk wieder auszutreiben, aber nicht ohne zuvor die Ursachen für seine Erscheinung aufgeklärt und für Gerechtigkeit gesorgt zu haben.

Es gab verschiedene Exorzitien: Die DDR versuchte sich selbst den aus ihrer eigenen Kultur hervorkriechenden Rechtsextremismus auszutreiben. Hans überlegte, was übrig bleiben würde vom Marxismus-Leninismus, wenn man ihm den historischen Materialismus wegnähme, und ich wusste mit einem Mal, wie das Dilemma von Geist und Flasche hieß, in dem ich wie viele andere gesteckt hatte: Die Antifaschismusfalle war es, die uns zwang, uns im «Land der Täter», wie Deutschland von vielen Überlebenden genannt wurde, mit dem DDR-Sozialismus zu arrangieren, wenn wie den Antifaschismus der Eltern nicht mit Füßen treten wollten.

Das Straßenbild in Berlin hatte sich seit Anfang der achtziger Jahre etwas geändert. Hier und da sah man kleine Gruppen von Vietnamesen, Afrikanern oder Kubanern, die meist auf dem Weg von oder zur Arbeit waren. Sie wohnten in Gemeinschaftsunterkünften, arbeiteten in jeweils einem Betrieb und dort meist in jeweils einer Brigade. Sie erschienen in der Öffentlichkeit nie als Individuen, dafür gab es kaum Gelegenheit, sie waren und blieben eben Gruppen, deren Isolierung deutlich sichtbar wurde. Doch man sah noch etwas anderes auf der Straße. Noch dominierten die Neonazis nicht, aber man konnte sie sehen. Anfangs versuchte die Polizei die Hakenkreuze an den Häuserwänden schnell wieder zu entfernen. Nichts war eine schlimmere Provokation des antifaschistischen Staates als ein sichtbares Bekenntnis zum Faschismus.

Vielleicht war dies ein Impuls für die jüdischen Kinder der Überlebenden, sich stärker mit ihrer Identität zu beschäftigen. Vielleicht gab es zugleich das Bedürfnis, über das große Ausgesparte zu sprechen, eine Gruppe zu finden, in der es keine Erklärungsnot, keinen Rechtfertigungsdruck gab, vielleicht war es auch einfach Neugier, etwas über die Bedeutung von Dingen zu erfahren, die wegen ihrer Abwesenheit eine so große Rolle im eigenen Leben spielten. Einige dieser nunmehr erwachsenen Kinder kommunistischer Juden setzten sich zusammen und verabredeten das erste Treffen. Jeder nannte diejenigen, die er kannte, und so kam eine beachtliche Liste zusammen.

Wir trafen uns in der Jüdischen Gemeinde, die einen schlichten, kleinen Raum im Hinterhaus des Gebäudes neben der Ruine der Neuen Synagoge in der Oranienburger Straße für Veranstaltungen zur Verfügung hatte. Bis auf wenige Ausnahmen hatte die DDR alle Immobilien aus dem Eigentum der Vorkriegsgemeinde verstaatlicht oder nutzte sie nach eigenen Bedürfnissen. So manche beschädigte Synagoge war abgerissen oder zweckentfremdet worden – als Büro für Handelsgenossenschaften, als Berufsschule, als Wohnraum, als Polizeirevier oder als Lagerhalle. Hinweise auf die ursprüngliche Funktion der Gebäude, wie Schilder oder Plaketten, fand man nur sehr selten. In den Heimatmuseen der Stadtbezirke suchte man auch vergebens nach der Erinnerung an jüdische Existenz und ihre Vernichtung. Doch am Eingang unseres Treffpunkts stand in großen Buchstaben weiß auf schwarz, eingerahmt von zwei Davidsternen: *Jüdische Gemeinde zu Berlin*. Für die meisten war es das erste Mal, dass sie sich in eine derart eindeutig deklarierte Institution bewegten. Meine Brüder waren da und einige aus dem Kaffeehaus. Es kamen Bekannte aus Kindheitstagen, Freunde und deren Freunde; manche wunderten sich, die Hälfte der Anwesenden zu kennen, und andere staunten, die Hälfte der Anwesenden nicht zu kennen. Und alle verband das Geheimnisvolle des Wiedererkennens. Es war wohl doch so, dass unsere Eltern eine ausgesprochene oder unausgesprochene Verbindung zueinander gehalten hatten. Das Besondere ihrer Verfolgungsgeschichte machte das Besondere ihrer Vertrautheit untereinander aus. Und so ging es uns auch. Manche hatten überhaupt sehr spät von ihrer Herkunft und damit vom Familienschicksal erfahren. Aber alle wollten aus dem Gespräch mit anderen etwas über sich selbst herausfinden, um dem Ausgesparten eine Sprache zu geben. Die Gruppe gab sich einen Namen, der auf den gemeinsamen Nenner aller Motive deutete: «Wir für uns». Denn wir alle hatten auf dieselben Zeichen reagiert. Darüber wurde lange gesprochen. Und dennoch blieb auch hier das Wichtigste ausgespart.

Dem ersten Treffen folgten andere. Wir diskutierten über Judentum und Religion und hörten uns Vorträge an von Kundigen aus Westberlin. Am Ende unserer Zusammenkünfte wurde immer der Termin für das nächste Treffen gesucht. Nachdem wir über die Bedeutung der Feiertage, die Halacha oder andere jüdische Themen gesprochen hatten, zückten die Anwesenden ihre Kalender, um den Fragen weiter nachzugehen und so vielleicht ein paar Erklärungen für das Seltsame und Fremde in unserem Alltag zu finden. Dann schlug jemand ein Datum vor, und bei bestimmten vorgesehenen Wochentagen sagten gleich mehrere, das ginge gar nicht. Da sei ja Parteiversammlung. Oder: Nein, da sei ML-Seminar, da wolle man nicht fehlen, oder Auswertung des Parteitages oder Ähnliches. Es amüsierte mich, doch es machte mich auch traurig. Bei manchen der so klugen Köpfe im Raum hörte ich die Antifaschismusfalle klappern.

Der Dibbuk ist ein Umklammerer, er hält den lebendigen Körper gefangen. Manchmal kann er eine Bereicherung sein, manchmal eine Symbiose oder eine Besessenheit. Für mich war er in dieser Zeit alles zugleich. Inzwischen hatten Hans und ich geheiratet und eine Tochter bekommen. Ich wollte so nicht mehr arbeiten, kein Wort mehr in den Mund nehmen oder aufschreiben, das die allgemeine Verlogenheit fortsetzte. Kein: «Und hier sehen Sie unseren sozialistischen Fernsehturm», keine Staubsauger oder Kulturabkommen, kein Goethe- oder Honecker-Zitat. Nichts mehr von alledem. Ich wollte auch mein Kind nicht in die Krippe bringen, stattdessen ließ ich mich auf der Straße beschimpfen, weil ich es in einem Täschchen vor dem Bauch trug. Vor den Kaufhallen standen aufgereiht die Kinderwagen mit den Kindern – gleich neben den angebundenen Hunden, während die Eltern drinnen ganz selbstverständlich ihre Einkäufe machten. Ein Kinderwagen im Supermarkt war einfach nicht üblich. Das durchgedrehte Bellen eines draußen allein gelassenen Spitzes vermochte drinnen mehr Aufmerksamkeit zu erregen als schreiende Babys oder verzweifelte Kleinkinder. Es war ja immer so gewesen, doch da ich nun selbst ein Kind hatte, erlebte ich diese Kälte viel unmittelbarer.

Hans und ich sprachen nicht nur von Theorien, die wir mit einigen wenigen teilten. Es war die Zeit, in der das Nachdenken über Alternativen zum historischen Materialismus auch in der Realität Folgen hatte. Mein Blick musste sich dem Unrecht öffnen, das Regimegegnern so heftig angetan wurde. Mein Freundeskreis veränderte sich, ich lernte Künstler kennen und Juristen, die sich wie wir von der DDR fortbewegten. Auch für einige aus dem jüdischen Kontext veränderte sich die Sicht. Der Antifaschismus als Geist der deutschen Geschichte begann für uns seine Flasche zu verlassen.

Mit denjenigen, die noch in der DDR geblieben waren, trafen wir uns, so wie sich alle immer getroffen hatten: in Wohnungen oder in den Häusern auf dem Lande. Die Übergänge zwischen eher Angepassten und Dissidenten waren mitunter fließend. Besonders in der Uckermark mischten sich Vertreter beider Gruppen. Wir bewegten uns in einer Welt, in der sich alles mit unterschiedlicher Geschwindigkeit so im Kreis zu drehen schien, dass es einigen eintönig war, anderen Schwindel verursachte und manche zentrifugal hinausschleuderte, je nachdem, wie eng jemand mit den bestehenden Verhältnissen verbunden war. Dichter, Schauspieler, Musiker, Maler, Talkmaster, Psychologen, Schriftsteller oder Wissenschaftler, den wenigsten war der Antifaschismus egal. Doch das Drehen verhinderte die Entfaltung aktiver Kreativität, es war anstrengend und legte entscheidende Energien lahm.

An manchen Tagen gab es dieses großartige Wetter in der Uckermark, wenn kleine Wolken durch Licht und Schatten die Formen der Hügel am Himmel zu spiegeln schienen, wo unter tiefgrauen Regenfronten die Sonne in weichen Strahlen die Landschaft rosa malte. Diese Stimmungen mussten für uns alle anderen Landschaften ersetzen, von Japan bis zur Toskana, wir hatten uns die ganze Welt hier hineinzudenken. Und als ob diese Realität aus Wolken, Landschaft und Gesprächen in der Ausweglosigkeit des Rotierens nicht genug Platz bot, begannen wir mit anderen Realitäten zu spielen. Keiner von uns war Esoteriker oder glaubte an Geister, Ufos oder Erscheinungen. Vielleicht gerade deshalb, als gelernte Materialisten, fingen wir an, die Tische zum Springen zu bringen und uns von rückenden Gläsern unterhalten zu lassen. Skeptiker aller Länder vereinigten sich in meinem Haus, um für einige Stunden den überschüssigen Energien eine Richtung zu geben. Wir konnten Leute mit den Fingerspitzen in die Höhe heben oder witzige philosophische Repliken aus längst verstorbenen Großeltern herauslocken. Doch wirkliche Antworten auf das, was uns beschäftigte, waren nicht darunter. Wie hätten wir sie auch erfragen sollen. Und für Utopien waren Geister keine geeigneten Partner.

Das Haus stand allein mitten in einem riesigen Feld im Wendekreis des Mähdreschers. Wenn sich anderswo in der Gegend Leute zusammenfanden, um Musik zu machen und die Situation in der DDR zu besprechen, dann fuhren wir auf den engen, von Linden gesäumten Alleen dorthin. Wenn es besonders viele waren oder die Themen besonders brisant, gab es Straßensperren durch die Polizei, oder die Personalien der Besucher mussten in langen Listen den Behörden vorgelegt werden. Dann wurde geprüft, ob hier nicht ein Verstoß gegen das Versammlungsverbot vorlag. Und das waren nur die harmlosen Zeichen der Repression.

Ich habe mir in diesem Haus, das meine Mutter mit ihrem sicheren Blick für Schönheit ausgesucht hatte, immer vorzustellen versucht, warum sie sich entschieden haben mochte, ausgerechnet in dieses Land zurückzukommen. Weshalb ist sie nicht in Frankreich geblieben? Vielleicht, weil sie dort gleich zweimal denunziert worden und in das Lager gekommen war, in dem die Transporte nach Auschwitz zusammengestellt wurden? Oder vielleicht, weil meine Eltern beide einen Traum hatten, wie er manchmal auch als Phantom dieser Tage in der Uckermark erschien: Einfach hier eine Insel erfinden, auf der man mit Freunden lebt und eigene Regeln macht, eigene Kinder nach eigenen Wertvorstellungen erzieht, nach denen allen alles gehört, und so ein gerechteres Leben aufbaut? Und dann eine Mauer drum herum zieht, um das zu erhalten? Damit niemand mehr jemandem das antun kann, was der eigenen Familie angetan wurde? Weil alles besser ist – im besseren Deutschland? Doch jedes Gelächter nach dem Tischerücken, jedes Entsetzen nach einer Verhaftung und jede Trauer nach einem Abschied vor der Ausreise eines Freundes machten dieses Traumbild schwächer und schwächer, bis es ganz verschwunden war.

In Berlin bereiteten einige aus der Gruppe um die jüdische Gemeinde die Aufführung des Stückes «Der Dibbuk» vor. Es war die Geschichte eines chassidischen Dorfes, das immer wieder von Pogromen durch Kosakenbanden heimgesucht wurde. Dort verliebte sich ein sehr armer Student in die Tochter eines reichen Mannes. Und weil er keine Chance hatte, sie zu heiraten, beschwor er die Mystik und versuchte mit allen spirituellen Mitteln, doch noch das Schicksal zu seinen Gunsten zu wenden. Obwohl sie ihn genauso liebte, gelang es nicht, und er starb an dieser Überanstrengung. Sein Geist fuhr in den Körper des Mädchens und kämpfte dort um Gerechtigkeit. Ein Dibbuk war geboren. Der Rabbiner des Dorfes hatte den Fall zu untersuchen, und obwohl sich herausstellte, dass die beiden füreinander bestimmt gewesen waren, maßte er sich an, den Dibbuk mit aller Gewalt auszutreiben. Ich spielte diesen Dibbuk und das Mädchen Leah, die beide mit der Kraft der Liebenden um ihr Recht kämpften. Und ich dachte dabei an die vielen Paare, deren Heirat vom Staat verhindert wurde, weil einer der beiden kein Bürger der DDR war. Der Antrag auf Eheschließung mit einem Ausländer – vor allem, wenn er aus dem «nichtsozialistischen Wirtschaftsgebiet» stammte – galt als eine Variante der Republikflucht, also als Ausreiseantrag. Die Paare wurden oft jahrelang schikaniert, dem Ausländer wurde die Einreise verweigert, sodass sich die beiden nur heimlich in der Tschechoslowakei treffen konnten. Viele solcher Partnerschaften zerbrachen daran.

Hans arbeitete in einem Institut, das sich mit Staat und Recht befasste und verschiedene historische Forschungsprojekte im Sinne der Partei durchführte. Er untersuchte die Schriften eines Renegaten, durch den er selbst viel über die Kritik am realen Sozialismus lernte. Und während wir sahen, wie die Naziszene sich entwickelte, die Stimmung gegen Ausländer zunahm oder Alternative und Punks überfallen wurden, ignorierte das Institut alle Krisenerscheinungen. Als Hans eines Tages nach Hause kam und erzählte, sein Institut habe ein Forschungsprojekt beschlossen, in dem die These bestätigt werden sollte, dass der Imperialismus als aggressivste Form des Kapitalismus allein Schuld am Antisemitismus habe, reichte es mir. Das war nicht nur eine Kriegserklärung gegen die Realität in der DDR und meine ganz persönliche Wirklichkeit, sondern eine Ohrfeige gegen alle, die sich noch um die Reformierbarkeit des Staates mit seiner antifaschistischen Substanz Gedanken machten. Wir sprachen die ganze Nacht darüber. Am nächsten Tag stellten auch Hans und ich einen Ausreiseantrag.

Die Gemeinde hatte gerade meinen Antrag auf Wiederaufnahme in die Jüdische Gemeinde abgelehnt, der dort schon seit über einem Jahr zur Bearbeitung lag. Man sagte mir, der Vorstand habe von meinem Ausreiseantrag erfahren und verzichte deshalb auf meine Mitgliedschaft in der Gemeinde, denn man sei kein «Reisebüro» und eine Integration «bei uns» ohnehin nicht möglich. Ich war sprachlos über diese Form von vorauseilendem Gehorsam.

Wir begannen mit den Proben zum «Dibbuk». Die Laienschauspieler waren schon sehr verschieden: ein bärtiger Literaturwissenschaftler, der arbeitslose Student Matthias, eine elegante Archivarin, ein quirliges Mädchen mit großen Augen, ein strenger Regisseur und ein Mann, der bislang bescheiden und bemüht um Text und Ausdruck eher unauffällig geblieben war. An einem Tag aber erschien er in seiner Offiziersuniform, denn er war Oberstleutnant der NVA und trug Gala für einen Empfang, den er wohl kurz vor der Probe noch auf seinem Terminkalender gehabt hatte. Da erst wurde uns klar, dass Mischa im Ministerium für Nationale Verteidigung arbeitete, und wir staunten, wie ein derart ziviler Mensch mit so viel Neigung für Poesie, für die Magie der Liebe über den Tod hinaus und sogar für die Mystik in eine solche Uniform passte. Er hatte viele Freunde in der Sowjetunion, die unter dem massiven Antisemitismus dort litten.

Wir probten öfter in der Komischen Oper, denn der Regisseur arbeitete dort. Seine Frau war Vorstandsmitglied in der Gemeinde, sie war es auch, die die Idee zu dieser Inszenierung gehabt hatte. Alle Schauspieler waren Mitglieder der Gemeinde oder hatten enge Bindungen zur Verfolgungsgeschichte der Juden. Sogar Matthias, der Student, hatte eine solche Bindung. Er spielte Chanan, den jungen Mann, der sich als Lebender vergeblich um das Mädchen verzehrt und die Mächte der Magie für sich zu mobilisieren versucht hatte. Matthias war ein zarter dunkelhaariger Mann, in dessen Gesicht die Sensibilität seine weichen, spirituellen Züge unterstrich. Er sah wirklich aus wie ein schüchterner, aber besessener Jeschiwa-Student, der den Sinn von Talmud und Tora für sich zu ergründen versuchte. Er spielte den Chanan wunderbar. Wenn er und ich auf der Bühne standen, spürten alle die große Spannung und Sehnsucht, den gleichermaßen starken Wunsch nach Symbiose wie nach Emanzipation, den wir beide mit unterschiedlichen Motiven und Zielen in uns hatten. Matthias war schwul, er wünschte sich so sehr in einer Gesellschaft zu leben, die ihn akzeptierte und anerkannte. Das hatte er in der DDR nie erleben dürfen. Wir mochten ihn alle gern, und es spielte absolut keine Rolle, dass er keinerlei jüdischen Hintergrund hatte.

Der Ausreiseantrag hatte Folgen. Hans wurde aus der Partei ausgeschlossen, der Forschungsauftrag wurde ihm weggenommen, und man betrieb seine Entlassung aus dem Institut. Ich hatte beschlossen, nur noch literarische Übersetzungen zu machen. Manchmal verlangten Verlage auch Gutachten über Bücher von fremdsprachigen Autoren, um sie eventuell übersetzen zu lassen. Es war sehr schwierig, hier Fuß zu fassen. Ich versuchte meine ersten Schritte zu machen. Der Ausreiseantrag hatte für mich aber noch eine andere, sehr schmerzliche Konsequenz: Mein Vater war gekränkt, enttäuscht und fühlte sich verraten. Er sprach nur noch das Nötigste mit mir. Diese Reaktion war für mich, obwohl ich sie in jeder Hinsicht hätte vorausahnen können, sehr bedrückend. Sie trieb mich weg und hielt mich fest.

Matthias wohnte im Prenzlauer Berg. Dort war wenigstens ansatzweise ein alternatives Leben möglich. Er hatte eine kleine Wohnung im Hinterhaus mit Ofenheizung und ohne Bad. Als er eines Abends nach Hause kam, lauerten ihm Nazis auf und schlugen ihn furchtbar zusammen. Sie nannten ihn eine Judensau. Er musste zum Arzt, er war sehr verstört und hatte Angst. Wir ermutigten ihn, Anzeige zu erstatten. Also ging er zur Polizei. Dort erfuhr er, dass eine Gruppe von Nazis schon öfter Schwule oder «Nicht-Arier» zusammengeschlagen hatte. Meine Freundin Eva und ich versprachen, ihm zu helfen und ihn zu schützen. Während die Polizei ermittelte, versuchten wir in der Gemeinde für ihn Unterstützung zu gewinnen. Tatsächlich konnten die Täter auch durch seine Hilfe festgenommen werden. Matthias war sehr mutig, denn die Nazis wohnten irgendwo in der Nachbarschaft. Wir schrieben Briefe an die Gemeinde, mit der Bitte, ihm einen Rechtsbeistand zur Verfügung zu stellen. Dafür sei man nicht zuständig, da es sich bei Matthias nicht um ein Gemeindemitglied handele, hieß es. Er brauche im Übrigen keinen Anwalt, denn er sei ja nicht angeklagt. Dann baten wir die Gemeinde, vor Gericht darauf hinzuwirken, dass bei seiner Zeugenaussage die Personalien nicht in der Öffentlichkeit verlesen würden. Dazu sah man sich auch außerstande. Die Angeklagten wurden verurteilt, doch Matthias war nun dem Gerichtspublikum bekannt, das zum großen Teil aus Nazis bestand. Also blieb uns nicht viel mehr, als ihn nach der Gerichtsverhandlung davon abzuhalten, in seine Wohnung zurückzukehren. Es war so frustrierend, denn Wohnungen konnte man damals nicht einfach mieten. Matthias hatte etwas Panik, kam aber glücklicherweise bei einem Freund unter.

Die Geschichte vom Dibbuk hatte kein gutes Ende. Der Rabbiner setzte seinen Willen durch und versuchte den Dibbuk aus dem Körper des Mädchens zu vertreiben. Er tat es, obwohl der Dibbuk in einer Gerichtsverhandlung vor den Ältesten nachweisen konnte, dass der Vater des Mädchens und der Vater des Jungen in ihrer Jugend ihre zukünftigen Kinder einander versprochen hatten. Doch der Vater des Mädchens hatte das Versprechen vergessen und in dem unbekannten jungen Mann nicht die Zuneigung zu seiner Tochter, sondern nur dessen Armut wahrgenommen. Der selbstherrliche Rabbiner vertrieb den Dibbuk. Die beiden Liebenden blieben allein zurück und entschieden sich, nun im Tod zueinander zu kommen.

Noch bevor wir das Stück aufführen konnten, trennte ich mich von Hans. Unsere Symbiose war durch etwas Persönliches gesprengt worden. Ich hatte in einem Moment der Distanz entdeckt, dass auch für ihn unsere Bindung nicht wirklich tragfähig war. Das änderte nichts an meiner politischen Haltung, und doch kam eine gemeinsame Ausreise nicht mehr infrage. Ich hatte ein Kind von knapp drei Jahren und keinen richtigen Beruf. Ich musste mich entscheiden, mit ihm auszureisen oder mich von ihm zu trennen. Beides auf einmal hätte mich überfordert. Und ich wollte mich nicht aufgeben müssen am Ende, wie das Paar im «Dibbuk». Also ließ ich ihn gehen, den Hans, obwohl ich dankbar war für seine Kritik am Geist des Antifaschismus.

Es war nicht einfach, zurückzubleiben. Ich versuchte Aufträge für Lyrikübersetzungen zu bekommen. Sie wurden schlecht bezahlt und kamen selten. Meine Situation war angespannt, denn ich verdiente nur etwa dreihundert Mark im Monat, und die Frage, was ich in der DDR sollte, war noch immer nicht beantwortet. Aber was ich unter diesen Umständen im anderen Teil Deutschlands hätte tun können, vermochte ich auch nicht zu sagen. Also versuchte ich zu warten, bis mein Kind etwas größer sein würde, um mir dann die Frage noch einmal zu stellen.

In der Gemeinde begann ich mit Heinz zusammenzuarbeiten. Er war auch im Vorstand und keineswegs angepasst. Er wollte wie ich, dass die Gemeinde sich öffnete, dass sie sich auch für die Probleme anderer Minderheiten in der DDR einsetzte. Es gab viel zu tun; die Sinti zum Beispiel, von denen ich einige als Schausteller auf dem Rummel kennen gelernt hatte, erzählten mir, sie würden nach wie vor nicht als Verfolgte anerkannt, sondern nur als Opfer. Und auch das nur, wenn sie «gesellschaftliche Einordnung» praktizierten. Man hatte in Berlin-Marzahn das Lager der Sinti, von dem aus viele nach Auschwitz deportiert worden waren, nicht einmal als Konzentrationslager anerkannt. Es sei ein Rastplatz gewesen, behaupteten die Behörden, und die Insassen seien nicht der

Freiheit beraubt worden. Erst 1986 war dort in aller Heimlichkeit ein Gedenkstein aufgestellt worden. Doch erst wenige der Sinti hatten die VdN-Rente bekommen. Und dann waren da noch die vielen Gastarbeiter aus Vietnam und Mosambik, die zwar offiziell an der Farce der Wahlen teilnehmen durften, aber sonst keinerlei individuelle Freiheiten hatten. Ich hatte die Hoffnung, dass die Jüdische Gemeinde sich vielleicht für ihre Probleme interessieren würde, und diskutierte mit Heinz darüber. Wenn die Kirchen unter ihrem Dach mehr oder weniger alle dulden konnten, die sich für Bürgerrechte engagierten, dann war die Jüdische Gemeinde vielleicht auch ein Ort, an dem die Rechte von Minderheiten Beachtung finden konnten.

Die Premiere des «Dibbuk» fand in der Synagoge Rykestraße statt. Auf einer kleinen Empore, dort wo die große Steintreppe sich teilt, spielten wir dieses Stück aus einem scheinbar fernen Ort irgendwo in einem chassidischen Schtetl mitten in Russland. Mischa, der NVA-Offizier, der Literaturwissenschaftler, das Mädchen mit den großen Augen, Matthias mit der sanften Stimme und ich, wir alle hatten die Zeit und die Ereignisse in uns aufgenommen. Eine Stunde lang fesselten wir das Publikum der Gemeinde mit dieser Spannung, die jeder von uns in sich trug. Eine Stunde lang legten wir unsere ganze Energie in die Poesie und die Mystik des Geschehens um die beiden Liebenden, in die Zartheit und Kraft ihrer Hoffnung und den Geist einer untergehenden Epoche.

14. Kapitel
Regenbogen

Es war peinlich, wie in der DDR plötzlich der Philosemitismus ausbrach. Anlässlich des 50. Jahrestages der so genannten Reichskristallnacht lebte eine seltsame Hinwendung zum Judentum auf. Sie erschien wie ein groß angelegtes Festival des Ausgesparten zu Ehren der DDR. Dies geschah trotz der Hetze gegen Israel in den Medien mit ihren böswilligen Kommentaren und antisemitischen Karikaturen, trotz der Übergriffe von Neonazis, trotz der Schändung und der Zerstörung des Friedhofs der Gemeinde Adass Isroel unter den Augen von Nachbarn und Polizei, trotz der Weigerung der DDR, Verantwortung für die Verbrechen an den Opfern zu übernehmen, trotz der hochgehaltenen Theorie von der Schuld des Kapitalismus und trotz der Projektion aller Schuld auf den westdeutschen Teilstaat. Das alles spielte keine Rolle. Die gigantische Exkulpation dieses deutschen Staates und damit auch der hier lebenden Tätergeneration wurde nicht im Geringsten angetastet. Die Ausrottung der europäischen Juden blieb einzig das Werk des Kapitalismus und des mit ihm verbundenen Hitlerfaschismus. Anstelle einer Auseinandersetzung beschloss die DDR-Führung, die Neue Synagoge wieder aufzubauen, Adass Isroel bekam endlich Unterstützung, um den verwüsteten Friedhof herzurichten und ein kleines Gemeindeleben möglich zu machen, und es erschienen viele Bücher mit Bildern von der untergegangenen Welt der chassidischen Juden Osteuropas. Diese Schönheitsreparaturen an der Fassade brachten ein paar folkloristische Verzierungen auf das hässliche Mauerwerk des sozialistischen Antisemitismus. Jüdisches wurde chic. Mir ging diese plötzliche Scheunenviertelromantik furchtbar auf die Nerven. Ich fand sie verlogen und abstoßend.

Dass viele, vor allem junge Leute, ein ehrliches und legitimes Interesse an der Geschichte des jüdischen Lebens und seiner Vernichtung hatten, konnte ich gut verstehen. Nicht sie waren das Problem, sondern die Heuchelei, mit der das Thema hochgezogen wurde. Erich Honecker machte eine schlichte und antisemitische Rechnung auf: Er wollte unbedingt nach Amerika, und er brauchte Geld für die marode Wirtschaft. Beides erhoffte er sich durch gute Beziehungen zum Jüdischen Weltkongress. Sein Vorsitzender, Edgar M. Bronfman, wurde in die DDR eingeladen und von Honecker empfangen. Und nicht nur das – man sagte, Honecker würde jeden Morgen beim Frühstück in Bronfmans Hotel erscheinen und mit ihm lange Gespräche führen. Bei einem glitzernden Empfang, den der Vorsitzende des Weltkongresses für die Gemeindemitglieder gab, nutzte ich wie einige andere die kurze Gelegenheit, ihm dringend zu raten, sich nicht auf Honeckers Anbiederungen einzulassen. Bronfman lachte, als wir ihn warnten, er lachte zustimmend, denn es kam ihm überhaupt nicht in den Sinn, einem Regime wie dem von Honecker zu Diensten zu sein.

An den Feiertagen ging ich in die Synagoge. Nicht regelmäßig zum Schabbat, aber an den wichtigsten Feiertagen wollte ich teilnehmen. Mir fehlte so viel an Wissen, und ich hatte das Bedürfnis, mich im Gottesdienst für einen Moment aufgehoben zu fühlen, in etwas zugleich Unbekanntem wie Vertrautem. Es war nicht das Bedürfnis nach Erleuchtung oder der Wunsch nach Glauben wie in der christlichen Religiosität, es war eher eine Suche nach dem Gedächtnis einer Kultur, die mich in der Synagoge beschäftigte. An Simchat Tora verabredete ich mich mit meiner Freundin Ruth, die den gleichen Hintergrund hatte wie ich und ebenso wenig in religiöser Tradition aufgewachsen war. Ihre beiden Kinder und meine Tochter sollten nicht wie wir vollkommen abgeschnitten vom Judentum aufwachsen. Die Synagoge in der Rykestraße war die einzig übrig gebliebene in Berlin. Sie war der Zerstörung entgangen, weil sie auf einem Hinterhof versteckt und von Wohnhäusern eingerahmt lag. Der große Betraum hatte für Hunderte Menschen Platz und war nur geöffnet, wenn mehr als siebzig Beter kamen. Ich liebte diesen Raum. Die Decke über dem Tora-Schrein war mit goldenen Sternen auf ultramarinem Grund bemalt, die Seiten mit Ornamenten von Phantasiepflanzen. Es sah aus wie eine Kulisse für ein Märchen. Der Raum war hoch, aber von menschlicher Proportion. Doch an diesem Feiertag gingen wir in den kleinen Nebenraum, denn es lohnte nicht, für die wenigen Besucher den großen zu heizen. An Simchat Tora werden die Torarollen geehrt, weil an dem Tag zu Ende gelesen ist, was in der Tora steht, und das neue Jahr des Lesens beginnt. Die Gemeindemitglieder nehmen dann alle Torarollen aus dem Schrein und tragen sie singend an den Betern vorbei. Danach werden die Kinder gesegnet, der Kantor ruft sie alle nach vorn unter einen aufgespannten Gebetsschal, sie bekommen einen winzigen Schluck Wein und die Segnung. Wenn sie dann mit der Tora durch den Raum gehen, werfen die Erwachsenen Bonbons und Süßigkeiten aller Art, und die Kinder laufen jubelnd herum, um sie einzusammeln. Doch diesmal war die Stimmung bedrückt. Etwas verloren standen nur unsere drei Kinder unter dem riesigen Talid. Die Besucher hatten alle Leckereien mitgebracht und warfen sie: viel zu viele für die drei kleinen Kinder. Der Hagel aus Süßem glich fast einem Bombardement. «Wenn Kinder unsere Hoffnung sind, was wird dann aus uns werden?», fragte eine ältere Frau. Und ein Mann sah sie an und antwortete trotzig: «Nur gut, dass es drei sind, es hätten auch weniger oder, Gott bewahre, gar keine Kinder da sein können.»

Auch am Ende wollte bei dem sonst so heiteren Fest keine rechte Stimmung aufkommen. Schwer beladen mit Süßigkeiten fuhren wir in der Dunkelheit mit dem Trabant nach Hause. Am nächsten Tag ging meine Tochter auf den Spielplatz vor unserem Haus, in der einen Hand einen Buddelkasteneimer, in der anderen eine riesige Tüte mit Bonbons.

Nichts passte mehr zusammen. Gar nichts. Durch eine Übersetzung angolanischer Lyrik lernte ich einige Angolaner kennen, die mir von der Situation der Gastarbeiter erzählten. Wir fuhren zusammen zu einer der Unterkünfte der Afrikaner, aber ich durfte nicht hinein und konnte nur am Zaun stehend mit einigen der Arbeiter sprechen. Sie wollten nicht über ihre Arbeitsbedingungen reden, sie wollten mit mir über São Tomé sprechen und wissen, woher ich Portugiesisch konnte. Sie hatten wahnsinniges Heimweh. Sie machten sich ein wenig über die deutsche Mentalität lustig, aber es war eine verhaltene Lustigkeit. Menschen hinter einem Zaun, isoliert gehalten wie Arbeitsvieh. Aus Mosambik und São Tomé wusste ich, wie wichtig, wie unentbehrlich das Zusammenleben, die Familie, Kinder, Freunde sind. Das ist Leben. Alles andere ist Strafe. Hinter dem Zaun sah ich keine Frauen und keine Kinder. Vor den flachen Baracken im Hintergrund saßen einzelne junge Männer auf den Fenstersimsen und warteten. Sie waren eindeutig besser genährt als die Arbeiter auf den Gütern von São Tomé, doch in ihren Gesichtern sah ich Einsamkeit und Ödnis.

Der Sommer in der Uckermark wirkte in diesem Jahr wie eine Gefangenschaft im Stumpfsinn. Die Zeit der Geister und des Gelächters war lange vorbei, nun hatten wir nur noch das moribunde Verharren. Die DDR begann sich aufzulösen, jeder spürte das, und niemand konnte wissen, was geschehen würde. Ich kam mir vor wie ein Zentaur im Garten, weder Mensch noch Pferd, der sich hufescharrend nach dem Galopp sehnt. Es war drückend heiß, und die Luft schien still zu stehen. Wir hatten die Bilder der Massenflucht in die Prager Botschaft vor Augen. Ruth und ich versuchten, es uns mit den Kindern einigermaßen gut gehen zu lassen. Manchmal kam Besuch. Einige unserer Freunde hatten plötzlich Pässe bekommen, um damit in den Westen reisen zu können. Es wirkte wie ein letzter Versuch der Staatsmacht, die Übriggebliebenen aus der oppositionellen Künstlerszene mit einem Privileg zu kaufen. Doch wenn etwas Normales ein Privileg sein soll, dann stimmen die Koordinaten der Gesellschaft nicht. Wer auf das Privileg schaut, statt das Normale zu wollen, ist unfrei, sagte ich mir, denn ich gehörte natürlich nicht zu den Begünstigten.

Aus dem Westen kam diesen Sommer niemand. Sonst war es anders. Maureen hatte mich einige Male besucht und war ganz entzückt von der Landschaft und der Idylle, die sie scheinbar versprach. Ein Eindruck, den Leute aus dem Westen oft hatten, wenn sie solche Inseln streiften. Manchmal hatte Maureen auch Freunde dabei, die in den höchsten Tönen schwärmten über das, was sie hier sahen. Und doch folgte dann im Laufe des Gesprächs die ernsthafte und bittere Klage über die Unbequemlichkeiten ihres Grenzübertritts. Man konnte schon Angst haben vor den Grenzern und den Vopos, den Fragen nach Zeitschriften, dem strengen Blick und dem Moment einer Verzögerung beim Abfertigen, wenn man in den Osten wollte. Viele fanden es auch riskant, über die Grenze von Berlin hinauszufahren. Ich hatte öfter das Gefühl, meine Gäste dafür trösten zu müssen, dafür, dass sie so Arges auf sich genommen hatten. Doch in diesem Sommer blieben sie weg.

Wir hatten einen kleinen, rauschenden Fernseher, in dem wir sahen, wie die Leute über die Grenze zwischen Ungarn und Österreich liefen. Der gewaltige Aufschrei nach Genschers Worten auf dem Balkon der Prager Botschaft trieb mir immer wieder die Tränen in die Augen. Dann folgten die Interviews mit den Geflüchteten, die gehetzt und zugleich begeistert in die Kamera schrien, dass sie nun frei, frei, frei seien. Und dann kam der Ruf, der mich in Erschrecken zurückfallen ließ: «Scheißkommunisten! Weg mit denen!» Ruth und ich sahen uns an. Ja, sie hatten Recht und sagten es mit Recht. Doch meinten sie das Gleiche wie wir? Schließlich waren wir noch immer in dem Land, das über seine Täter schwieg. Lebten wir vielleicht näher an einer Vergangenheit, die zu überwinden der DDR so gründlich misslungen war?

Wir versuchten das Bedrückende mit Farbe zu überpinseln und machten einige Reparaturen am Haus. Hans kam uns besuchen, man hatte ihm die Einreise erlaubt. Diese Grenze, die uns fast ein Leben lang umgeben hatte, wurde auf unberechenbare Weise an einigen Stellen durchlässig, ohne dass man wirklich eine Öffnung sah. Im Gegenteil: Die Luft drinnen wurde immer stickiger.

Das kleine Haus mitten auf dem Feld lag in der Nähe von Prenzlau. Wenn man einige Kilometer über holprige Landstraßen oder Feldwege fuhr, kam man in diese nördlichste Stadt der Uckermark. Der Ortseingang war flankiert von Kasernengebäuden. Darin lebte die größte Gruppe von Ausländern in der DDR: die sowjetischen Soldaten. Im Grunde waren es zwei Gruppen, die Offiziere, meist Russen, die mit ihren Familien auf der linken Straßenseite wohnten, und die einfachen Soldaten, die in den riesigen Blocks untergebracht waren. Ihre Unterkünfte sahen schon von außen miserabel aus. Diese Soldaten, meist aus anderen Sowjetrepubliken wie Kasachstan, Turkmenien, Georgien, Aserbaidschan oder Armenien, durften nie das Gelände verlassen, bis auf wenige, zentral inszenierte Freundschaftstreffen mit Betrieben oder Brigaden. Und die kamen selten vor. Die Männer aus den fernen Dörfern hatten kaum Möglichkeiten, wirklich in Deutschland zu sein. Jeder wusste, dass diese Soldaten schlecht behandelt wurden, drangsaliert, schikaniert und gequält von ihren Vorgesetzten. Sie saßen auf der Mauer ihrer Kaserne, diese Jungen von Irgendwo, ließen wenigstens ihre Beine aus dem Kasernengelände herausbaumeln, die Mützen in den Nacken geschoben, und betrachteten den vorbeifließenden Verkehr. Wann immer ich sie so sah, kam mir unsere Mauer wie aus einem Kinderbaukasten vor. Ihre Situation ließ sich mit nichts vergleichen, was unsere Sorgen ausmachte. Der Umgang der militärischen Obrigkeit mit den Soldaten hinter dieser undurchdringlichen Mauer war einfach nur grausam zu nennen und oft von einem brachialen Rassismus getrieben.

In Prenzlau erzählten sich die Leute, die Russen hätten im Mai 1945 die Stadt kampflos übernehmen wollen. Sie wollten eine unblutige Kapitulation, doch die Parlamentäre wurden von «Werwölfen» aus dem Hinterhalt erschossen, und darauf beschloss die Führung der Streitkräfte, die Stadt dem Erdboden gleichzumachen. Prenzlau wurde fast vollständig zerstört. Der Wiederaufbau ging nur schleppend voran. Es soll eine Verfügung gegeben haben, dass die Spuren des Krieges nicht verwischt werden sollten. Nur alle zehn Jahre, erzählte mir eine Buchhändlerin, hätten die Sowjets den Bau einiger Häuser erlaubt. Und so sieht das Zentrum auch aus – ein Ausschnitt aus der Architekturgeschichte der Nachkriegszeit: Jeweils einige wenige Blöcke aus den stalinistischen fünfziger Jahren, den Sechzigern, den Siebzigern und den Achtzigern, alle durcheinander mit großen Lücken dazwischen auf zugigem, leerem Gelände. Der Rest von Prenzlau war in weiten Teilen im Stil von Barack und Neobarack gebaut, also voller provisorisch anmutender Flachbauten aus Gipsplatten mit Wellblechdach. Die Straßen in Prenzlau waren von den ständig durchfahrenden Panzern zerschreddert, einige Gebäude vor allem an den Ecken notdürftig repariert, nachdem die schweren Panzer das eine oder andere Mal dagegen gefahren waren. Am Standortkommandanten der sowjetischen Streitkräfte kam ein Kommunalpolitiker ebenso wenig vorbei wie Honecker am sowjetischen Botschafter in Berlin. Sie blieben die Siegermacht, die Besatzer, für uns aber ohne Zweifel und immer die Befreier, und es gab keine Kosmetik, die das zu verdecken versuchte.

Ein großer Teil der Uckermark war ihr Übungsgelände, genau hier, wo einst die Freikorps und später SA und SS trainiert hatten. Viele Wälder waren abgesperrt, und selbst in den offenen fand man überall Panzerunterstände und Übungswege. Mitunter hörten wir auch Schüsse von ferne. Mein Nachbar konnte sie genau unterscheiden. Nach ihrer Art und Regelmäßigkeit wusste er, was sie bedeuteten. Es waren nicht immer Übungen. Manchmal jagten sie auch einen Soldaten, der es nicht mehr ausgehalten und einen aussichtslosen Fluchtversuch gemacht hatte. Im Grunde war das eine Entscheidung zum Selbstmord, denn auf Desertion stand der Tod. Kamen die Schüsse unregelmäßig und einzeln oder sah man Militärpolizei vorbeirasen, dann sagte der Nachbar: «Da haben sie wieder ein armes Schwein erwischt.»

In diesem Sommer zog all das an mir vorbei. Ich sah die Soldaten beinebaumelnd, meinen Nachbarn, der als Traktorist in der maroden LPG arbeitete, die verkommenen Schweineställe am Rande des Dorfes, verfallende Häuser, die Besucher der Kirche im Nachbardorf, von denen einige das Abzeichen «Schwerter zu Pflugscharen» trugen, und ich sah uns, die wir voller Unruhe den Träumen unserer Eltern hinterherschauten.

Als ich in Berlin zurück war, spürte ich endlich eine Bewegung. Vor der Kaufhalle gegenüber dem Würstchenladen in Pankow hatte ich bei einem Spaziergang mit meinem Kind die Demonstranten gesehen, die gegen das Massaker auf dem Platz des Himmlischen Friedens und die Solidaritätserklärung der Regierung für die Mörder protestiert hatten. Die Polizei hatte alle festgenommen und auf Lastwagen fortgeschafft. Jetzt versuchte ich ein weiteres Mal herauszufinden, was mit ihnen geschehen war. Ich saß am Telefon, fragte mich durch, und irgendwann hatte ich die Mutter eines der Verhafteten am Ohr. Als sie sagte, es sei alles in Ordnung, ihr Sohn sei noch am selben Tag nach Hause gekommen, wusste ich, dass irgendetwas anders geworden war.

Das «Neue Forum» hatte an Kraft und Zulauf gewonnen, und auch in Pankow begannen mehr Menschen, sich aktiver um Gespräche über die Zukunft zu bemühen. Das Forum war noch immer verboten, aber das Verbot interessierte inzwischen niemanden mehr wirklich. Die ersten Gesprächsrunden fanden wie immer in Privatwohnungen statt. Als sich das Neue Forum in Pankow konstituierte, ging ich natürlich hin.

An den Wänden der Gethsemanekirche im Prenzlauer Berg hingen kleine Zettel, auf denen zu Diskussionsrunden eingeladen wurde. Themen wie Bildung, Umwelt, Demokratie und viele andere waren dort angeschlagen, mit Ort und Zeit und ohne Furcht vor der Staatssicherheit. Ich sah mir das alles an und wollte unbedingt darüber reden. Unbedingt. Aber waren das meine Themen? Wieder zu Hause, ging ich um den kleinen runden Tisch herum, der in meinem Arbeitszimmer stand. Immer wieder dachte ich darüber nach, was denn mein Thema sei. Dann setzte ich mich an die kleine Reiseschreibmaschine und tippte mit vielen Durchschlägen einen kurzen Text: *Wer hat Interesse an folgendem Thema: Die Arbeitsgruppe Ausländer und Minderheiten in der DDR trifft sich am Montag, dem* … Ja, das war es. Das war mein Thema! Ich nahm die Zettel und pinnte sie an verschiedene Stellen oder gab sie Freunden mit. Mein Bruder, der in der Kunsthochschule Weißensee arbeitete, klebte dort einen Zettel an das schwarze Brett, und eine Bekannte nahm ihn sogar mit in das staatliche Solidaritätskomitee.

Der Montag kam, und langsam wurde es 19 Uhr. Ziemlich aufgeregt begann ich, vorsichtshalber Tee zu kochen, aber wer weiß, dachte ich, ob Leute sich gerade jetzt für ausgerechnet dieses Thema interessieren. Dann klingelte es. Als ich die Tür öffnete, standen da drei Männer, groß, kräftig, einer mit rasierter Glatze. Sie standen dicht beieinander und kamen mir vor wie ein Berg. Der stärkste unter ihnen fragte schüchtern, ob hier das Treffen wegen der Minderheiten sei. Und ein anderer sagte, sie seien von der Kunsthochschule. Bildhauer, sagte der dritte. Und sie verstünden das mit den Minderheiten gut, sie seien selbst auch eine. Ich freute mich und bat sie herein. Dann ging die Tür andauernd. Es kamen Leute aus dem Solikomitee, eine Pastorin in afrikanischer Tracht, ein vietnamesischer Student, eine junge Frau aus Kolumbien, ein Völkerrechtler, eine Betreuerin von Gastarbeitern, ein polnischer Wissenschaftler, zwei Mosambikaner, noch jemand aus der kirchlichen Arbeit und eine Frau, die einfach nur Interesse hatte. Ich war sprachlos.

Auf einmal saßen sie da, und ich war die Gastgeberin. Noch nie hatte ich eine Gruppe moderiert oder Themen bestimmt oder auch nur ansatzweise eine Rolle dieser Art gehabt. Ich brachte Tee und Kekse und Stühle und hieß alle sehr herzlich willkommen. Jeder erzählte seine Geschichte, und so begann es. Schon bei diesem ersten Treffen war uns allen klar, dass wir über viel Schreckliches würden reden müssen. Die Bedingungen der Vertragsarbeiter, der Rassismus auf der Straße, die Frage nach den desertierten Soldaten, die Diskriminierung der

Polen und die offene Hetze gegen sie, die in diesen Tagen wieder durch die Medien ging. Etwas ungeordnet machten wir uns an die Arbeit. Und wir gaben uns einen Namen. Diese Gruppe, in der nicht nur Leute aus dem oppositionellen Neuen Forum willkommen waren, sondern jeder, dem dieses Thema wichtig war, beschloss, sich künftig nach dem Regenbogen zu nennen. Die junge Kolumbianerin schlug die spanische Variante vor: Arco Iris.

Beim ersten Treffen redeten wir bis tief die Nacht hinein und verabredeten uns für das nächste Mal. Sie wollten alle wiederkommen und noch mehr Leute mitbringen. Als der Letzte gegangen war, wusste ich, dass alles, was ich bis dahin gesehen und erlebt hatte, einen Sinn machte. Ich war nicht länger wie ein Zentaur im Garten, ich konnte jetzt einfach losgaloppieren.

15. Kapitel
Wende

Die Zeit der Wende war eine bizarre Parallelität von Ereignissen. Wie im allerersten Jahr des Lebens, in dem ein Mensch so viel an Wachstum und Eindrücken erlebt wie sonst nie wieder, veränderten sich die Dinge vom Herbst 1989 bis zum Herbst 1990.

Arco Iris, der Regenbogen, überspannte mein Haus in Pankow. Wir trafen uns dort, um ihm mit Optimismus und der Kraft zur Veränderung Farbe zu verleihen. Und während sich um uns die Welt umkrempelte, arbeiteten wir mit einer Hartnäckigkeit an unserem Thema, als würden wir nach dem unsichtbaren Kern dessen suchen, was Deutschland einst in die Teilung getrieben hatte. Während wir das taten, verwandelte sich das Wort «Volk» von einer politischen Kategorie in eine völkische: Am 7. Oktober, dem 40. Jahrestag der DDR, protestierte in Berlin ein Teil der Bevölkerung gegen die Regierung. Die Polizei ging massiv gegen die Demonstranten vor. Viele wurden verhaftet und danach schikaniert und geschlagen. Knapp einen Monat später, am 4. November, gingen eine Million Menschen auf die Straße, so wie in Leipzig und anderen Städten, und riefen: «Wir sind das Volk!» Wir sind diejenigen, in deren Namen ihr regiert. Nur drei Tage später fiel die Mauer. Und der Ruf änderte sich. «Wir sind ein Volk» bedeutete etwas anderes. Er bezog sich auf das Deutschsein. Nicht auf den Wunsch nach Gerechtigkeit in der Demokratie. Nach diesem Wandel des Slogans änderte sich wieder alles, und es begann, auch unserer Arbeit noch einen anderen Farbton hinzuzufügen.

Manchmal gibt es Momente, in denen jemand eine unbestreitbare Wahrheit sagt, die durch nichts ungeschehen gemacht werden kann und gerade deshalb sofort wieder vergessen werden muss. Die Anwesenden verstummen wegen der Unbarmherzigkeit des Moments und wissen, dass sie damit werden leben müssen, obwohl sie es um keinen Preis der Welt wollen. Unter uns war ein Jurist, eigentlich Völkerrechtler, aber ausgestattet mit jenem kühlen, analytischen Blick, durch den diese Berufsgruppe sich besonders auszeichnet. Es war einige Wochen nach dem Fall der Mauer, als ein nationaler Tumult sich des Prozesses bemächtigt hatte, dessen Ursprung im Wunsch nach Demokratie und Menschenrechten in der DDR lag. Wir, der kleine bunte Kreis von Leuten, die sich über die Analyse bisheriger und die Gestaltung zukünftiger Politik gegenüber Einwanderern, Flüchtlingen und Minderheiten Gedanken machte, hatten gerade die geheimen Verträge auf dem Tisch, die Regierungsabkommen der DDR mit den Herkunftsländern der hier lebenden Arbeiter. Wir waren schockiert, als wir sie lasen. Die Verträge mit Vietnam, Kuba, Angola, Mosambik und anderen unterschieden sich nur in Details. Sie alle waren von einem so brutalen, unverhohlenen, utilitaristischen Rassismus, dass es uns den Atem nahm. Sie waren menschenrechtswidrig. Sie verboten Heirat, Schwangerschaft, freie Wahl des Arbeitsplatzes und des Ortes. Sie sahen Sanktionen vor für den Fall des Verstoßes gegen diese Einschränkungen. Wenn eine Frau doch schwanger wurde, hatte sie die Wahl zwischen Abtreibung und Abschiebung.

Aber das war noch nicht alles. Wie ich selbst hatten viele von uns die Wohnheime noch nie von innen gesehen. Dagmar war eine großartige Pastorin. Sie arbeitete für die evangelische Kirche speziell in der Ausländerbetreuung. Sie war unkonventionell, temperamentvoll, herzlich und den Vertragsarbeitern sehr verbunden. Ich habe bedauert, sie nicht schon früher kennen gelernt zu haben. Mit ihrer Hilfe kamen wir in die Wohnheime.

Meine Mutter hatte Vietnam zweimal besucht, als ich noch ein Baby war. Als Dolmetscherin traf sie dort Ho Tschi Minh und besuchte Dörfer und Städte. Ihre Graphiken von Kindern mit einem Büffel prägten ein Stück des Bildes von Vietnam in der DDR. Als ich das Wohnheim betrat, dachte ich an ihre Bilder. Es war ein trister Neubaublock. Am Eingang saß ein unfreundlicher Pförtner, der umständlich Papiere ausfüllte, ehe er uns hineinließ. Drinnen nahm uns einer der vietnamesischen Betreuer in Empfang, und wir folgten ihm durch neonbeleuchtete Korridore. Dann traten wir in eines der Zimmer ein. Es war ungefähr zwanzig Quadratmeter groß und mit vier Vorhängen geteilt. Einige davon sahen aus wie einfache Bettlaken. Hinter jedem Vorhang wohnte ein Mann zwischen einem Bett, einem Spind und einem Stuhl. In der Ecke des Zimmers stand ein Tisch mit zwei weiteren Stühlen. Der Betreuer hatte kurz angeklopft und war, ohne eine Antwort abzuwarten, hineingegangen. Er hob jedes Laken an, hinter dem die Männer jeweils saßen oder schliefen. Die Heimverwaltung und die Betreuer konnten jederzeit und ungefragt in die Zimmer gehen. Und das taten sie auch. Es gab Duschen und Waschräume mit vielen nebeneinander liegenden Waschbecken, und es gab auch eine Küche, in der gerade einige Frauen kochten. Sie erschraken, als sie uns sahen. Wir versuchten, mit ihnen zu sprechen, aber sie waren verwirrt und scheu und schauten aus den Augenwinkeln auf den Betreuer. Das alles hatte nichts zu tun mit dem Vietnam meiner Mutter, und nichts mit den Jahren der DDR-Solidaritätskampagnen mit dem kämpfenden Volk. Das alles war nur ein Albtraum, der uns Scham und Wut ins Gesicht trieb.

Nun hatten wir es gesehen und die Verträge studiert. In Erinnerung an das, was ich in Mosambik erlebt hatte, fand ich es besonders entsetzlich, lesen zu müssen, dass der Import der Arbeiter tatsächlich als Kompensation für die Schulden gedacht war, die Mosambik bei der DDR für die erworbenen Güter und Leistungen gemacht hatte. Die Art von Entwicklungshilfe, von der ich einen Ausschnitt zu sehen bekommen hatte, wurde abgegolten mit billigen schwarzen Arbeitern, die besonders für harte körperliche Arbeit, für Nachtschichten und anderes, was die Deutschen nicht machen mochten, eingesetzt wurden. Während bei den Vietnamesen noch von «unseren kleinen fleißigen vietnamesischen Freunden» die Rede war, die «sich Mühe geben und wenig Probleme machen», hieß es von den Angolanern und Mosambikanern bestenfalls, sie hätten eine «sehr fremde Mentalität». Jeder Vertrag sah in Details anders aus, doch in ihrer Substanz waren sie alle gleich. Anders als Vertragsarbeiter aus Polen und Ungarn sahen ihre Verträge keinerlei Freiheiten vor. Der Geist dieser Verträge ging wie selbstverständlich davon aus, dass sie Menschen minderen Wertes seien, die keiner besseren Behandlung bedurften.

Nach und nach konnten wir mit verschiedenen Arbeitern sprechen. Einige waren sehr mutig, vor allem diejenigen, die schon länger mit Dagmar bekannt und vertraut waren. Sie erzählten von Beschimpfungen und von «freundlichem» Rassismus, von schlechteren Arbeitsbedingungen, von abgewiesenen Beschwerden, von privaten Zumutungen, von heimlichen Schwangerschaften, von Demütigungen und von öffentlichen Beschuldigungen, die manchmal in der Presse kursierten. Die schlechte Versorgungslage in der DDR wurde den Ausländern zugerechnet, die angeblich alles wegkaufen würden. Nicht nur die Polen, sondern eben auch die Vertragsarbeiter. Seit den siebziger Jahren gab es in den DDR-Medien ständig Berichte über die schlechte Behandlung der Gastarbeiter im Westen, während in der DDR Rassismus «mit den Wurzeln» ausgerottet sei und die ausländischen Arbeiter im Geist der Völkerfreundschaft und des proletarischen Internationalismus aufgenommen würden.

Irgendwann um Silvester 1989/90 hörten wir, dass am Zentralen Runden Tisch eine Arbeitsgruppe Ausländerfragen eingerichtet werden sollte. Als Arco Iris beschlossen wir, einige aus unserer Gruppe dorthin zu schicken. Wir waren vier, als wir uns in der Reinhardtstraße bei der Bauernpartei das erste Mal einfanden: zwei von den deutschen Künstlern, Salah, ein irakischer Dichter, und ich. Am Eingang zum Sitzungsraum lag eine Liste, in die man sich eintragen sollte. Wir schauten, wer schon da war, und erklärten uns kurzerhand zu Vertretern der noch fehlenden Bürgerrechtsparteien. Salah und ich waren das Neue Forum, die anderen beiden Grüne und Vereinigte Linke. Dann nahmen wir Platz. Dagmar war auch da, und einige andere, die wir schon kennen gelernt hatten. Dort wurden die Vertreter der SED wegen der Verträge zur Rede gestellt, dort wurden hohe Verwaltungsbeamte befragt. Und natürlich die Betroffenen selbst.

Wir tagten bald darauf im Schloss Niederschönhausen, parallel zum Zentralen Runden Tisch, der alle wichtigen Fragen verhandelte bis zur angesetzten Neuwahl der Volkskammer im März. Es gab keine Entscheidungen ohne den Runden Tisch. Von hier kamen auch Vorschläge, die dann in der noch amtierenden Volkskammer verabschiedet wurden. Wir arbeiteten sehr intensiv in diesen wenigen Wochen: Ein modernes Ausländergesetz wurde entwickelt, ein Recht auf Asyl, Richtlinien für Ausländerpolitik und für die Medien, und wir schlugen vor, Juden aus der Sowjetunion, die vor dem aggressiven Antisemitismus flohen, in der DDR aufzunehmen.

Die ersten sowjetischen Juden waren einfach so gekommen. Wir hatten sie alle per Handschlag begrüßt und versprochen, ihnen den Aufenthalt zu ermöglichen. Dann wurden es mehr. Die Berichte aus den großen sowjetischen Städten über antisemitische Übergriffe, über Raub und sogar Mord waren beängstigend. Bisher hatte die DDR sich jeder Verpflichtung den Opfern des Nationalsozialismus gegenüber entzogen, es gab weder Entschädigungen noch Rückgabe von Eigentum – auch nicht für die Opfer außerhalb Deutschlands, da die DDR sich nicht als Rechtsnachfolgerin des Reiches sah und sich auch keinerlei moralischer Verpflichtung verbunden fühlte. Hier lag zum ersten Mal eine Möglichkeit, konkret und direkt etwas zu tun: Wir verabschiedeten ein Gesetz, das die Einreise für Juden aus der Sowjetunion ermöglichte, und die Volkskammer stimmte zu. So kamen sie dann. Und ich war darüber sehr glücklich.

Als die Wahlen näher rückten, war klar, dass es um die Wiedervereinigung ging. Dabei spielten Ausländer, Migranten und Flüchtlinge keine Rolle. Oder besser, ihre Rolle bestand darin, dass die Deutschen sich von ihnen abgrenzen konnten, klar und ausdrücklich. Die Stimmung gegen Ausländer nahm zu. Das Volk, das waren die «Blutsdeutschen». Überall redeten die Leute über Ausländer als Problem, als Bedrohung oder Objekt der Belustigung. Jeden Tag mehr. Die DDR-Bürger hatten ihr Deutschtum plötzlich als direkten Weg zur Einheit entdeckt.

Den sich verbreitenden Hass nahmen wir am Runden Tisch wahr, nicht aber die reale Möglichkeit einer schnellen Wiedervereinigung. Wir wollten gestalten. Wir wollten zu geltendem Recht machen, was wir all die Jahre als rechtens betrachtet hatten. Davon waren wir erfüllt, und es machte eine Menge Arbeit. Arco Iris tagte abwechselnd mit dem Runden Tisch, wir vier Vertreter berichteten und bekamen Anregungen für die nächste Sitzung, die nächste Strategie, den nächsten Schritt. So war es auch an einem Abend im Februar. Wir redeten über ein Gesetz, über die Rolle von Ausländerbeauftragten und was ihnen an Handlungsmöglichkeit offen stehen müsste. Wir steckten mittendrin. Es war so groß, dieses Bedürfnis von mir, etwas von dem ganzen Unrecht gutzumachen durch das, was ich nun tun konnte. Ich hatte mir von meiner Nachbarin einen alten, ausziehbaren Küchentisch geborgt, an dem wir alle sitzen und in Papieren wühlen konnten. Noch immer gab es genügend Tee und Kekse, und manchmal brachte jemand noch andere Leckereien mit. Mittendrin also – da stand der Jurist auf.

Eigentlich war es nur eine kurze Ansprache. Er fragte, ob wir wüssten, was geschehen würde, wenn das alles so weiterginge. Wenn tatsächlich die Wiedervereinigung käme, würde die Wirtschaft hier zusammenbrechen. Es würde Millionen Arbeitslose geben. Die ersten Entlassenen würden die Ausländer sein. Unsere ganze Anstrengung wäre umsonst, denn selbst wenn einige unserer Gesetze blieben, würde doch die Stimmung eskalieren. Und wir würden mit ansehen müssen, wie man dann hier im Osten die Vietnamesen und Afrikaner durch die Straßen jagte. So lange habe es keinen Halt gegeben gegen Rassismus und keine Kultur des Respekts – weder den Deutschen noch den Ausländern gegenüber –, dass eine solche Katastrophe mit Sicherheit kommen müsse.

Er setzte sich wieder hin. Und wir schwiegen einen Moment. Wir wussten, dass er Recht hatte. Wir wussten es. Und hatten keine andere Chance, als es schnell zu verdrängen und weiterzumachen. Denn manchmal erfüllt sich gerade Hoffnungslosigkeit in einer Form von Freiheit, die darin besteht, einfach alles zu versuchen, ganz gleich, ob es möglich erscheint oder nicht.

Für uns begann hier eine neue Geschichte. Es schien mir so,

als würden in jener Zeit alle unerfüllten Versprechen eines antifaschistischen und demokratischen deutschen Staates in Erfüllung gehen können. Mit dem Gefühl, das Vermächtnis aller «guten» DDR-Bürger zu verwirklichen, machten wir uns weiter an die Arbeit. Und wir taten es mit einer Kraft, die bis dahin trainiert war, dauernd gegen Mauern zu rennen. Deshalb mussten wir das Gesagte erst einmal ignorieren.

Im März wurde die CDU gewählt, deren Sticker mit der Vereinigungslosung «Wir sind *ein* Volk» an allen Autos klebte. Der Runde Tisch gab seine Rolle an das neue Parlament ab. Wir hatten einiges auf den Weg gebracht, doch von allem blieb im Grunde nur zweierlei übrig: das neu geschaffene Amt der Ausländerbeauftragten und die Einwanderung von Juden aus der ehemaligen Sowjetunion. Unser Ausländergesetz wurde ignoriert, das Asylrecht blieb ungeregelt. Ich arbeitete bei der gerade berufenen Ausländerbeauftragten beim Ministerrat der DDR, Almuth Berger. Die Vorboten der Vereinigung legten zwar unsere Gesetze lahm, aber wir konnten immerhin Flüchtlingen, die auf DDR-Flughäfen einreisten, ein sicheres Geleit nach Westberlin verschaffen. Wir fuhren einfach hin, nach Schönefeld, mit einem Bus aus dem Fuhrpark des Ministerrats, und holten die Flüchtlinge ab. Almuth Berger zeigte ihren Ausweis, wir gingen in den Transit und nahmen die Flüchtlinge mit. Am inzwischen ehemaligen Grenzübergang Heinrich-Heine-Straße trafen wir unsere Kollegen und Freunde aus dem Westteil der Stadt, die mit den Flüchtlingen weiterfuhren. Das war natürlich was. Es hatte einen Hauch von Ausnahmezustand, von Möglichkeiten, von Freiheiten, die real gar nicht da waren. Wir konnten längst nicht mehr gestalten, wir konnten nur ein wenig Wendepiraterie betreiben. Aber das war uns nicht wirklich bewusst.

Ich erinnere mich lebhaft an ein Gespräch im April 1990,

einige Wochen nach der «Vereinigungswahl». Heidi Bischoff-Pflanz, die Sprecherin der Alternativen Liste in Berlin, und ich hatten uns vorgenommen, den kommenden Ereignissen entschlossen ins Auge zu schauen, und überlegten einen Nachmittag lang, mit wem in der Bürgerbewegung wir über die bevorstehende Vereinigung Deutschlands reden könnten. Wir empfanden uns als außerordentlich mutig und geistesgegenwärtig und sahen einige Stunden lang dem unvermeidlich Kommenden ins eisige Angesicht. Dass wir diesen Nachmittag dann so schnell wieder vergaßen, hatte sicherlich zwei Gründe. Zum einen war die Perspektive, alle eigenen Projektionen und Illusionen in der Zukunft zerstört zu sehen, wohl zu belastend. Zum anderen entstand ein Sog von Ereignissen und Möglichkeiten zu handeln, der so stark war, dass er all unsere Kräfte in sich band.

Solange es keinen Termin für die Einheit gab, wurde sie von uns einfach nicht ernst genommen. Dabei hatten wir uns schon weit von dem entfernt, was die DDR-Bürger im Allgemeinen bewegte. Doch da wir als wesentliche Träger der Wende und aller damit verbundenen Hoffnungen offenbar vollkommen überfordert waren, gelang es uns nicht, die Möglichkeiten, die wir in diesem Moment hatten, von den realen Aussichten klar zu trennen. Die Möglichkeiten schienen unermesslich groß, wie eine Rehabilitation nach langen Jahren der Einsamkeit. Doch es war natürlich unmöglich, für die Ausländer unter den Regierungsabkommen im Nachhinein eine völlige Gerechtigkeit herzustellen. So wurde Almuth Berger damals zu einem Kompromiss gezwungen, dessen engstirnige Interpretation uns danach sehr zu schaffen machte.

Überall wurden nun Ausländerbeauftragte berufen. Nur für Berlin fanden wir niemanden. Ich wurde in diesen Tagen vom Sprecherrat des Neuen Forums eingeladen, das sich in einer winzigen Wohnung gegenüber der Volksbühne traf. Es waren dort etwa dreißig Leute, und sie wollten wissen, was so in der Ausländerpolitik los sei. Also erzählte ich, was wir versucht hatten, was wir gerade taten, erzählte von der Aufnahme der sowjetischen Juden und von unseren Aktionen mit den Flüchtlingen. Und dann sprach ich über unsere Suche nach einem Ausländerbeauftragten für Berlin. Ich erklärte lang und breit, welche Kriterien diese Person erfüllen müsse. Eine junge Frau sah mich lange Zeit unverwandt an und fragte, weshalb ich nicht selber diese Aufgabe übernehmen wolle. Ich hätte auf diese Idee kommen können, doch mein Kind war erst vier, und abgesehen davon traute ich mir eine solche Aufgabe nicht zu. Das sahen die Sprecher anders. Und sie fragten, wieso eigentlich wieder jemand von der Kirche und wieder ein Mann es machen sollte.

Etwa drei Wochen brauchte ich, um nachzudenken, um mich diesem Gedanken zu nähern. Das war nicht leicht, denn ich war allein erziehende Mutter, und meine Familie hatte meine Frage, ob sie mich unterstützen wollte, unbeantwortet gelassen. Dagmar und Heidi Bischoff-Pflanz luden mich zu einem Brunch ein. Es war Ostern, und Heidi hatte lauter wunderbare Dinge beim Türken eingekauft, die ich erst kennen zu lernen begann. Draußen war Frühling, wir saßen tief im Westen, und die beiden redeten mir zu. Sie nahmen alle meine Bedenken ernst, aber ermutigten mich auch. Danach sagte ich zu. So wurde ich für dieses Amt vorgeschlagen und begann Anfang Mai, zusammen mit einem vietnamesischen Freund von Arco Iris, dessen Einstellung ich erzwingen musste, denn er war ja Ausländer.

Ostberlin hatte sich in diesen Tagen einen sozialdemokratischen Bürgermeister gewählt. Doch bis zu dessen Amtseinsetzung regierte noch der alte von der SED. Er war ein riesiger Kerl, dick wie ein Berg. Gleich in den ersten Tagen stellte ich mich bei ihm vor und erklärte ihm, dass ich unbedingt noch Unterstützung brauchte. Er sah es ein, gab mir noch drei Stellen dazu und ordnete an, mir eine Gruppe der Zivilverteidigung zu unterstellen. So zog ich einige Tage später in anderthalb Zimmer im Roten Rathaus ein. Inzwischen waren die Grenzen offen, mit jenem Tag kamen mehr und mehr Flüchtlinge aus Rumänien, vor allem Roma. Als die Turnhallen nicht mehr ausreichten, um sie unterzubringen, bemühten wir uns um eine Kaserne der sich auflösenden Volksarmee. Man sollte denken, dies sei ein schwieriges Unternehmen gewesen, aber an solchen Stellen funktionierte die alte DDR gut. Es war schon eine seltsame Situation: An einem Wochenende, das typisch für diese Zeit war, kam meine Freundin Ruth mit ihren Kindern zu Besuch. Wir redeten gerade über Kindergartengeschichten, als das Telefon klingelte. Es meldete sich der «Einsatzstab der Zivilverteidigung bei der Ausländerbeauftragten» und teilte mir mit, die Transportpolizei aus Dresden habe angerufen, um zu sagen, ein Zug mit etwa tausend Roma sei auf dem Wege nach Berlin. Nach diesem Anruf wusste ich schon, es würden längst nicht so viele sein. Trotzdem war es unbedingt notwendig, diese Menschen unterzubringen. Also bat ich meine Freundin um Entschuldigung, die Kinder um Rücksicht und setzte mich ans Telefon.

Ich erinnerte mich an den ersten Besuch auf dem Bahnhof und daran, wie mein Herz beim Anblick dieser Leute einen Sprung machte. Kein Zweifel, es waren «Zigeuner» – Roma. Es mag vielleicht seltsam klingen, aber ich war sehr froh, dass gerade sie gekommen waren. Obwohl es ihnen schlecht ging, obwohl es schwierig war, sie in einer Turnhalle unterzubringen, obwohl wir immer wieder vor großen Sprachschwierigkeiten standen, hatte ich das Gefühl, dass es gut so sei und gerecht und dass es einen Weg gäbe, sie hier würdig zu behandeln. Die erste mit Roma belegte Kaserne in Biesdorf war bereits überfüllt, die Turnhallen waren wieder geräumt, und Almuth Berger war nicht in Berlin. Also rief ich den Diensthabenden beim Ministerpräsidenten an. Damit setzte ich eine perfekte DDR-Maschinerie in Betrieb. Der Diensthabende des Ministerpräsidenten sagte mir, wer der Dienst habende Ministerpräsident an diesem Wochenende sei. Da er Dienst hatte, musste er jederzeit erreichbar sein, und so rief ich den Dienst habenden Ministerpräsidenten an und bat ihn, uns möglichst schnell eine neue Kaserne zur Verfügung zu stellen. An einem dieser Wochenenden gelang dies sogar auf Anhieb, eine Kaserne wurde genannt, und der Name des Dienst habenden Offiziers dort. Dann rief ich den Dienst habenden Bürgermeister an und bat ihn, das Nötige zu veranlassen, um die ankommenden Roma vom Bahnhof Lichtenberg mit Bussen der BVG abzuholen. Der Dienst habende Bürgermeister erklärte mich zur Diensthabenden des Magistrats, so fragte ich mich durch bei der BVG, und als ich den Zuständigen endlich gefunden hatte, sagte er: «Ach ja, Frau Kahane, wieder Zigeuner abholen vom Bahnhof, wa? Wird jemacht, jeht in Ordnung.» Dann rief ich die Kaserne in Hessenwinkel an und bestellte Verpflegung für die Flüchtlinge.

Nach mehreren Stunden schweißtreibender Arbeit am Telefon rief mich zuletzt der Dienst habende Ministerpräsident an und fragte, ob denn alles geregelt sei. Nun, es fehlten noch einige Freiwillige, die Armeebetten in der neuen Kaserne aufzubauen bereit wären, und die fand ich in der Jüdischen Gemeinde Adass Jisroel. Spätabends, die Freundin war schon gegangen, mein Kind schlief längst, rief der Diensthabende des Magistrats an und erklärte enttäuscht, es seien nur etwa 150 bis 200 Personen angekommen, die man noch in dem anderen Heim irgendwie habe unterbringen können. Trotzdem war ich froh, dass ich diese neue Kaserne hatte. Denn als einige Tage später doch der erste Bus mit Flüchtlingen vor das Tor der neuen Kaserne fuhr, hatte sich die aufgeregte Bürgerschaft des Ortes versammelt. Sie verlangte mit heftigen Rufen und Plakaten, dass die Ausländer woanders untergebracht werden sollten. Also machten wir mit dem Bus kehrt und fuhren von hinten an die Kaserne heran. Am nächsten Tag sprach ich mit einigen Vertretern dieser Bürger, übersetzte die verschiedenen Bedürfnisse und Ängste, und am Ende hatten wir einen Zeitplan für die Belegung der wichtigsten Gebäude auf dem Kasernengelände ausgearbeitet, mit dem schließlich alle mehr oder weniger einverstanden waren.

Der Leiter des Flüchtlingsheims war ein ehemaliger Armeeoffizier. Er war patent, herzlich und gerecht. Gemeinsam entwarfen wir eine Struktur für die Betreuung der dort untergebrachten Menschen. So konnten wir wenig später tatsächlich für die beiden großen Kasernen hundertfünfundvierzig Personen einstellen. In den Frühjahrs- und Sommermonaten des Jahres 1990 hielten sich etwa fünftausend Roma in ganz Berlin auf, und es kam zu keinen unlösbaren Schwierigkeiten. Wir brachten sie einfach unter, wir versorgten sie mit drei Mahlzeiten am Tag, wir veranlassten ihre medizinische Betreuung. Die Heime wurden von ihnen selbst gereinigt, die Gärten von ihnen selbst unterhalten, und sie bekamen dafür einen kleinen Stundenlohn. In beiden Kasernen war trotz anfänglicher Schwierigkeiten das Verhältnis des deutschen Personals zu den zugereisten Roma und anderen Flüchtlingen sehr gut. Als die erste Kaserne aus den Händen des Militärs in unsere neue Städtische Verwaltung überging, war ich beeindruckt von einem der Militärärzte dort. Sehr offen schilderte er, wie misstrauisch und ängstlich er anfangs den Roma gegenüber gewesen sei. Dann habe er aber begonnen, der Geschichte ihrer Verfolgung nachzugehen, und plötzlich verstanden, woher ihre Krankheiten und Verletzungen kamen. Und er habe ihr Familienleben zu begreifen gelernt, als er gesehen habe, wie herzlich ihr Verhältnis zu den Kindern immer sei. Er bedauerte sehr, dass er diese Arbeit abgeben musste. Am Ende des Gespräches bat er mich, ihm doch unbedingt Bescheid zu sagen, falls wieder Menschen in die Situation kommen sollten, zum ersten Mal mit Roma zusammenzutreffen und sich zu fürchten. Er würde gern kommen, so sagte er, und von seinen Erfahrungen berichten.

Die Stadt war in einer schwierigen Situation. Die Währungsunion stand bevor, die Stimmung unter den Leuten war denkbar angespannt und oft schlecht. Hoffnungen und Angst mischten sich. Es war längst nicht mehr die Zeit des Aufbruchs des Neuen Forums. Die Zeit der D-Mark begann sich abzuzeichnen. Irgendwie versuchten wir, uns von der Angst nicht beherrschen zu lassen. Die ersten ausländerfeindlichen Übergriffe kamen vor, immer öfter wurden Ausländer auf der Straße am helllichten Tage überfallen, zusammengeschlagen, durch die Straßen gejagt; und die Polizei sah tatenlos zu. Mehrere Male besuchte ich Polizeireviere in besonders kritischen Stadtteilen. Zusammen mit dem Stadtrat für Inneres und dem Polizeibeauftragten des Magistrats stellten wir uns den unverhohlen ausländerfeindlichen Polizisten, und wieder musste ich mit ihnen sprechen und versuchen zu übersetzen. Als das nichts nützte, erklärte ich zusammen mit einem Freund, der Berater des Polizeibeauftragten war, den erstaunten Polizisten, sie müssten sich nunmehr damit abfinden, in einer Welt ohne Mauern zu leben, und sie hätten dies entweder zu begreifen oder dürften nicht mehr lange Polizisten sein. Währenddessen gingen die Übergriffe weiter, und die Tatenlosigkeit der Polizei drängte zum Handeln. Aus diesem Grund sah ich mich gezwungen, in einer Pressekonferenz die Arbeit des Polizeipräsidenten von Ostberlin direkt anzugreifen. Während der Siegesfeier zur Europameisterschaft im Fußball hatten sich am Alexanderplatz dramatische Szenen des Übergriffs auf

Ausländer abgespielt. Ich sprach darüber vor der Presse, und der Ostberliner Polizeipräsident drohte, mich wegen Verleumdung zu verklagen. Erst nach dieser Konfrontation war es möglich, direkte Ansprechpartner im Präsidium für solche Angelegenheiten zu finden.

In meinem Büro arbeiteten inzwischen zehn Leute, einige von ihnen, wie Salah und Houng, waren nach Arco Iris dabeigeblieben und mussten einfach weitermachen. Der neue sozialdemokratische Bürgermeister Schwierzina wollte das Amt nicht so nah an seinem – denn ich war ihm direkt unterstellt – und ordnete mich der Gleichstellungsbeauftragten zu. Ich stritt mich mit ihm, nach einigem Hin und Her verlangte ich schließlich mehr Personal für diese wichtige Frage. Weil er mich schnell loswerden wollte, stimmte er zu. Und da waren wir nun. Eine kleine Verwaltung, ein tolles Team aus Einsteigern, die sich allen Herausforderungen stellten.

Vom Verharren des vergangenen Sommers war nichts übrig geblieben, gar nichts. Ich sah, was ich sehen konnte, und es machte mich wütend, aber nicht unbesonnen. Auf keinen Fall wollte ich dem, was die DDR meiner Eltern war, Unrecht tun. Ich hatte keine Angst, nur eine Sorge: dass mit dem Ende der DDR auch das Ende der Auseinandersetzung mit dem Nationalsozialismus und seinen Folgen bis heute schneller kommen könnte, als ich zu arbeiten in der Lage war.

16. Kapitel
Einheit

Es gab dieses Wort gar nicht: Deutschland. Da waren jedenfalls für mich nur die DDR und die BRD – politische Begriffe und nichts anderes. Im Laufe der Jahre schien in der DDR die Häufigkeit des Wortes «national» in dem Maße zuzunehmen, wie das Wort «deutsch» seltener wurde. Sosehr Partei und Staat Deutsches vergessen machen wollten, so sehr erlebte das Nationale eine Renaissance. Der Nationalrat der Nationalen Front war so ein Titel. Oder die nationalen Befreiungsbewegungen der Völker der Dritten Welt. Oder die National Befreiten Zonen in Vietnam oder Mosambik. Oder die nationale Souveränität. Es gab keinen anderen als diesen alten, ewig kleinkarierten Wunsch nach einem eigenen Volk und einer eigenen Nation mit den entsprechenden Vorstellungen von politischer und ethnischer Homogenität. Nationales und Internationales sollten die Bedeutung der DDR herausstellen. Nur der Versuch, beim Eintrag in Spalte Nationalität «DDR» zu schreiben und zu denken, musste scheitern. Doch eigentlich hatte sich dieses Land in eine spießige deutsche Kleingartenanlage verwandelt, die nur das Adjektiv «deutsch» zu eliminieren beabsichtigte, aber sich mit allen anderen nationalen Werten genau auf den Koordinaten treudeutscher Stereotype bewegte. Ich fragte mich immer, wo die Diskrepanz zwischen dem «Volk» und seiner Führung eigentlich lag, was die wirkliche Distanz im Grunde ausmachte. Denn Ordnung, Sauberkeit, Fleiß und Disziplin, Abgrenzung von Andersartigem, Bodenständigkeit, populistische Verherrlichung des «einfachen» Menschen und Gleichmacherei, ja sogar nationale Überheblichkeit gehörten zum selbstverständlichen Inventar der staatlichen Demagogie genauso wie zu den Bedürfnissen der isolierten Bevölkerung. Nur die ideologischen Elemente des Internationalismus und des Antifaschismus schienen dagegenzustehen. Doch spielten sie in Wirklichkeit, in der realen Welt sowieso keine Rolle. Also blieben de facto zwei Gründe für die Frustration der Bevölkerung: die Frage der deutschen Nationalität und der Umstand des Eingesperrtseins.

Als wir in den Initiativgruppen und an den Runden Tischen noch immer von Reformen träumten, von einer Neugestaltung jenseits des Nationalen, war das Wort «deutsch» längst das entscheidende unter allen Wörtern geworden. In den Hauptquartieren der Polizei, einiger Teile der Nationalen Volksarmee und in den Zentralen des Ministeriums für Staatssicherheit herrschte Untergangsstimmung, die teilweise zu aggressiven Exzessen führte. Nationalbolschewistische Gruppen schworen Rache und begannen Abschusslisten zu verfassen, auf denen vor allem liberale Gorbatschow-Anhänger standen. In ihren von wüstem Antisemitismus geprägten Äußerungen bedrohten sie auf den Fluren der sich auflösenden Polizeireviere auch die eigenen Kollegen und erzeugten ein Klima von Angst und Chaos. Die Kaserne des Wachkommandos «Feliks Dzierzynski» des MfS wurde, wie ich mich bei der Suche nach Heimen für Asylbewerber selbst überzeugen konnte, demoliert zurückgelassen. Auf den Straßen herrschte derweil in Erwartung der D-Mark ein nationaler Wahn, der die Gedanken an Reformen wegfegte. Deutschlands Sieg bei der Fußball-Europameisterschaft löste einen Jubel des Nationalen aus: sich endlich zum Deutschsein bekennen zu können, endlich den Gefühlen freien Lauf zu lassen, endlich den

Ausländern zeigen zu können, wer Herr im Lande ist. Eine wahrhaft völkische Bewegung war in Gang gekommen, deren Existenz und Ausmaß von den europäischen Nachbarländern immer befürchtet, aber in der Realität nun, außer von wenigen Besorgten, ignoriert wurde. Ignoriert wurden diese Stimmungen auch von denen, die in den Runden Tischen das hoffnungsvoll Gute, den Fokus der Wende selbst sahen. Gewiss waren alle Aktiven ein wichtiges Element des Zusammenbruchs der DDR, gleichzeitig erzeugten sie das positive Bild einer friedlichen Revolution, mit humanen Ideen und ohne Gewalt. Vielleicht traf ja beides zu. Dennoch trug die Sympathie der DDR-Bürger, die Opposition zur Staatsmacht, nur bis zur Maueröffnung. Vielen von uns war klar, dass der Zusammenbruch des Systems durch die Fluchtwelle und den ökonomischen Verfall und nicht durch die Reformer der Opposition ausgelöst worden war. Doch im Besitz dieser Klarheit zu sein war für die handelnden Personen nicht so einfach. Das Nationale saß zu tief, als dass es in der Euphorie erkennbar gewesen wäre. Denn wer mochte sich schon mit dem Gedanken beschäftigen, dass auch die vergangene DDR auf ihre Weise eine Nachfolgerin des nationalsozialistischen Deutschland gewesen war?

Die jüdischen Genossen, wie mein Vater und seine Freunde, bemerkten die Entwicklung, ignorierten aber, dass die sozialistische Ausrichtung ihrer Republik sie nicht hatten verhindern können. Einige von uns bemerkten es, die mit dem offenen Rassismus zu tun bekamen. Und es gab einige Medien aus Holland und den USA, die danach fragten. Die Journalisten aus Westdeutschland mochten es nicht wirklich glauben. Es war wie jene große Verdrängungswelle, die damals gleich nach dem Krieg im Westen mit dem Wiederaufbau eingesetzt hatte: Auch jetzt hatte man anderes zu tun. Als folge man einer unsichtbaren Übereinkunft, schien die Frage Priorität zu haben, wie man mit der DDR als Herrschaftssystem abzurechnen hatte. Dabei blieb auch die Reflexion darüber voller Heuchelei. Einerseits wurde das «Volk» als gut und als Opfer der Herrschaft der SED dargestellt, ja, es stellte sich selbst so dar, andererseits begann mit der Währungsunion schon seine wirtschaftliche wie moralische Abwicklung.

In den Tagen nach dem Fall der Mauer freuten sich mit den Deutschen aus Ost und West auch die «Ausländer» auf beiden Seiten. Es war die Zeit der gemischten Gefühle – auch für sie. Viele der Vietnamesen und Afrikaner konnten nicht fassen, was ihnen geschah. Sie waren in ein sozialistisches Land verkauft worden, und plötzlich befanden sie sich, wenn sie zum Ku'damm fuhren, mitten im Kapitalismus. Besonders die Vietnamesen sagten mir immer wieder, dass sie sich für Deutschland freuten und dass sie wüssten, was Teilung und Herrschaft bedeuteten. Im Westen Berlins feierten die Türken mit, als sich die Grenzen öffneten. Und doch änderte sich die Stimmung rasch, immer mehr zogen sich die Migranten in Ost und West aus dem Trubel des Aufbruchs zurück. Als ich mit meiner Freundin Helga und unseren Töchtern einen Monat nach dem Mauerfall in meinem alten Trabant über eine wieder eröffnete Straße in den Westen fuhr, begrüßten uns dort hupend auch die Türken. Doch schon einige Wochen später erklärten mir die türkischen Partner aus Westberlin, dass die Wiedervereinigung ihnen nichts Gutes bringe. In keiner einzigen Rede von Bürgermeistern oder vom Kanzler gab es einen Hinweis darauf, dass es eine Vereinigung aller Bürger sein sollte, egal, ob sie deutschen Ursprungs waren oder nicht. Dass zusammenwuchs, was zusammengehörte, klammerte die Nichtdeutschen immer deutlicher aus: Türken, Vietnamesen, Flüchtlinge – alle, die sich mit gefreut hatten, mussten mit ansehen, dass sie offenbar nicht gemeint waren.

Unsere Versuche, auf Tagungen, ja sogar auf einer Demonstration zu reklamieren, zu fordern, zu gestalten wirkten wie das lächerliche Bemühen, mit einer über die Gleise gespannten Papierfahne den rasenden Zug der deutschen Einheit anzuhalten. Nicht einer unserer Gedanken und Vorschläge schaffte es in den Entwurf zum Einigungsvertrag. Nicht einmal die Regelung der Fluchtmöglichkeit für Juden aus der ehemaligen Sowjetunion. Im Gegenteil: Die Arbeiter aus den Regierungsabkommen sollten so schnell wie möglich verschwinden. Alle Signale standen auf «deutsch».

Im April 1990 erhielt eine kleine Gruppe des Runden Tisches eine Einladung nach Westdeutschland. Die Freudenberg Stiftung in Weinheim an der Bergstraße, wo immer das war, wollte uns bekannt machen mit denjenigen, die im Westen für vergleichbare Institutionen arbeiteten. Wir hatten keine Ahnung, welche Rolle der DGB oder die evangelische Kirche im Westen spielten, wir wussten nicht, was Stiftungen sind, welche rechtlichen Möglichkeiten Asylbewerber im Detail hatten und welche Rolle Ausländer in großen Unternehmen spielten. Es war das erste Mal, dass ich von Berlin aus in den Westen flog.

Jeder Tag nach der Maueröffnung brachte ungeheure Anstrengungen, schon weil sich alle sinnlichen Eindrücke veränderten. Auf den Straßen im Westen roch es anders, es gab andere Autos, die andere Abgase produzierten. Die Streifen der Fahrbahnmarkierungen waren schmaler und kürzer, die Busse im Westen leicht zu besteigen, die Menschen hatten anderes Parfum. Links abzubiegen mit dem Auto oder gar zu wenden war im Westen überhaupt kein Problem – im Osten musste man, um das zu tun, mitunter kilometerlangen Straßen folgen. Das Essen schmeckte natürlich anders, die Schilder sahen anders aus, Plakate, Werbung, Kleidung, das Stadtbild. Alles war da, musste irgendwie eingeordnet und entschlüsselt werden, es war ein Marathon des täglichen Lernens. Aber es blieb Berlin.

Wir kamen in Frankfurt an, auf einem gigantischen, utopisch anmutenden Flughafen. Ein riesiger Wagen holte uns ab. Auf der Fahrt nach Weinheim dachte ich darüber nach, was eigentlich mein Grundgefühl gegenüber diesem Westdeutschland war. Ringsum begann es schon zu blühen, die Autobahn, glatt und gepflegt, durchquerte eine reiche Gegend. Einige Leute aus dem Westen zu kennen war noch etwas anderes, als unterwegs zu sein in Richtung Heidelberg. Ich hatte wohl immer einen Unterschied gemacht zwischen diesen Menschen und dem Bild eines Staates, der aufgebaut worden war mit der Hilfe von Beamten und Richtern und Politikern, die auch Hitler gedient hatten. Ich dachte an Filbinger und Lübke, an all die prominenten Altnazis, an den Bund der Vertriebenen und die Wetterkarte der Tagesschau, die über Jahrzehnte Deutschland in den angedeuteten Grenzen von 1937 gezeigt hatte. Ich dachte an das unwürdige Ringen um die Anerkennung der Oder-Neiße-Grenze, an die Verordnungen und Gesetze, die noch aus dem Dritten Reich stammten, daran, dass Richard von Weizsäckers große Rede zum 8. Mai, die einige Selbstverständlichkeiten verkündete, erst 1985 gehalten und wie eine Sensation gefeiert worden war, an den Kampf der Sinti und Roma um Entschädigung – an die ganze alte Suppe, die immer wieder an die Oberfläche trat, trotz der Achtundsechziger Bewegung und des Generationenwechsels, der inzwischen zwar die Reihen der Altnazis gelichtet, aber dafür den bürgerlichen Kreisen nahe stehende neue Nazis hervorgebracht hatte.

Weinheim, Burschenschaften, NPD im Stadtrat, nette niedrige Gebäude, viel Tradition, sehr sauber und ordentlich, gepflegt bis ins Detail, ein altes Städtchen, dessen Häuser alles mit angesehen hatten. Sogar die Schotterhügel der Gleisanlagen waren eingefasst mit wohlgesetzten Steinen und geharkt wie ein Blumenbeet im Schrebergarten. Hier hatte die Vereinigung nicht stattgefunden, hier war nichts aufgeregt und hektisch. Hier gab es keine Kämpfe, sondern nur gediegene Selbstzufriedenheit. Wir wurden in einem bezaubernden Hotel untergebracht, direkt am Odenwald. Die Besitzer begrüßten uns herzlich und voller Respekt, sie hatten die Arbeit des Runden Tisches im Fernsehen verfolgt. Es gab Sauna und Schwimmbad im Souterrain und ein sehr gutes Abendessen. Unsere Gastgeber waren von unerwarteter Höflichkeit, sehr aufmerksam jedem Einzelnen gegenüber. Die BRD war für mich der Ort der Altnazis, doch wie um alle Klischees Lügen zu strafen, beeindruckte mich die Herzlichkeit und Liberalität von Hermann Freudenberg und Christian Petry. Ich hatte ein solches Interesse und eine solche Aufmerksamkeit noch nie erlebt. Niemals.

Am nächsten Tag trafen wir uns im Hermannshof, einer alten Villa der Familie Freudenberg, die mitten in einer Art botanischem Garten gelegen war. Die Schönheit und Anmut der Gegend und des Hauses machten uns alle sprachlos. Jedes Wort, das wir über die Zustände im Osten erzählen konnten, jede Vision, die wir vorzutragen hatten, wirkte in dieser Umgebung wie eine Geschichte aus einer anderen Welt. Bizarr, gewaltsam, exotisch, mittelalterlich auch, doch zugleich utopisch und bestimmt auch larmoyant. Wir waren nichts von dem, weder Helden noch Dilettanten, weder wehleidig noch missionarisch. Aber es gab in dieser ersten Begegnung von allem etwas: Die einen hielten uns für Verrückte, die anderen für Amateure und manche eben für Helden. Andere wiederum schlossen uns nach anfänglicher Skepsis so fest in ihre Arme und entwickelten ein derartig idealisiertes Bild von uns, dass wir uns fürchten mussten, einfach normale Menschen zu sein und sie zu enttäuschen. Aber es gab auch die, die zu verstehen versuchten und bereit waren, sich auf eine lange Phase gegenseitiger Annäherung einzurichten. In dieser wundervollen Umgebung unter den engagierten westdeutschen Profis aber kostete es enorme Kraft zu erklären, was da im Osten eigentlich gerade geschah.

Anwesend waren die ausländerpolitischen Vertreter des DGB, der Bundesregierung, der evangelischen Kirche, der Caritas, ein bekannter Anwalt für Flüchtlingsfragen, die Ausländerbeauftragte selbst, eine Vertreterin des Frankfurter Amtes für Multikulturelle Angelegenheiten und die Vertreter der Freudenberg Stiftung. Bis auf die Freudenberg Stiftung hatten alle Teilnehmer den Gedanken längst aufgegeben, mit uns zusammen auch für den Westen Reformen der Ausländerpolitik in den Blick zu nehmen. Wir saßen da, in einem kleinen eleganten Raum mit Blick auf die Anmut des Frühlings im Park, und redeten von Nazis in den Straßen, von den bevorstehenden Abschiebungen der Vertragsarbeiter, von den Roma und den russischen Juden, die nun zu Tausenden in Berlin eintrafen. Und wir fragten nach neuen Gestaltungsmöglichkeiten der alten bundesdeutschen Gesetze. Nachdem auch ich mit Schilderungen und Fragen an der Reihe gewesen war, beugte sich eine der Politikerinnen nach hinten, um an der Nachbarin zwischen uns vorbei noch eine Bemerkung an mich zu richten. Ich solle doch mal in die Mappe schauen, die da vor mir liege. Als Anlage 13 habe sie einen Artikel beigefügt, den sie vor fünfzehn Jahren verfasst hatte. «Lies dir das einfach mal durch. Steht alles drin. Anlage 13.» Hier kündigte sich ein Stil der Zusammenarbeit zwischen Ost und West bei der deutschen Einheit an.

Weil nicht einmal die Einwanderung der Juden in den Einigungsvertrag aufgenommen wurde, ließen wir die Ankommenden wissen, dass jetzt die Möglichkeit bestehe und sie alle Bekannten und Verwandten benachrichtigen sollten. Und so kamen sie nach Berlin. Ich wollte Fakten schaffen. Trotz der Nazis, trotz des Hasses gegenüber allem Fremden. Und trotz einer umschlagenden Stimmung bei den Ostdeutschen. Im Laufe des Jahres 1990 schon wurde aus dem Gefühl des gemeinsamen Deutschseins ein Wir-Gefühl der «Ossis». In der DDR wurde das Wort *wir* arg strapaziert: «bei uns» hieß es, wenn von der DDR die Rede war. Oder «wir» haben das und jenes erreicht, «unsere» Wirtschaft ist am Ende – das «Wir» bedeutete eine Identifizierung mit der DDR als einer Art kollektivem Ich. Mir ging das sehr auf die Nerven, und wann immer dieses Wir in meiner Nähe auftauchte, hatte ich es mir zur Routine gemacht, ganz stupide zu antworten: «Wieso wir? Ich nicht.» Und so machte dieses Wir verschiedene Karrieren durch, in der DDR «vom Ich zum Wir», 1989 wurde es zu «wir sind das Volk», schlug um in «wir sind ein Volk». Schließlich klingelte irgendwann in meinem Büro beim Magistrat das Telefon. Eine freundliche Frau von einer anderen Verwaltung war am Apparat. Sie sagte mir, «wir» müssten nun zusammenhalten, wir hier im Osten. Es war wie beim ersten Moment der Zellteilung, wenn die Membranen für einen Augenblick zu verschwinden scheinen, bevor endgültig wird, dass sich die Zelle verdoppelt hat. Dieser erste Moment der Einheit war von kurzer Dauer, ausgeschieden auf beiden Seiten blieben die Ausländer in Ost und West. Weder das grobe Wir des Ostens noch das weit weniger vulgär ausgedrückte im Westen schloss sie mit ein. Einen Augenblick nur fühlte ich mich geschmeichelt wegen ihrer Worte. Einen kurzen Moment umgab mich die Aussicht dazuzugehören, doch als ich das Gespräch beendet hatte, war der Moment auch schon wieder vorbei. Wir müssten jetzt an uns denken, hatte sie gesagt, was gingen uns die Ausländer an.

Andere versuchten die Einheit schon früh zu vollziehen. In Berlin-Lichtenberg, ganz in der Nähe des Bahnhofs, an dem die Roma eintrafen, hatte die Neonazi-Szene ihr Hauptquartier und gründete neue Organisationen mit Hilfe der Kameraden aus dem Westen. Sie besetzten Häuser in der Weitlingstraße und der Pfarrstraße, und bald schon fand sich auch ein guter Christenmensch, der diese militanten Schläger zu «unseren Jungs» erklärte und sie durch Betreuung und Akzeptanz zu domestizieren beabsichtigte. Der Neonazi Ingo Hasselbach wurde zum ungekrönten Kronprinzen erklärt, bereit, der Demokratie mit Gewalt den Marsch zu blasen. Zwischen den Überfällen auf Punks und linke Hausbesetzer jagte er mit seinen Kumpels Ausländer über Bahnhöfe und durch die Straßen. Die Polizei brauchte lange, bis ihr klar wurde, dass die Nazis keine Ordnungsmacht gegen Andersartige sein dürften. Begriffe wie «National befreite Zonen» oder «akzeptierende Jugendarbeit» gab es da noch nicht, die Wurzel der Bedeutung dieser Wörter aber wurde in diesen Wochen und Monaten angelegt. Kaum jemand aus dem Westen glaubte unseren Warnungen. Und kaum jemand aus dem Osten war bereit, unsere Einschätzung der Lage ohne vehementen Protest hinzunehmen. Ich berichtete und warnte auf verschiedenen Veranstaltungen, im Westen winkte man ab, im Osten erntete ich oft Beschimpfungen, als wäre ich der Klassenfeind von einst.

Anfang August brauchte ich ein wenig Abstand, und die Freudenberg Stiftung bot mir an, nach Israel zu fahren. Ich war wahnsinnig aufgeregt, denn dies sollte meine erste Reise sein, die ich nach den vielen Jahren ins Ausland machen konnte. Ausgerechnet Israel! Ich bekam einen provisorischen Pass und fuhr mit meiner kleinen Tochter los. Die Kontrolle bei der El Al dauerte für mich nur drei Minuten. Der Name Kahane und meine Schilderung von der einzigen Palme in Ber Tuvia, dem Dorf, wo Judith, die Tochter meiner Tante Rosa, lebte, machte es einfach. In Tel Aviv wurde ich von dem arabischen Partner der Freudenberg Stiftung abgeholt. Er hieß Farid und brachte mich in das schönste Hotel in Jerusalem, das «American Colony». Es lag nah der alten Demarkationslinie zwischen Ost- und West-Jerusalem, doch deutlich auf dem östlichen, arabischen Teil. Mein Terminplan war voll, ich wollte die Community Centres besuchen, die sich um die Integration der russischen Juden bemühten. Ich wollte wissen, welche Fragen dort auftauchten, ich wollte sehen, wie eine multikulturelle Gesellschaft lebt. Und ich wollte auch Projekte auf der arabischen Seite sehen.

Am Tag nach meiner Ankunft rief mich der Botschaftssekretär an und lud mich am Schabbat zum Essen ein. Am Ende des Gesprächs sagte er mir noch beiläufig, dass nun Krieg sei, ich mir aber keine Sorgen machen solle. Der Irak hatte gerade Kuwait überfallen. Und noch eine Nachricht erreichte mich in Jerusalem. Beim Frühstück las ich in der Zeitung, dass Deutschland sich wieder vereinigen wollte: am 3. Oktober. Bis zu diesem Moment war die Einheit für mich nicht real gewesen. Oder sie war es doch, aber ich mochte nicht daran denken, bis dieser Termin erschien. Ich hatte gewusst, er würde bald bekannt gegeben werden, doch so schnell hatte ich ihn nicht erwartet. Und das in Jerusalem. Ich senkte die Zeitung und fand mich in einer Stadt, in der auch vor kurzem die Mauern niedergerissen worden waren.

Ich hatte einige Probleme bei der Kommunikation mit den israelischen Partnern, sie waren nicht sehr entgegenkommend und zeigten wenig Interesse für meine Schilderungen der Situation in Ostdeutschland. Die Offiziellen machten sich keine Sorgen wegen des Aufblühens von Rassismus und Antisemitismus. Das irritierte mich. Ja, es ärgerte mich, und so ließ ich mich darauf ein, mit Frau Rubin, die für Integration in der Stadtverwaltung zuständig war, lange zu diskutieren. Ich wollte den Grund herausfinden, weshalb sie sich so wenig hilfsbereit zeigte. Also fragte ich sie, ignorierte ihre abweisende Art, nervte sie weiter, bis sie es mir schließlich sagte: Was ich denn erwarte, fragte sie. Ich käme daher in Begleitung eines arabischen Israeli, bestünde darauf, im Ostteil zu wohnen, und bemühte mich um die Integration von russischen Juden in Deutschland, obwohl die doch eher nach Israel gehörten. Und außerdem sei ich aus einem ehemals kommunistischen Land und trüge obendrein den Namen eines fundamentalistischen und rassistischen Rabbiners, der mit seinen Ansichten viel Schaden angerichtet hätte. Wenn das keine Gründe seien, sagte sie, und ich begann zu lachen. Ich sagte ihr, ich wisse nicht, ob ich in den Osten gehöre oder in den Westen, aber mit Sicherheit scheine es mir zu gelingen, überall zwischen die Stühle zu geraten. Das verstand auch sie.

Natürlich besuchte ich Ber Tuvia und sah mir die Palme in Rosas Garten an. Sie sah so aus wie auf dem Foto und war wirklich die einzige weit und breit. Ihre Tochter Judith und deren Mann Dolla hatten ein größeres Haus als das, in dem sie damals geboren wurde. Dolla hatte 150 Milchkühe, er war ein echter Cowboy, aber voll automatisiert. Die beiden veranstalteten ein kleines Fest in ihrem Garten für uns. Alle Nachbarn kamen und die Kinder und Enkelkinder. Es war wirklich Familie, sie freuten sich so sehr, uns dazuhaben. Dolla lachte über die Landwirtschaft in der DDR, und Judith erzählte vom schweren Leben zwischen Hitze und der Feindschaft der Araber. Im Garten stand ein Bunker, und der halbwüchsige Sohn sprach voller Zorn und Angst über die Palästinenser. Er hatte Freunde verloren bei einem Attentat auf einen Bus. Ich kam mir unsäglich naiv vor mit meinen Bildern von Israel, die aus der Ferne entstanden waren und offensichtlich nur wenig mit der Wirklichkeit gemein hatten.

Am nächsten Tag sahen wir uns die Orangenplantagen an und fuhren durch die Gegend. Die Familie meines Vaters war sehr arm gewesen, das Schtetl kannte nur die Armut. Deshalb hatte ich mich gewundert, weshalb die Leute immer behaupteten, die Juden seien reich. Ich kannte keine reichen Juden. Und hier waren Dolla und Judith, die sehr hart arbeiten mussten, um den Betrieb aufrechtzuerhalten und ab und an ihre Verwandten in Berlin und New York zu besuchen. Jedenfalls diejenigen, die übrig geblieben waren. Am Rande von Ber Tuvia lag der Friedhof. Alle Familien hatten dort nun seit sechzig Jahren ihre Toten begraben. Und für diejenigen, die von Deutschen umgebracht worden waren, hatten sie Stelen aufgestellt, eine für jede Familie. Auf der von Judith und Dolla standen auch die Namen der Ermordeten aus meiner Familie. Da waren sie alle. Keine Gespenster mehr, deren Existenz immer ausgespart blieb. Die Tanten und Onkel und Cousins und Cousinen, einige jünger als die gerade verstorbene Rosa, einige nur wenig älter als Judith. Nur die engsten Verwandten, Geschwister und deren Kinder. Nur diejenigen, die man auf jeden Fall gekannt hätte. Auch heute.

Als ich zurückkam, ging alles sehr schnell. Für den Tag der Einigungsfeier musste ich einen 24-Stunden-Wachdienst einrichten, um die Ausländerwohnheime vor Übergriffen zu schützen. Die Stimmung war sehr angespannt. Der Tag der Deutschen Einheit, am 3. Oktober 1990, war schneller gekommen, als wir denken konnten, und in Berlin entstand eine seltsame Situation. Deutschland war einig, aber West- und Ostberlin hatten noch immer unterschiedliche Verwaltungen: den gewählten Magistrat im Osten und den Senat im Westen. Wir blieben in Ostberlin sozusagen auf einer Insel der DDR zurück. Almuth Berger als Ausländerbeauftragte der DDR-Regierung hatte ihre Kompetenzen verloren, doch ich blieb weiterhin Ostberliner Ausländerbeauftragte. Noch hielt der rot-grüne Senat, noch gab es Ostberlin, obgleich es zum Jahresende merklich zu brodeln begann. Als die linken Hausbesetzer in der Mainzer Straße (Ost) auseinander getrieben wurden, zerbrach die rot-grüne Koalition (West), Neuwahlen wurden angesetzt, und die Stimmung in der gesamten Stadt war denkbar schlecht. Auch hier ärgerte mich der Mangel an politischer Phantasie, wenigstens einen Teil der Erfahrungen im Osten in eine Gesamtpolitik einfließen zu lassen. Wir hatten, motiviert durch schlechte Erfahrungen unserer Partner im Westen, das Amt der Ausländerbeauftragten am Runden Tisch viel besser und wirkungsvoller mit breiteren Kompetenzen ausgestattet. Es war keine Zuständigkeitsverwaltung für einen Teil der Migranten, sondern ein Amt, das für Integration aller stand, auch der Flüchtlinge und der Aussiedler. In den Westämtern kränkelten die Ämter an engen Grenzen, Rassismus zu bekämpfen war gleich gar nicht vorgesehen, sondern bestenfalls ein Nebenprodukt von Aufklärung und Öffentlichkeitsarbeit. Das zerstückelte System von Ausländergesetz, Verwaltung und Zuständigkeit konnte nach meiner Meinung auf keinen Fall eine Antwort auf die bedrohliche Situation in der Stadt sein. Das gehetzte Vorgehen, die Ignoranz gegenüber den Möglichkeiten, die westliche Bürokratie zu reformieren, fand ich fatal.

In dieser Situation fiel es mir deshalb außerordentlich schwer, zu erklären, inwiefern die Minderheitenpolitik wenigstens in Ostberlin in der Zukunft an vielen Stellen eine Schlüsselfrage sein würde. Niemand wollte es wissen. In dem Durcheinander der getrennten Berliner Vereinigung erschien es meiner Partnerin in Westberlin, der Ausländerbeauftragten Barbara John, absurd, auf einer eigenständigen, auf Ostberliner Verhältnisse zugeschnittenen Ausländerpolitik zu beharren. Sie hatte ganz kurzfristig eine Studie in Auftrag gegeben, die belegen sollte, dass es zwischen Ost und West keine Unterschiede in der Einstellung gegenüber Minderheiten gab. Und sie sagte selbst, die Einheit in der Stadt habe Priorität, daher dürfe man Unterschiede nicht betonen. Ich war der Auffassung, dass Unterschiede nur beseitigt werden könnten, wenn man sie ernst nimmt. Und dass die vierzig Jahre einer demokratischen Entwicklung in der Bundesrepublik Spuren hinterlassen haben müssten. Dass es keinen Unterschied zur autoritären DDR mit ihrer restriktiven und auf Isolation gerichteten Ausländerpolitik geben solle – obwohl offensichtlich Ausländer von Neonazis und normalen Bürgern ständig angegriffen wurden –, sei nicht nur unlogisch, sondern auch ein Armutszeugnis für die Bemühungen der Demokratie. Doch solche Argumente hatten keine Chance. Man wollte darüber hinweggehen. Die Studie zeigte natürlich keine Unterschiede und wurde so der Öffentlichkeit präsentiert. Wie wir feststellen mussten, lag es daran, dass im Osten weit mehr Menschen mit hohem Bildungsgrad befragt wurden als im Westen. Sie war also nicht repräsentativ. Der Frage, ob es im Osten eine Ausländerbeauftragte geben müsse, haben fast 80 Prozent der Befragten zugestimmt.

Die Verhältnisse waren offenkundig so viel stärker als meine persönlichen Möglichkeiten, dass alle mehr oder weniger plausiblen Übersetzungsversuche an dieser Stelle scheitern mussten. Nach dem Wahlergebnis zum Berliner Abgeordnetenhaus stand dann auch eindeutig fest, dass es für Ostberlin keine eigenständige Ausländerpolitik geben würde. Der Dezember schien uns allen sehr deprimierend. Massenhaft wurden die Vietnamesen und Mosambikaner nach Hause geschickt, es gab kaum eine Möglichkeit für sie, hier zu bleiben. Ihre Gleichbehandlung als Gastarbeiter mit Bleiberecht wurde explizit ausgeschlossen. Viele baten deshalb um politisches Asyl. Wir hörten ständig davon, wie schlecht sie während ihrer Abreise behandelt wurden. Die Leute auf der Straße begrüßten diese staatliche Ausländer-raus-Politik, und das ermutigte die Jugendlichen immer wieder, Ausländer zu überfallen.

Es war uns am Ende nicht gelungen, die Aufenthaltstitel für die ehemaligen Arbeiter aus den Regierungsabkommen in gerechter Weise zu verändern, sodass sich für die, die es wollten und brauchten, auch eine Chance geboten hätte, dazubleiben. Das Flüchtlingsheim der Kaserne in Biesdorf war geschlossen worden, weil irgendein Spekulant damit ein undurchsichtiges Geschäft vorhatte. Die Perspektive für die Zukunft erschien uns denkbar düster. Keine der Kompetenzen, Gesetze und internen Regelungen des Runden Tisches würde sich erhalten lassen. Die emotionale Verwahrlosung der Jugend würde ein Übriges tun.

Als Christian Petry, der Geschäftsführer der Freudenberg Stiftung, mir irgendwann kurz vor der Einheit zum ersten Mal von den Regionalen Arbeitsstellen für Ausländerfragen erzählte, um mir damit einen Vorschlag zu machen, war ich nicht etwa aufmerksam und interessiert, sondern nur empört. Wie konnte er über Projektarbeit nachdenken und Perspektiven entwickeln in der Strategie gegen Fremdenfeindlichkeit und Rassismus, anstatt den gesamten Prozess der Einheit anzuhalten? Und seine ganze Kraft dafür einzusetzen, dass nicht kommen möge, was unvermeidlich war? Er war darüber nicht böse, sondern eher erschrocken und wartete mit der Distanz eines Historikers die nächsten Monate ab, bis ich ihn irgendwann fragte: «Wie war das mit der RAA?» So kam es, dass ich mich vorsichtig mit dem Gedanken beschäftigte, in Zukunft Projekte in Schulen und Kommunen zu entwickeln, statt von meiner Wohnung aus Flüchtlingsfragen zu lösen oder Ausländerpolitik zu machen. Projekte – das hieß, den langen Weg der Ebene anzutreten, Beratung zu organisieren und Begegnungen, die autoritären DDR-Schulen zu humanisieren, Spiele zu entwickeln und vieles mehr. Im Februar 1991 begann die RAA zu existieren.

Doch eines gelang vorher doch noch: Ich konnte die Senatsverwaltung überreden, die Einwanderung der russischen Juden als Länderinitiative von Berlin aus einzubringen. Es wäre für mich eine unerträgliche Niederlage gewesen, den Juden sagen zu müssen, dass sie vor dem Antisemitismus nicht mehr nach Deutschland flüchten könnten, weil dies bei der Einheit im Land des Holocaust nicht vorgesehen war. Und so kämpften wir darum, dass die Juden als Kontingentflüchtlinge aufgenommen wurden. Die Länder stimmten endlich zu.

Nun war Deutschland da. Vereint im Sauseschritt und ohne Chance innezuhalten, um auch nur einen Moment nachzudenken, was diese Vereinigung mit der Vergangenheit zu tun hatte und wie sich in Zukunft hier die Minderheiten fühlen würden. Die Vereinigung war der Anfang für die Einschränkung des Grundrechts auf Asyl und für die Abschiebung eines großen Teils der Ausländer im Osten, der auf diese Weise fast ausländerfrei geworden war. In der Folge sollten Asylheime brennen und Menschen getötet werden. Niemand sagte, dass die Wiedervereinigung auch mit sieben Millionen in Deutschland lebenden Migranten vollzogen werden müsse. Und statt der Frage nachzugehen, wo im Osten der alte und neue Antisemitismus geblieben war, über den man in der DDR nie gesprochen hatte, bereitete der Westen die komplette Abwicklung aller DDR-Eliten vor, egal, ob sie Teil der Repression gewesen waren oder nicht. Man tat dies unter dem zynisch anmutenden Hinweis auf die unvollkommene Verarbeitung des Nationalsozialismus in der Bundesrepublik – eine groß angelegte Aussparung all dessen, was in diesem neuen Nachkriegsdeutschland so nötig gewesen wäre.

17. Kapitel
Iphigenie und die Insel

Als wir mit der RAA anfingen, staunten wir in den ersten Wochen über jene Art von Stille, die auf den Lärm der Politik folgte, als gäbe es irgendeinen Unterschied zwischen dem Amt der Ausländerbeauftragten und dem, was wir ab jetzt denken oder tun würden. Wir waren dieselben Menschen, und es kamen andere dazu – an uns hatte sich gar nichts geändert, nur am öffentlichen Interesse und an den geistigen wie realen Orten, denen wir uns zuwandten. Ich habe nie verstanden, wieso das Politische so sehr im Vordergrund stand. Im Osten war man sich sicher: Wir haben jetzt Demokratie, so lautete das Motto. Das war der Lohn für die Einführung des Parteiensystems, damit erübrigte es sich, auch noch an anderen Orten des gemeinsamen Lebens für demokratische Standards sorgen zu müssen. Seltsame, aber wohl nicht verwunderliche Vorstellungen von Demokratie waren das, die den Druck zu Konformität oft einschlossen.

Selbstverständlich ist Politik auch Macht, jedenfalls bis zu einem gewissen Grad. Eine andere Macht aber bilden die Strukturen, vor allem die der Verwaltung. Letztlich, und das ist mir sehr schnell klar geworden, ist sie es, die politisches Handeln ermöglicht oder eben nicht. Ich merkte: Wenn Politiker etwas entscheiden, bedeutet das noch lange nicht, dass die Beamten es auch umsetzen. Die Politik spielt eine ganz entscheidende Rolle, doch wer vergisst, was die Verwaltung und der Umgang mit ihr bedeutet, hat kaum eine Chance. Ich wollte an einer Gesellschaft mitwirken, die sich am Anspruch der Gleichberechtigung aller misst, nicht nur der «Volksdeutschen» oder «Einheimischen». So vielleicht, wie es irgendwann auf Tauris, der großen Halbinsel im Schwarzen Meer, begann, als dort zur Zeit des antiken Griechenland Iphigenie auftauchte.

Ruth, die Schauspielerin und Regisseurin, fühlte sich von dieser Geschichte immer angezogen. Sie liebte Goethes «Iphigenie», ihre Fremdheit in sich selbst, das Gefühl, im eigenen Lande fremd zu sein und im fremden ebenso. Es ging ihr wie mir auch, und es war einer dieser Wünsche nach der Wende, die Gefühle nun auch in die Realität umsetzen zu können, nicht nur auszudrücken, was uns beschäftigte, sondern etwas wirklich werden zu lassen. In der DDR war es undenkbar gewesen, eine «Iphigenie» auf die Bühne zu bringen, deren Blick sich besonders auf Fremdheit und Isolation richtete und dabei deutlich werden ließ, dass ein Land ohne Fremde und damit ohne Freiheit keine Zukunft hat. Nun gab es eine Chance der Offenheit, doch das vereinte Land schien sie nicht zu wollen. Politisch mochte das so sein, doch Ruth, die nichts mehr verachtete als platte und einfache Erklärungen, begann über eine Inszenierung der «Iphigenie» nachzudenken. Auch die Theater waren im Umbruch.

Ich hatte nie Lehrerin werden wollen, noch hatte ich ein besonderes Interesse an Schulen. Im Gegenteil. Wie die meisten, die keine wirklich guten Momente oder gar Offenbarungen in der eigenen Schulzeit erlebt hatten, war ich froh, die meine hinter mir zu haben. Meine Tochter wurde gerade eingeschult, und ich wusste, ihre anfängliche Begeisterung für das Lernen würde bald dem Frust weichen. In meiner Abneigung verbarg sich aber auch die Vorstellung, Schule könne ganz anders sein, als ich sie erlebt hatte: respektvoll, mit Sympathie für die Kinder und einem Klima, in dem es keine Außenseiter gab, sondern nur Kinder mit besonderen Möglichkeiten. Dass

Schule wichtig ist, wenn man wie wir um Respekt und Anerkennung und interkulturelle Fähigkeiten bemüht ist, war mir vollkommen klar.

In den Schulen der nun ehemaligen DDR herrschte etwas zwischen Chaos und alter, autoritärer Erziehung. Und dieses Etwas verunsicherte die Kinder, deren Eltern und die Lehrer selbst. Die Schulen wurden vollkommen umstrukturiert, wie alles andere auch. Nichts blieb übrig von den einstmals so revolutionären Ideen der Ganztagsschule mit Bezug zu betrieblicher Praxis, der Schule für alle, in der erst spät gute von schlechten Schülern getrennt werden, einer Schule, die sich auch nachmittags als offenes Haus mit Arbeitsgemeinschaft zeigt. All das wurde ohne Zögern abgeschafft. Auch im Westen ließ sich niemand inspirieren, über neue Formen oder Reformen insgesamt nachzudenken. Der Westen tat sich schon damals mit Reformen sehr schwer, die Wiedervereinigung war absolut kein Grund, daran etwas zu ändern, deshalb wurde mit dem Austreiben des autoritären und ideologisierten Geistes der DDR-Zeit auch gleich die Flasche zerschlagen, deren Ursprung und Material im Grunde nicht an Wert verloren hatte.

Die Schule in der DDR war ursprünglich an einigen der Reformideen orientiert, die einst in den zwanziger Jahren von der Sozialdemokratie entwickelt und erfolgreich erprobt worden waren. Wenn ich als Kind von meinen Schulerlebnissen erzählte, dann hielt mein Vater mir seine entgegen. Dazwischen lagen Welten. Er bekam die Möglichkeit, nach der Volksschule auf einem echten Gymnasium das Abitur zu machen. Ohne Schulgeld und in einem Reformzweig durfte er mit einigen anderen Jugendlichen aus dem Scheunenviertel die Aufbauschule am Kaiser-Friedrich-Realgymnasium in Neukölln besuchen. Er schwärmt noch heute von den selbst organisierten Lernmethoden, dem Gruppenunterricht, in dem Schüler auch dadurch lernten, dass sie den anderen selbst Lehrer waren. Kein Frontalunterricht, kein autoritäres Gebaren des Lehrpersonals, sondern entdecken, verhandeln, vermitteln nach der Devise: «Arbeit darf auch Spaß machen.» Er hätte als mittelloser jüdischer Junge niemals das Abitur ablegen können, wenn es diese Reformschule nicht gegeben hätte, der das Preußische Kultusministerium unter dem sozialdemokratischen Minister Becker gegen allen konservativen Widerstand zugestimmt hatte. Das Modell wurde natürlich sofort abgeschafft, als die Nationalsozialisten an die Macht kamen, und alle Juden – Lehrer wie Schüler – mussten die Schule verlassen. Nach der Gründung der DDR kehrte man zumindest in einiger Hinsicht zu den Ursprüngen zurück.

Doch die Geschichte und die Ideen der Reformer waren allein noch kein Anlass für mich, jetzt ausgerechnet das Thema Schule in den Blick zu nehmen. Hinzu kamen zwei Fragen, die mir einen Zugang eröffneten: die Frage, wo man eigentlich auf die geeigneten Menschen trifft, um etwas zu vermitteln, das die Gewalt des Rassismus vielleicht eindämmen kann, und die Frage, wie man eigentlich lernen lernt. Die ersehnte Veränderung der Kultur, der Einstellung von Menschen oder des Klimas in einem Ort war ohne die Schule im Mittelpunkt wenig sinnvoll. Und außerdem hatte ich die Nase gründlich voll von Ideologien und ideologischen Behauptungen von Zwängen und Unfreiheiten, die am Konkreten zielsicher vorbeigingen. Wer Veränderung will, kann nicht nur auf Demonstrationen oder folgenlose öffentliche Bekundungen setzen und, bloß weil Schule so schwierig ist, ihr immer ausweichen.

Gleich nach der Vereinigung wurde festgelegt, dass 20 Prozent der Asylsuchenden in den Neuen Ländern unterzubringen seien. In meinem Stadtbezirk Pankow wurde das erste Flüchtlingsheim in Ostberlin eingerichtet. Es war ein leer stehendes Haus, oder besser eine Baracke, in der nun Asylsuchende wohnten. Diese Unterkunft war noch vergleichsweise komfortabel, sie lag zwar ein wenig außerhalb, aber die Straßenbahn hielt gegenüber. Vorher hatten Saisonarbeiter aus Polen dort gewohnt. Nun kamen die ersten Flüchtlingsfamilien nach Pankow. Wir bekamen einen Anruf von einer Schulleiterin. Da standen eines Tages diese Flüchtlingskinder vor der Tür und sollten unterrichtet werden. Aber die Schule war noch nicht an das West-System angeschlossen. Die Lehrer wussten nicht, was sie mit den Kindern anfangen sollten, die nicht Deutsch sprachen, für die es keine Lehrmaterialien gab und niemanden, der wusste, wie man ihnen Deutsch beibringt. Sie hatten weder Hefte noch Füller, noch Buntstifte oder was man sonst so braucht in der Schule. Also rief die Schulleiterin bei uns an. Als wir hinfuhren, kamen die Kinder schon nicht mehr zum Unterricht, oder nur manchmal. In der Nachbarschaft betrachtete man sie mit Misstrauen, diese Familien aus so vielen verschiedenen Ländern. Ich fuhr manchmal dorthin und versuchte Kontakt aufzunehmen zu den Asylsuchenden und den Betreibern. Dort lebten auch Roma und viele Albaner aus dem Kosovo. Wir haben sehr viel zusammen getanzt, gekocht und uns gegenseitig zu Geburtstagen eingeladen. Meine Tochter fand rasch Freunde dort, die Kinder erzählten von der Schule und was ihnen dort Komisches geschehen war. Und die Erwachsenen erzählten von ihrem Alltag, in dem sie oft belästigt, beschimpft und angegriffen wurden. Trotzdem ging ich gern dorthin, denn da waren sie ja, die Nachbarn, die ich immer so gern gehabt hätte, und sie klagten nicht nur, sondern ließen uns für Momente Teil ihrer Familien sein. Und von der RAA aus versuchten wir, das Notwendige zu beginnen. Wir stellten eine Lehrerin ein, kauften Unterrichtsmaterial und planten, was es vorher im Osten bis dahin noch nie gegeben hatte: eine Projektwoche mit Flüchtlingskindern. Das war gut, das war ein Modell, und ich wollte nichts anderes als die Praxis lernen und dabei die Kluft überwinden zwischen dem Erbe der theoretischen Völkerfreundschaft und der neuen Realität der Vielfalt.

Aber es gab auch Telefonanrufe, die wie Hilfeschreie waren. Das Jahr 1991 war nicht nur voller Chancen, neue Formen und neue Praxis einzuführen, sondern auch voller Anspannung. Eine junge Frau aus Hoyerswerda meldete sich am Telefon. Sie klang verzweifelt und zaghaft zugleich. Sie bat um Hilfe, und sie war nicht die Einzige. Draußen vor dem Wohnheim der mosambikanischen Vertragsarbeiter sammelten sich Jugendliche aus dem Ort. Jeden Abend standen sie grölend vor der Tür. Manchmal warfen sie Steine in die Fenster und brüllten: «Ausländer raus!» Die junge Frau sagte, es sei schon öfter jemand da gewesen vom Büro der Ausländerbeauftragten und man habe auch mit der Polizei gesprochen. Die aber nehme das nicht so ernst und meinte, sie könne das Gebäude ja nicht rund um die Uhr schützen. Die Polizei war nicht nur indifferent, sondern auch überfordert, denn auch sie wurde gerade komplett umstrukturiert, und ihre technischen Möglichkeiten waren vollkommen veraltet. Die junge Frau wusste das, und die Neonazis da draußen wussten es auch.

Überall wurden nun Flüchtlinge untergebracht, überall stand die Polizei zwischen heimlicher Sympathie mit den Neonazis und strukturellem Chaos. Wir bekamen ähnliche Meldungen auch aus anderen Orten, brutale Übergriffe, ja sogar Morde begannen ein Teil der Tagesordnung zu werden. Nur wenige Tage nach der Deutschen Einheit hatten Nazis in Eberswalde den jungen Angolaner Amadeu Antonio getötet. Er war nicht der Erste, doch der Mord an ihm wurde bekannt. Die Medien berichteten, und für einen Moment tauchten in der Öffentlichkeit Fragen auf. Was ist los im Osten? Was geschieht mit der Jugend? Genauso schnell verschwand das Thema wieder, es wurde als Wendeproblem abgetan, das sich bald geben würde. Nur der Leiter des gemeinsamen Staatsschutzes der Neuen Länder, Bernd Wagner, gab ein bemerkenswertes Interview in diesen Tagen. Er sprach von einer größeren Bedrohung, von der Gefahr massenhafter Gewaltausbrüche besonders in der Region von Hoyerswerda, von einer allgemeinen Stimmung gegen Ausländer, die geradezu eine Bewegung zu werden drohte. Die Folge seine Warnung war, dass er abgelöst wurde. Das geschah fast genau an dem Tag, als in Hoyerswerda wie vorhergesehen die Situation eskalierte: Das Heim der Ausländer brannte, die Leute auf der Straße klatschten begeistert Beifall, als Jugendliche immer wieder mit «Sieg Heil»-Parolen Steine auf die verängstigten Menschen warfen, die im Haus eingeschlossen waren.

Für das Erinnern gab es keine Zeit – die Wendezeit war voller Dynamik. Es gab viel zu tun mit der Aufarbeitung des DDR-Unrechts. Die NS-Vergangenheit kam dabei nur mittelbar in den Blick: Bürgerrechtler wie westdeutsche Politiker meinten, gerade weil im Westen nicht konsequent genug mit dem Erbe des Nationalsozialismus verfahren worden sei, müsse die Beschäftigung mit der DDR-Vergangenheit genau und profund sein. Diese Begründung sparte aus, weshalb und unter welchen Umständen der Teilstaat existiert hatte und was neben der DDR-Geschichte selbst noch hätte besprochen werden müssen: die Verdrängung des Faschismus und Antisemitismus und ihre Fortsetzung in den autoritären Strukturen der DDR.

Es war sehr mühsam, die ersten Projekte in Berlin-Mitte mit jungen Türken oder Sinti und Roma in Gang zu bringen. Sie wollten zuerst einfach nicht in den Osten kommen. Als wir in Neubaugebieten anfingen, Schulprojekte mit Künstlern und anderen Fachleuten mit Migrationshintergrund durchzuführen, hatten wir noch größere Probleme. Also begleiteten wir sie. Jedes Mal. Mit dem Auto, in der Bahn und in den

Schulen selbst. So selbstverständlich sich die Anwesenheit von Ausländern, Flüchtlingen oder Migranten im Westteil der Stadt anfühlte, so belastet erschien sie im Osten. Aufdringliche bis feindselige Blicke ertrugen unsere Jugendlichen oder Kollegen, sie wurden beschimpft und manchmal sogar angegriffen. Im Westen der Stadt gab es das nur sehr selten, und für mich war jede U-Bahn-Fahrt quer durch Berlin eine Reise in unterschiedliche Wirklichkeiten. Im Westen von Kreuzberg bis Mitte gelassene Vielfalt, im Osten ab Alexanderplatz bittere Aggressivität. Die Straße vom Wedding nach Pankow war einst durch die Mauer in zwei Hemisphären geteilt worden. Nach dem Mauerfall glichen die beiden Welten einander langsam an – nur in einer Hinsicht nicht: An der Grenzlinie, die nun unsichtbar war, schied sich die Welt in eine mit und eine gänzlich ohne alle Türken oder andere Migranten. Jeden Tag fuhr ich mit dem Auto über diese Linie, und nur zweimal entdeckte ich im Osten ein türkisches Mädchen. Beim ersten Mal war ich so überrascht, dass ich mit quietschenden Reifen bremste, um zu sehen, wohin sie mit eiligem Schritt lief. Es war ein Spielwarenladen.

Angesichts der Selbstverständlichkeit, mit der sich die Migranten im Westen bewegten, schien es mir um so eigenartiger, dass die westdeutsche Öffentlichkeit ihre Präsenz überhaupt nicht zur Kenntnis nahm. In kaum einer Fernsehsendung, in keinem kulturellen Event kamen sie als selbstverständlicher Teil der Gesellschaft vor. Öffentlich existierten sie nur als Problem, als exotische Randfiguren oder als Objekte politischer Angstmacherei. Dass sich lediglich ein immer gleicher, kleiner Kreis von Menschen in Deutschland über dieses Zerrbild der Wirklichkeit aufregte, zeigte mir, wie weit auch der Westen entfernt war von einer wirklichen Wende. Das «Wir» des deutschen Selbstverständnisses beruhte offensichtlich noch immer auf dem Ethnischen, das andere ausschloss.

Im Osten brutaler, im Westen eingeschliffener, aber ohne großartiges Unrechtsbewusstein.

Die Reaktion auf den Pogrom in Hoyerswerda setzte die Signale für eine fortlaufende Blutspur. Statt die Angegriffenen zu verteidigen und Tätern wie Bevölkerung klar zu machen, dass dies gerade in der neuen Republik nicht zu dulden sei, brachte man die Flüchtlinge und Arbeiter fort. Der deutsche Rechtsstaat kapitulierte hier vor den Augen der Welt. In den folgenden Wochen und Monaten gab es überall Pogrome, kleine und große. Es begann sich zu zeigen, was Bernd Wagner aufseiten der Polizei schon vorher wahrgenommen hatte: eine Volksbewegung gegen Ausländer, ein rassistischer Ausbruch des «Volksempfindens». Bei einer Veranstaltung in Hoyerswerda, die für die «Tagesthemen» gemacht wurde, stand ich gedrängt zwischen Hunderten Menschen, die ihrem Hass freien Lauf ließen – ein auch körperlich sehr unangenehmes Gefühl –, und sagte, dass dies nicht zu akzeptieren sei und dass es eine Perspektive brauche, auch für diese Region in Abwicklung. Auf einer Bühne wurde Oskar Lafontaine interviewt, der im Namen der SPD mit dem Gedanken spielte, das Asylrecht zu ändern, das heißt einzuschränken. Und schon wurde die zweite große Kapitulation des Rechtsstaates in die Wege geleitet.

Es war mehr als eine Kapitulation. Es war ein Kalkül. Das Grundrecht auf Asyl wurde nun nicht mehr gebraucht. Nicht als praktisches, moralisches Zugeständnis Nachkriegsdeutschlands an seine Vergangenheit von Verfolgung und Mord, nicht als Aufgabe und Überlegung für die Zukunft. Nicht als Teil eines Selbstverständnisses im wieder vereinigten Deutschland. Weg mit dem Kram, eine neue Ära beginnt. Das war die Botschaft. Nur ein Jahr nach der Vereinigung, bei der man darauf verzichtet hatte, die Migranten als Teil des Neuen in Ost wie West ausdrücklich zu begrüßen und zu schützen, begann eine Welle von Gewalt, die uns den Atem nahm.

Meinen Eltern war es um das bessere Deutschland gegangen, als sie aus Lager, Kampf und Exil zurückkamen. Ihre Vorstellung, dass mit der Abschaffung des Kapitalismus alle Formen von Rassismus und Antisemitismus beseitigt seien, hatte für mich immer zwei Seiten: Zum einen lag darin eine große humanistische Hoffnung. Es war eben die Idee der Insel, auf der Freunde miteinander endlich eine neue Art des Zusammenlebens ausprobieren konnten. Zum anderen fand ich diese Vorstellung ignorant und auch herablassend gegenüber den Menschen, die nun mal waren, was und wie sie eben waren, mit ihren Einstellungen, Prägungen, Erfahrungen und einer Geschichte des nationalen Wahns, die man durch den historischen Materialismus nicht einfach uminterpretieren konnte. Neben der humanen Idee, dass den Menschen in der DDR durch bessere Bedingungen die Last des Kapitalismus genommen werden könnte, stand der Anspruch auf eine herrschaftlich-diktatorische Gestaltung ihres Lebens in Kunst, Kultur, Bildung und Weltanschauung, der sich in dem Willen manifestierte, einen «neuen Menschen» zu schaffen. Also dachte ich, dass es jetzt nicht darum gehen durfte, besser zu sein als das andere, sondern Kraft in ein neues Deutschland zu investieren, das sich mit seiner Vergangenheit und seiner Zukunft klar und tapfer auseinander setzen würde. Dazu gehörte – nicht als Randthema, sondern als zentrale Frage der Demokratie – der Umgang mit Minderheiten und Unterschieden. Das war meine Hoffnung. Und ein Mittel dazu sollten die vielen Projekte der RAA sein. Durch sie wollten wir eine Tür offen halten, in der Ideen und Initiativen in der Schule und der Jugendarbeit noch Platz hätten.

Denn es war so: Jugendarbeit in den neuen Ländern wurde gerade wie alles andere abgewickelt und nur teilweise und mit neuem Konzept wieder aufgebaut. Das Konzept orientierte sich am Westen und besagte, dass Jugendarbeit mit Schule nichts zu tun haben dürfe. Im Jugendclub sollten die Kids von der «strukturellen Gewalt» der Schule verschont bleiben. Also keine Hilfe im konkreten Alltag, sondern nur freies «Abhängen» mit viel Verständnis, aber ohne Bezug. Und die Schule sollte sich verschließen. Die Lehrer sollten sich aufs Unterrichten konzentrieren und nicht auf irgendwelche Probleme, für die sie «nicht zuständig» seien. So kam es, dass Lehrer sagten, sie wüssten nicht, ob sie noch helfen dürften und ob sie überhaupt noch nachmittags etwas mit den Jugendlichen machen sollten. Sie sagten, sie dürften mit den Jugendlichen nicht in ein Asylbewerberheim gehen, man habe ihnen gesagt, das sei politisch und nun verboten. Jugendeinrichtungen oder Clubs gab es aber kaum. Und wenn welche entstanden, sollten sie nach dem behördlichen Willen ausdrücklich nicht mit der Schule kooperieren.

Auch unser Ziel konnte nur sein, so etwas wie eine Insel zu schaffen: Wir konnten die Lehrer nicht austauschen, nicht die tradierten Konzepte von Schule einfach verändern, nicht den Erziehungsstil, nicht das autoritär Tantenhafte vieler Pädagogen, nicht das «Mutti»-Gerede in der Grundschule, dieses paternalistisch-rigide Verhalten gegenüber den Bedürfnissen von Kindern, und nicht den dummen Rassismus gegenüber Eltern und Kindern aus Flüchtlingsfamilien, gleich, ob er sich nun positiv oder negativ diskriminierend ausdrückte. Wir wollten aber in den Schulen und in der Verwaltung diejenigen finden, denen das Alte zu starr war, die sich von etwas Neuem hinreißen lassen würden. Wir wollten einen Fuß in die Tür schieben zwischen der vergangenen DDR-Bürokratie und der neuen alten Verwaltung, die im Westen schon die Probleme nicht hatte lösen können. Wir wollten nicht einfach in der Schule «etwas machen», wir wollten sie verändern. Das hieß, auf der Klaviatur zwischen den Ministerien und den Schulen zu spielen und die Melodie dafür selbst zu komponieren. Jeder, der schon einmal versucht hat, in einer Schule etwas zu erreichen, weiß, wie umständlich die Wege sind.

Eines der Mittel, die wir uns ausdachten, um den Weg für uns selbst und die Jugendlichen vergnüglicher zu machen, waren Spiele. Und das erste hieß «Die Insel». Zwei Lehrer, die mit einem Teil ihrer Stunden in der RAA arbeiten durften, entwickelten eine Handlung, durch die Jugendliche in Dilemmata geführt wurden und in einer verfremdeten Situation, die sehr komische Momente hatte, ihre Haltungen zu Rassismus und Einwanderung überdenken mussten. Es war wunderbar, das zu erfinden, auszuprobieren, zu verändern, um dann zu sehen, dass es sehr gut funktionierte. Und es war auch für mich großartig, zu sehen, wie die Kollegen eine Kreativität entwickelten, von der sie vorher wenig wussten, wie Schüchterne oder Verschlossene begannen, sich Texte auszudenken, Situationen zu komponieren, wie sie literarische Zitate ironisch einflochten.

Neben einer Schule im Neubaugebiet Hellersdorf hatte es einen Mordanschlag auf einen Vietnamesen gegeben. Eine Lehrerin rief bei uns an. Sie war aufgeregt, denn Schüler waren an dem Anschlag beteiligt gewesen. Sie nannte ihren Namen nicht, bat aber dringend um Hilfe. Wir schlugen vor, in der Klasse mit den meisten Rechten «Die Insel» zu spielen. Das Spiel handelte von Flüchtlingen, die nach einer Naturkatastrophe auf einer Insel gestrandet waren. Diese Flüchtlinge waren Deutsche. Als sie den Einwohnern auf die Nerven zu gehen begannen mit ihren Bockwürsten, ihren Liedern und ihrem Biergeruch, kam es zu Auseinandersetzungen mit den Einheimischen. Zwischen den Gruppen, der Regierung und den Medien begannen Debatten und Aktionen. Mit dem Ruf der Bevölkerung: «Ausländer raus!» waren nun die Deutschen gemeint. Mit ihrem trotzigen «Wir bleiben hier» konnten sie nichts ausrichten, denn sie hatten keine Bürgerrechte. Wir brachten die Schüler dazu, Rollen einzunehmen, die sie sich nie hatten träumen lassen, sie diskutierten, verließen gewohnte Standpunkte und mussten sich den Regeln stellen. Dieses Spiel war einfach und unglaublich wirksam und dennoch für uns nur ein Köder, um länger mit den Schulen zusammenzuarbeiten. Ein Einstieg, eine Art Bestechung. Damit gingen wir nach Hellersdorf. Erst wollte niemand dort zugeben, dass es Probleme gibt mit rechten, gewaltbereiten Jugendlichen. Zugeben wäre das Schlimmste gewesen. Aber man wollte, dass wir dieses Spiel durchführen.

Das Ergebnis zeigte, wie schwierig dort die Situation war. Also schickte man uns nicht fort mit einem freundlichen Danke. Wir blieben. Wir fanden Lehrer, die reden wollten, die aus dem Chaos des Umstrukturierens nicht nur eingeschüchtert, sondern auch für Neues offen herauskommen wollten. Für die wenigsten Lehrer war die Angleichung des Schulsystems eine Herausforderung. Die Wende empfanden die meisten als eine Abwertung, eine Bedrohung, einen Zwang, sich neuen Autoritäten zu beugen. Sosehr wir in der RAA die DDR-Schule endlich loswerden wollten, so undifferenziert kam uns auch hier die Einheitsmaschinerie vor. Sicher hatten sich viele Lehrer Indoktrination und uneingeschränkte Unterstützung der DDR-Volksbildung vorzuwerfen und reagierten deshalb besonders nörgelig oder verzagt. Aber egal wie, unsere Aufgabe war es, die Schule auf die einzelnen Kinder und Jugendlichen aus verschiedenen Kulturen hin zu öffnen.

Das war schwierig. Viele Erwachsene verfielen während der Abwicklung eines ganzen Systems, eines ganzen Landes in eine Art aggressiver Lethargie. Auch diejenigen, die ihre Arbeit nicht verloren, erinnerten aus unterschiedlichen Gründen an Kinder, die sich trotzig und passiv zugleich unter einem Tisch versteckt hielten. Wir trafen in Hellersdorf auf Lehrer und Eltern, die sich darüber beklagten, wie verwahrlost ihr

Schulgebäude aussehe. Auch darin stecke Gewalt, meinten sie. Also fragten wir, was sie sich wünschten, was sie sich vorstellen könnten, selbst zu tun für diesen Wunsch. Sie wiederholten die Klage immer und immer wieder. Und verbanden sie auch gleich mit politischen Grundsatzfragen. Sie erklärten uns, das hier sei nicht einfach nur Kapitalismus, sondern ein politischer Kapitalismus, weil er gleichzeitig mit der politischen Übernahme gekommen war. Ich fand diese Beobachtung und Reflexion bemerkenswert, aber sie half nicht gegen den Müll auf dem Hof. Doch diese Eltern und Lehrer machten es zu einer Glaubensfrage, ob man dem Staat durch das Aufräumen nun erlauben sollte, sich seiner Pflichten zu entledigen. Sie fanden es ganz unmöglich, irgendetwas in der Schule zu tun, solange Helmut Kohl an der Macht sei.

Ähnliche Haltungen hatte ich in der DDR schon erlebt, als es darum ging, den öffentlichen Spielplatz außerhalb einer staatlich angeordneten Freiwilligenaktion einfach nur der Sicherheit wegen aufzuräumen. Damals, kurz vor dem Ende der DDR, hatten sogar Passanten angehalten und geschimpft. Die Leute sagten, man dürfe es denen «da oben» nicht leichter machen. Aber ja, nur ein Kind habe sich fürchterlich geschnitten, sagte ich, sollte ich das Zeug wegen Honecker da liegen lassen? Ja, selbstverständlich, meinten die Leute. Das war oppositionell. Damals gegen Honecker und nun mit gleicher Vehemenz gegen Kohl. Über diese Schwelle hinwegzukommen gelang erst nach langen Diskussionen mit Menschen, die autoritär erzogen waren und sich nur mühsam vorstellen konnten, wie es wäre, sich von den eigenen Kindern einfach und mit Vergnügen die grauen Wände bemalen zu lassen. Wir gaben ihnen die Farben dazu und einen nichtdeutschen Künstler, einen wundervollen Innenarchitekten, der nicht als «Ausländer» zu ihnen und zu ihren rechtsorientierten Kindern kam, sondern als Fachmann mit großem Ansehen. Sie malten mit ihm, die Glatzköpfe, und die Lehrer staunten. Zwei Tage ließen wir das Geschehen von einigen kräftigen Kollegen beobachten, dann war es klar: Der Künstler schuf mit den rassistisch grölenden Kindern endlos lamentierender und philosophierender Eltern einen Raum, den sie selbst nutzen und verwalten konnten.

Vielleicht war die Politik nicht aufzuhalten, doch einiges am Handeln der Verwaltung und der Menschen in der Nachbarschaft schon. Das zu versuchen, wollte ich mir nicht nehmen lassen. Ich hatte überhaupt keine Lust, durch die Abteilungen von Kultus- oder Jugendministerien zu rennen, um für etwas den staatlichen Segen zu bekommen, was selbstverständlich hätte sein müssen. Ich hatte auch keine Lust, Anträge zu formulieren und Papiere zu verfassen, Gruppen und Gremien zu bewegen, sich einem Thema zuzuwenden, das niemand wollte. Doch genau das war notwendig, wenn es ernsthaft und langfristig etwas zu verändern galt. Schon immer. Und gerade weil im Grunde jeder weiß, dass es so sein muss, scheuen die meisten davor zurück, den Weg durch die Instanzen zu gehen. Ohne Christian Petry und die Freudenberg Stiftung hätte ich es nie tun können. Ich hätte nicht einmal daran gedacht. Ihm gelang es fast immer. Mit seiner unerbittlichen Liberalität und der Überzeugung, dass niemand sich zu schade sein dürfe, für unsere Themen und Befürchtungen alle nötigen Wege zu gehen, hat er mir gezeigt, wie dieses Land funktioniert. Ministerialdirigenten, Abteilungsleiter, die Vertreter der Bund-Länder-Kommission für Bildungsplanung, Bürgermeister – sie alle wurden von uns besucht, um das Modell RAA in den Neuen Ländern einzurichten. Das komplizierte Spiel, politisches und fachliches Interesse zu kombinieren mit den Möglichkeiten der Finanzierung und des Einflusses, die eine private Stiftung zu bieten hatte, beherrschte er auf einzigartige Weise. Ich konnte dabei den moralischen und praktischen Nachdruck und die Erfahrung einer Ostdeutschen beisteuern. Denn ich wusste ja, dass wir gegen die Zeit arbeiteten. Andererseits war es auch ein Vergnügen, zu sehen, wie wir Menschen inspirieren konnten, ihre Phantasien zu entwickeln und Dinge zu wollen, die ihnen bis dahin verborgen gewesen waren.

So konnten wir in zweiundzwanzig Städten RAAs gründen, die in allen Neuen Ländern einschließlich Berlin mit Projekten loslegten. Auf den langen Autofahrten quer durch die Neuen Bundesländer erzählten Christian Petry und ich uns gegenseitig unsere Geschichten. Er redete von seiner Schulzeit, ich von meiner. Ich brachte ihm Pionierlieder bei, dafür musste ich die Melodien aus dem Repertoire des humanistischen Gymnasiums ertragen. Ich erzählte ihm vom In-der-Ecke-Stehen und der Langeweile, von den Zumutungen, der Unfreiheit, von den Treffen mit Hartung und von der Schwierigkeit, meiner Fremdheit einen Ort zu geben. Er sprach von den achtundsechziger Jahren und wie sie ihn geprägt hatten. Und wir redeten über unsere Pläne für die RAA. Die bildungspolitische Elite der Reformpädagogik stand uns dabei zur Seite und half bei Verwaltung und Politik die Dinge ins Rollen zu bringen. Dabei lernte ich auch Helmut Becker kennen. Er war einer der großen Bildungsreformer und ein wunderbar geistreicher Mann, zudem war er auch noch irgendwie Teil der Geschichte, die bis in meine Familie hinein direkte Konsequenzen gehabt hatte: Sein Vater war jener Bildungsminister gewesen, der es meinem Vater möglich gemacht hatte, ein Abitur abzulegen.

Eines der Gremien, das auch unter dem Dach der RAA arbeitete, hieß «Arbeitskreis gegen Fremdenfeindlichkeit in den Neuen Ländern». Dort versuchten Ausländerbeauftragte, Praktiker und einige Wissenschaftler zusammenzuarbeiten.

Das mag selbstverständlich klingen, aber das Beharren auf immer einengenderen Zuständigkeiten drohte unsere Kultur des Austauschs aus den Zeiten der Runden Tische auseinander zu reißen. Doch es war wichtig, einen Ort der Kommunikation zu haben, denn es gab viel zu tun. So wollten wir etwas gegen die Abschiebung der Vertragsarbeiter unternehmen. Die Bundesregierung wollte sie den Gastarbeitern aus Italien, der Türkei usw. in ihren Rechten nicht gleichstellen, und wir versuchten ihren Aufenthalt wenigstens für den Fall zu sichern, dass sie Arbeit und Wohnraum nachweisen konnten. Dafür brauchten sie aber Genehmigungen und Gewerbescheine. Die Zeit drängte, denn von den wenigen zehntausend in Ostdeutschland lebenden ausländischen Arbeitern sollte nach dem Willen der Innenminister kaum einer bleiben dürfen. Wir wollten verhindern, dass im Osten des Landes ausländerpolitisch Tabula rasa gemacht wurde. Die Parallele zur allgemeinen «Ausländer raus!»-Stimmung, zum Beifall klatschenden Mob der Normalbürger in Hoyerswerda war für mich deutlich zu sehen. Und inakzeptabel.

In der DDR waren die Vertragsarbeiter meist als Gruppe in Erscheinung getreten, denn gezwungenermaßen hatten sie sich ja auch in Gruppen bewegt. Nun wollten wir das Bleiberecht durchsetzen und die Erkenntnis, dass es sich um Individuen handelte, die in der Nachbarschaft wohnten, die man beim Kinderarzt traf oder mit denen man über Spielplätze oder Lehrer sprechen konnte. Nach der Wende, nach den Jahren des Verbots, waren viele Kinder geboren worden. Zudem tauchten bei den Vietnamesen Kinder auf, die nun endlich zu ihren Eltern nachgereist waren oder, wie in manchen Fällen, offenbar versteckt in den Wohnheimen gelebt hatten. Es ging ganz schlicht auch darum, zu klären, ob und wie diese Kinder unterrichtet werden konnten oder wie zu verhindern war, dass die von Abschiebung bedrohten Vertragsarbeiter durch Kriminelle bedrängt wurden. Dazu gab es den Arbeitskreis. Die Vorsitzende war Almuth Berger. Wir tagten regelmäßig und an verschiedenen Orten. Einige Wochen nach dem Pogrom in Hoyerswerda und wenige Monate vor dem Pogrom in Rostock trafen wir uns genau dort – in Rostock.

Die Stadt hatte sich wenig verändert. Es war immer noch «mein» Rostock. Ich ging durch die bekannten Straßen und merkte, dass lediglich die Fassaden der Geschäfte verschönert worden waren, wie halt überall. Die Türme des Studentenwohnheims erinnerten mich an die hastigen Wege von damals, auf denen mich manchmal Hoffnung, öfter aber selbstzweifelnde Hoffnungslosigkeit begleitet hatten. Die atmosphärische Enge in der Stadt hatte sich längst nicht verflüchtigt, nur ein kleines bisschen verschoben. Der Westen war nun an allem schuld. Es gab einige Neubaugebiete mehr, im Zentrum sah man die eine oder andere begonnene Sanierungsmaßnahme, die inzwischen wieder zu verfallen drohte. Hanna hatte endlich eine echte Wohnung, ihr Sohn war inzwischen fast sechzehn Jahre alt und wollte Journalist werden.

Rostock war nicht Landeshauptstadt geworden und kränkelte vor sich hin. Die aufgeladene Stimmung zeigte sich überall, ich hatte genug Abstand, um sie deutlich zu spüren, in den Bemerkungen der Leute ebenso wie in den Nazischmierereien an den Wänden. Die Einwohner selbst, sogar einige der Lateinamerikaner, spielten die Beschimpfungen und Angriffe gegen Ausländer als Ausnahmen herunter. Die Schmierereien und das Auftreten rechtsextremer Jugendlicher wurden sogar als Rache für die Ungerechtigkeiten der Einheit gerechtfertigt, ja zu einer Art moralischer Waffe der Unterdrückten stilisiert. Dieses letzte Argument mag ein Grund gewesen sein, aus dem der Westen die Entwicklung tolerierte. Ein weiterer Grund war sicher, dass es in der alten Bundesrepublik ebenso eine ungeklärte Geschichte mit den

Alt- und Neonazis gab. Die Reaktionen im Westen waren ambivalent: einerseits bestimmt durch das schlechte Gewissen, weil man dem Osten tatsächlich viel zumutete, andererseits, weil der Westen sich mit der Formel distanzieren konnte: Nazis gibt es nur im Osten. Eine paradoxe Wiederholung der früheren DDR-Parolen über den Westen.

Ob durch die Einheitsmaschinerie herausgepflügt oder nicht: Im Osten begann die Welle des Ausländerhasses das Land zu überfluten, ohne auf nennenswerte Barrieren zu stoßen. Wir hatten mit unseren Projekten und den Erfahrungen daraus große Mühe, öffentliche Aufmerksamkeit auf diese unsägliche Gewalt zu lenken. Als ich einmal in einer renommierten Einrichtung für die Elite der Wissenschaftler und Künstler aus verschiedenen Ländern Kontakte suchte und Gespräche führte, kam es zu einer Begegnung, die in jener Zeit nicht untypisch war für die Haltung westdeutscher Intellektueller: Ich wurde dem Leiter des Instituts vorgestellt, der sich höflich nach meiner Arbeit erkundigte. Also schilderte ich sie ihm kurz und warnte davor, dass Tatenlosigkeit angesichts der rassistischen Stimmung im Osten gewiss auch für den Westen Folgen haben würde. Er zog die Augenbrauen hoch und bekundete freundliches Desinteresse: «Ach, Sie machen interkulturelle Projekte? Ja, das ist gut. Seit die Kinder aus dem Haus sind, kümmert sich meine Frau auch viel um solche Dinge. Nicht wahr, Liebling, die Behinderten liegen dir sehr am Herzen.»

Es gab einen Satz, der mich besonders auf die Palme brachte: «Sie fühlen sich bestimmt allein gelassen.» Ich empfand das nie so. Wir waren nicht allein, wir hatten die Freudenbergs, die alles taten, um unserer Arbeit Respekt und Anerkennung und den politischen Schlussfolgerungen Gehör zu verschaffen. Im Übrigen arbeiteten wir mit einer Haltung, die mir sehr entsprach: Wenn die Kräfteverhältnisse so sehr zu unseren Ungunsten stehen, Aussichten auf Erfolg dünn sind und der Schutz potenzieller Opfer in einem Meer von Anfeindungen fast Glückssache ist, kann man nichts falsch machen. Dann kann und muss man es in jedem Fall versuchen. Ein gewisses Maß an Hoffnungslosigkeit war eine meiner Kraftquellen und mit jedem gelungenen Projekt zugleich ein Grund für maßlose Hoffnung.

Der Pogrom in Hoyerswerda war wie ein weiterer Impuls für die Inszenierung der «Iphigenie auf Tauris». Die Berliner Volksbühne lud Ruth dazu ein und die RAA als Partner. Es war überhaupt keine Selbstverständlichkeit, dass Nichtdeutsche auch Hauptrollen spielen können, wie die des Thoas, dessen Darsteller aus Algerien stammte. Und es war nicht selbstverständlich, dass sich eine Inszenierung in diesen Zeiten um ein so unangenehmes Thema wie die Feindschaft Fremden gegenüber drehen sollte. Ruth setzte einen Chor in die Inszenierung, einen Chor von Fremden, die der Spannung zwischen Iphigenies Kampf mit sich und Thoas eine weitere Dimension gab. Diesem Chor gehörten zwei Iraker, ein Kurde, ein Südafrikaner, ein Grieche und ein Türke an. Sie sprachen eigene Texte. Sie kommentierten diesen Kampf. Sie sangen romantische deutsche Lieder.

Wenige Wochen vor der Premiere von «Iphigenie» begann die Tagung in Rostock. Sie fand im großen Saal des Rathauses statt, der mit goldbemaltem Stuck und vielen Wappen prunkvoll ausgestattet war. Am Tisch saßen auch zwei Vertreter des Instituts, an dem ich studiert hatte. Einer davon war damals Parteisekretär gewesen. Der Bürgermeister selbst hielt die Eröffnungsrede. Kein Wort über die Spannung in der Stadt. Kein Wort über die überall anwesenden Neonazis – der Bürgermeister sprach über die wunderbare Tradition der Weltoffenheit Rostocks, weil diese Stadt ja einen Hafen habe und damit immer Tor zu Welt gewesen sei. Als ob dies allein schon eine Garantie wäre für Toleranz gegenüber Fremden. Nein, meinte er, hier könne es niemals zu solchen Ausschreitungen kommen wie in Hoyerswerda, weil alle wachsam seien und Toleranz eben zu Rostock gehöre. Er erwähnte nicht, dass erst Walter Ulbricht den Bau des Überseehafens angeordnet hatte, um den Umweg der Güter zum kapitalistischen Hafen in Hamburg zu verhindern. Und dass der Bau mit einer riesigen ideologischen Kampagne einhergegangen war, die das Nationale der DDR und die notwendige Abschottung betont hatte. Danach sprach der neue Ausländerbeauftragte von der Wichtigkeit der Integration von Ausländern und von kommenden Aufgaben. Es sprachen auch die Vertreter des Lateinamerika-Instituts und erklärten sich selbst zu Kronzeugen der Toleranz und Tradition der Menschenwürde. Und sie redeten allen Ernstes von ihrer beispielhaften Völkerfreundschaft. Das war zu viel an Verlogenheit.

Ich meldete mich zu Wort. Es war ein seltsamer Augenblick. Ich war inzwischen schon daran gewöhnt, öffentlich zu sprechen. Doch hier ging es mir einen Augenblick so, als säße ich in einer Zeitmaschine, die mich zurückkatapultierte in den Zustand von damals. Es kostete mich einige Überwindung aufzustehen, ich sah den Parteisekretär, ich hatte die Reden im Ohr, und es war wie ein Wiedererkennen dieses Gefühls, etwas zu sehen und zu spüren, das niemand bemerken wollte, obwohl es allen direkt vor Augen stand. Im Gegenteil – genau dieses Sichtbare erschien wie ein Beweis dafür, dass derjenige, der es sah, sich hoffnungslos ins Unrecht setzte. Einen Augenblick lang fühlte ich mich wieder so unwohl wie einst, als es notwendig gewesen war, mich als die dumme, unangepasste Studentin darzustellen, um das offensichtliche Geheimnis zu bewahren. Aber die Zeiten waren nun anders, und ich hatte einen langen Weg hinter mich gebracht, also stand ich auf. Ob denn niemand sehen wolle, fragte ich, was sich auch hier zusammenbraue. Wenn es nicht gelinge, die Probleme beim Namen zu nennen, habe die Veranstaltung keinen Sinn. Das hier Beschriebene reiche nicht einmal, um die Oberfläche zu erkennen, geschweige denn die Tiefe des Problems und die aktuelle Gefahr. Ich hatte gehört, wie die Bewohner der Neubaugebiete über die Flüchtlinge in Lichtenhagen redeten, wo gerade die zentrale Aufnahmestelle für Asylbewerber eingerichtet wurde. Und ich fragte die Anwesenden, ob sie sich nun mit der Geschichte auseinander setzen wollten oder nicht. Das Lateinamerika-Institut als Hort der Toleranz zu beschreiben sei Teil des Problems: die wirkliche Situation nicht wahrzunehmen und daher auch nicht darauf reagieren zu können.

Keiner der Rostocker sagte etwas. Ich setzte mich wieder. Einige Gesichter zeigten einen Anflug von Besorgnis, die meisten aber blickten verschlossen und grimmig. Dagmar, die Pastorin, und Annette, die viel Erfahrung in der Ausländerarbeit in Rostock gemacht hatte, meldeten sich zu Wort und unterstützten mich. So waren wir immerhin zu dritt gegen einen undurchdringlichen Wall aus Ignoranz, Verdrängung, Politik und Gleichgültigkeit.

Wenige Monate später begann das, was die verantwortlichen Politiker in ihrer Mischung aus Provinzialität, Blindheit und politischem Kalkül für nicht relevant gehalten hatten: Die Aufnahmestelle für Asylbewerber in Rostock-Lichtenhagen war überfüllt. Flüchtlingen, vor allem Roma, wurde die Aufnahme verweigert, sie lagerten vor dem Heim auf der Wiese. Sie bekamen weder Geld noch etwas zu essen, noch sorgten die Verantwortlichen für Toiletten oder gar eine weitere Unterkunft. Wochenlang sahen die Vertreter der Stadt zu, wie die Stimmung gegen die Flüchtlinge in den Wohngebieten weiter eskalierte. Derweil diskutierte die Bundespolitik die Einschränkung des Asylrechts. Unsere Partner in Rostock riefen immer wieder an und beschrieben die Situation. Die Flüchtlinge klauten in den Kaufhallen und verrichteten ihre Notdurft unter den Balkonen der Anwohner. Unsere Freunde bemühten sich um Lösungen, doch niemand schien interessiert. Die Flüchtlinge waren das Übel, und daran wollte wohl keiner etwas ändern. Die Pogromnächte begannen, als hätte es die Tagung des Arbeitskreises nie gegeben, keine Warnungen, keine Vorschläge – gar nichts. Und Nazis aus dem ganzen Bundesgebiet reisten an, um bei diesem «Volksfest» mitzumischen.

Der Inszenierung «Iphigenies» folgte ein Liederabend in einem kleinen Theater. Der Chor aus «Iphigenie» sang die «Winterreise» von Schubert. Die Poesie der Verse von Wilhelm Müller sprach von Einsamkeit, Fremdheit und Liebe, und es war vollkommen egal, dass die Künstler keine Deutschen waren. Ihre Gefühle und ihre Geschichte schienen in den Liedern am besten aufgehoben zu sein. Ich mochte diesen Liederabend sehr, ich mochte die Künstler, die auf der Bühne persönliche Geschichten erzählten. Darüber, wie sie sich in Deutschland fühlten, über die Sehnsucht nach der Familie, über die Sorge, was geschehen mochte in der alten Heimat, über ihre Pläne, Ängste und ihre Liebe. Ich entdeckte die deutsche Romantik neu, nicht nur als ein bedrohliches Vorzeichen, sondern als eine Poesie, die ich gut mit Salah, Taha, Sücrü, Eugene und den anderen teilen konnte. Und ich bewunderte Ruth dafür, wie sie durch «Iphigenie» und die ungewöhnliche «Winterreise» ausdrückte, was uns in dieser Zeit beunruhigte. Taha begleitete die Kinder aus den Flüchtlingsheimen und aus deutschen und russisch-jüdischen Familien in das Ferienlager, das wir nun jedes Jahr veranstalteten, um dort Theater zu spielen, zu bauen, zu malen und Lieder zu lernen, die wir bisher nicht kannten. Eugene gab Unterricht in einer Schule im Neubauviertel in Hellersdorf. Über Monate begleiteten wir ihn auf dem Weg dorthin, damit ihm nichts passierte. Und Jugendliche aus verschiedenen Ostberliner Bezirken machten sich ihre Version von «Iphigenie» und schrieben ein eigenes Stück. Über Fremdheit und Bedrohung und den Druck, allein zu sein auf einer fremden, deutschen Insel der Gewalt.

Wie in Hoyerswerda wurden die Flüchtlinge auch in Rostock weggebracht, nach Tagen der Belagerung, der Angriffe, bei denen die Polizei nichts unternahm. Doch diesmal war es nicht nur die Kapitulation des Rechtsstaats, es war ein wohlkalkuliertes Instrument, um den Rechtsstaat mit Hilfe des randalierenden Mobs zu verändern. Am dritten Tag, als die Flüchtlinge, um die es zu gehen schien, fort waren, griffen Neonazis mit Unterstützung der Bevölkerung das Wohnheim der Vietnamesen an und setzten es in Brand. Die Eingeschlossenen irrten im Gebäude umher und konnten sich am Ende selbst und ganz allein vor dem Tod retten. Am nächsten Tag sprach die Politik. Aus Rostock kam kein Wort des Bedauerns oder gar der Entschuldigung zu den betroffenen Menschen. In einigen öffentlichen Kommentaren der Politiker tauchte manchmal das Wort Toleranz auf. Dass man dennoch tolerant sein solle. Doch in einem waren sich der Bundesinnenminister und der Ministerpräsident von Mecklenburg-Vorpommern einig: Das Asylrecht muss eingeschränkt werden. Ihr Auftreten wirkte wie ein Fanal.

Bei der Arbeit an diesem Projekt in der Zeit zwischen Hoyerswerda und Rostock ist mir aufgefallen, dass Goethe offenbar ein viel radikaleres und umfassenderes Bild von Toleranz hatte. Er schrieb: «Toleranz sollte eigentlich nur eine vorübergehende Gesinnung sein. Sie muss zur Anerkennung führen. Dulden heißt beleidigen.» Die DDR war ein Land, in dem die Bevölkerung zu Konformität angehalten und vor allem, was fremd und fremdländisch war, aggressiv beschützt wurde. Das nimmt nicht wunder, denn Fremdheit und Freiheit gehören zusammen. In der Sehnsucht nach der Fremde zeigt sich immer eine in die Ferne projizierte Sehnsucht nach eigener Befreiung. Deshalb die Angst davor, es ist die Angst vor der Freiheit der Wahl, des Austauschs, des Denkens und der Lebendigkeit.

Ein Jude, dem man erklärt, er werde toleriert, hat durchaus Anlass zur Sorge, dass Respekt für seine Kultur und sein Gedächtnis damit nicht verbunden sind. Mir schienen Toleranz und schweigende Missachtung des Fremden immer zusammenzugehören. So ging es uns allen, die an «Iphigenie» gearbeitet haben. Doch schließlich ist Duldung immer noch besser als Intoleranz in Wort und brutaler Tat.

Nur Ignatz Bubis zeigte öffentlich, ohne Wenn und Aber, ohne politische Einschränkungen oder Begründungen, sein Entsetzen und seine Trauer. In den folgenden Wochen und Monaten brannten Flüchtlingsheime, und Ausländer wurden auf offener Straße gejagt. Es war wie die real gewordene Prophezeiung jenes Juristen, der uns damals bei Arco Iris gewarnt hatte. Es war eine Inszenierung mit Tausenden Mitwirkenden und einem Showdown: der Einschränkung des Asylrechts insgesamt. So also hatten die Pogrome genützt. So wurde gewährt, was der Mob mit Gewalt erreichen wollte.

18. Kapitel
Akten

Es waren zwei Pakete, beide in braunen Umschlägen, aber unterschiedlich schwer. Und das lag nicht nur am Gewicht. Allein die Tatsache, dass es sie gab, trieb mir immer wieder die Scham ins Gesicht. Es war nicht so sehr aus Mangel an Einsicht oder daran, mich selbst zu verstehen. Ich hatte erkannt, dass es eben Dinge gibt, die einem immer dieses Gefühl bereiten werden. Ohne Ausnahme und bis in alle Zeit. Die Akten des MfS, wie sie nun vor mir lagen, zeugten davon, wie schrecklich, verrückt und wie krank das Land war, in dem ich gelebt hatte, und wie sehr ich selbst ein Teil der Krankheit gewesen war. Das vor allem machte die Scham aus.

Es gibt unterschiedliche Möglichkeiten, damit umzugehen: Man kann erklären oder rechtfertigen, es für mehr oder weniger wichtig für das heutige Leben befinden oder sich selbst verurteilen – immer bleibt es Teil der eigenen Geschichte. Jeder Versuch, mich den beiden Akten zu nähern, bedeutete einzusteigen in die Krankheit, und das machte es am Anfang so schwer. Ob die Akten nun die ganze Wahrheit und nichts anderes verkündeten oder eben die reine Lüge waren, welches meine Perspektive dabei war und welches diejenige derer, die die Akten angelegt hatten – alles stand unter dem Zeichen eines manipulativen und verachtungsvollen Systems, in das mich hineinzudenken mir Übelkeit verursachte. Das galt für beide Pakete, für das mit meiner IM-Akte wie auch für das mit gesammelten Bespitzelungen gegen mich. Die Akten waren beides, Lüge und Wahrheit zugleich, doch die Perspektiven ließen sich nicht so leicht beschreiben. Das schwierige Glück bestand nun darin, eine weitere Perspektive als Maßstab zur Verfügung zu haben: die heutige, und dazu gehörte das Privileg, die Akten auch einsehen zu können. Da saß ich nun als einigermaßen erwachsener Mensch und hatte eine besonders widerliche Lektüre über eine Zeit zu lesen, deren Krankheit ich damals gespürt hatte, aber nicht benennen konnte.

Am Anfang, als 19-Jährige, war ich nicht stark genug gewesen, um *nein* sagen zu können. Hartung hatte einen langen Vorlauf angelegt, jemand aus meinem Umfeld war auf die Idee gekommen, mich anzusprechen. Als Hartung bei dem Verhör wegen Dominiques Flucht auftauchte, war ich schon eine ganze Weile im Visier des MfS. Er wusste einiges über mich und meine Familie, als er mich damals während der Befragung zum Kaffee einlud. Meine erschrockene und ängstliche Reaktion im ersten Gespräch charakterisierte er in seinem Bericht als nervös und überrascht. Über den Druck, den er gemacht hatte, schrieb er auch nichts Direktes, er deutete ihn nur an. An welcher Stelle ich am stärksten manipulierbar war, wusste er nicht, deswegen hatte er einfach alles gleichzeitig eingesetzt.

Schlimm und beschämend für mich war bei der Akteneinsicht mein Geplapper der ersten Monate. In dieser Zeit hatte ich über alle möglichen Bekannten geredet, und in den Akten stand, dass daraus Vorgänge entstanden waren. Ich hatte nicht viel über die Leute gesagt, aber sie zu nennen reichte schon, um den Apparat in Gang zu bringen, von dem man heute weiß, wie filigran und grob zugleich er funktionierte. Aus dieser Zeit stammte Hartungs Eintrag: «Sie belastete Personen.» Später passierte mir das nicht mehr so oft, aber es passierte. Hartung schrieb sich diese Anfangserfolge mit gewissem Stolz auf sein Haben-Konto. Ich kann heute nicht sagen, ob jemandem dadurch geschadet wurde, oder schon dadurch, dass überhaupt Namen auftauchten in den vielen Protokollen. Doch selbst wenn das nicht der Fall war, nährte sich dieses verbrecherische System mit seinen Verästelungen doch von Aussagen wie meinen. Dies beschämte mich besonders, denn wenn DDR-Bürger auch nur in das Visier des MfS gelangten, war es für sie in jedem Fall gefährlich. Anders als Diplomaten oder westliche Journalisten hatten sie keine Möglichkeit auszuweichen. Sie waren ohne Schutz.

In der Akte fanden sich drei handschriftliche Texte von mir: Die Beurteilung von Hanna, die eines Kommilitonen, der wie Hanna nach meinem Befinden ein guter und engagierter Student war, und die Schilderung eines Besuchs beim peruanischen Botschafter. Hartung hatte aus dieser einmaligen Begegnung große Hoffnung geschöpft und hinterher beschrieben, was für eine interessante und zukunftsträchtige Partie ich für ihn sei. Ich war nur einmal in der Botschaft gewesen, hatte nach Quechua-Wörterbüchern gefragt, etwas Smalltalk gemacht und war wieder gegangen. Diesen Besuch hatte ich vollkommen vergessen, weil er offenbar kurz, freundlich und ohne Belang war. In der Akte nahm er einen wichtigen Raum ein. Die Bewertung dieses Besuchs, allein die Tatsache, dass er stattgefunden hatte, und auch die Darstellung anderer Begegnungen dieser Art standen in keinem Verhältnis zu dem, was und wie ich damals war. Hartungs Ehrgeiz hatte weder etwas mit meinem Selbstbild zu tun, das sich enorm davon unterschied, wie ich auf andere wirkte, noch mit meinen vernünftigerweise anzunehmenden Möglichkeiten. Diese Diskrepanz kam mir im Nachhinein geradezu komisch vor, doch sie hatte ihre Logik: Hartung wollte die Hoffnung, die er in mich setzte, begründen, also musste er mich unbedingt ernst nehmen. Und dieses Ernstnehmen war Teil der Manipulation, die es mir lange schwer machte, nein zu sagen.

Dann gab es viele Gespräche um Maureen, die ganz offensichtlich als IM angeworben werden sollte, was aber dann doch nicht geschah. Ich fragte sie danach, als ich die Akten gelesen hatte. Damals hatte ich nicht gewusst, dass man sie anwerben wollte. Maureen sagte mir, sie sei niemals angesprochen worden. Doch der Vorgang nahm viele Seiten in der Akte ein. Immer wieder und wieder sollte ich Maureen treffen, was ich ja ohnehin tat. Ob sie nun die neuen Visa-Gebühren gut fand oder furchtbar teuer, dass sie die Mieten im Osten toll fand, die Leute interessant, die DDR aber bedrückend – das alles änderte nichts daran, dass ich gern mit ihr ins Konzert ging. Ich hatte damals ein schlechtes Gewissen, weil ich Hartung einmal erzählte, dass ein Freund von Maureen, ein Journalist, auf einer Party Marihuana geraucht hatte. Die Information hätte vielleicht verwendet werden können. Aber in der Akte stand nichts darüber. Vielleicht hatte ich es ihm auch gar nicht gesagt, weil ich viel zu überrascht und beeindruckt war von der Situation, denn Marihuana, Drogen überhaupt, bedeuteten für mich eine vollkommen andere Welt. Wenn ich es ihm nicht gesagt hatte, dann war es eher ein Zufall; wenn ich es ihm gesagt hatte, erkannte er darin offenbar keine Bedeutung.

Meine Aufgabe laut Akten blieb, bei Journalisten und Diplomaten ein gutes Bild der DDR zu hinterlassen. Parallel fürchtete das MfS stets, dass diese Grenzgänger Menschen aus der DDR schleusten. Doch diesem Thema habe ich mich immer entzogen. Interessant war, dass meine Kritik an der DDR von Hartung zur Kenntnis genommen wurde, aber überhaupt keine Folgen hatte: Weder die Empörung gegen Biermanns Ausbürgerung noch der Ärger über die Behandlung chilenischer Sozialisten, noch die Wut über den Rassismus der DDR in Mosambik, noch der Protest gegen die Verfolgung der Solidarność in Polen hinterließen irgendeine Wirkung oder

Schlussfolgerung. Sie wurden zwar vermerkt, aber übergangen. Es war nicht wichtig. Nicht einmal als Meinung oder in der Bewertung meiner Person. Es gab dazu keinen Kommentar. Auch Hanna kam nicht vor mit ihrer Geschichte. Wichtig war ihm nur, weiterzumachen. Sonst nichts.

Als ich Hartung im Januar 1982 mitteilte, dass ich nun nicht mehr bereit sei, mit dem MfS zusammenzuarbeiten, war er überrascht. So sagt es die Akte. Vielleicht hatte er wirklich nichts gemerkt, weil er auf seine Hoffnung fixiert blieb. Ich weiß es nicht. In den Akten jedenfalls begründete er meinen Kontaktabbruch sehr wirr. Er nannte persönliche Gründe und betonte, dass gar nichts darauf hingewiesen habe. Außer dass ich nach Mosambik kaum mehr Zeit gehabt und mich abweisend gezeigt hätte. Außer, dass ich schon längere Zeit ideologische Barrieren hatte. Das stand da. Dass ich schon bei Polen und Biermann keinen Klassenstandpunkt vertreten hatte, muss Hartung bei der Gelegenheit wohl wieder eingefallen sein. Er wusste, dass ich mich Hanna gegenüber offenbart hatte, hatte es aber nicht notiert. Was für andere ein Grund zur Bespitzelung war, spielte bei mir keine Rolle. Nichts davon tauchte vor meinem Kontaktabbruch in Hartungs zusammenfassenden Berichten an seine Vorgesetzten auf. Er hatte überhaupt nicht verstanden, wer ich war und was mich bewegte, motivierte oder empörte. Es interessierte ihn nicht. Deshalb war er überrascht.

So wirr wie das Ende erschien mir die ganze Akte. Nach und nach versuchte ich zu verstehen, was darin stand, welche Ereignisse, welche Personen zu welcher Zeit gemeint waren. Das Durcheinander lag nicht nur daran, dass die Seiten mit den vielen Formblättern, Stempeln und Nummern irgendwann keine Reihenfolge mehr ergaben, weil ich die innere Logik der Papiere nicht nachvollziehen konnte. Das ganze Konvolut wirkte unkonzentriert und ziellos. Zu meinem

Glück war es Hartung nicht gelungen, mich ernsthaft zu motivieren. Hätte er mir damals gesagt, ich solle eine neue Olga Benario oder Tamara Bunke werden, wäre er meinen Kindheitsträumen zumindest etwas näher gekommen. Hätte er von der Rolle, die der Antifaschismus für mich spielte, wenigstens eine Ahnung gehabt, dann wäre es sicher schwerer gewesen, mich einer gezielten Steuerung zu entziehen. Doch so spiegelte die Akte ein Hin und Her mit Unterbrechungen und ohne konkrete Erfolge in seinem Sinne. Hartung konnte im Grunde nichts mit mir anfangen. Er war bürokratisch statt menschlich, ideologisch statt human. Er war wie die DDR selbst.

Dann lag da noch das andere Paket. Und seine Wahrheiten hatte ich mir auch anzuschauen. Sie waren weniger vollständig als die in der anderen Akte. Man hatte mir erklärt, bestimmte Teile der Archive seien während der Wende vernichtet worden. Und eigentlich war ich trotz aller Neugier froh darüber. Dieser Teil der Akte, in dem ich Objekt der Beobachtung war, setzte sich aus unterschiedlichen Quellen zusammen. Hier war gesammelt, was mich betraf. Einschätzungen von der Uni, Berichte des MfS, getarnt als polizeiliche Überprüfung, Befragungen meiner Nachbarn im Haus, Kommentare einiger meiner Kommilitonen, die sie möglicherweise nicht direkt für das MfS, sondern für die Studienabteilung geschrieben hatten. Doch sie enthielt auch Material, das von direkter Bespitzelung zeugte. So gab es einen Vorgang über das Abhören meines Telefons. Die Protokolle darüber aber blieben verschwunden. Nach meinem Bruch mit Hartung spielte das ohnehin keine Rolle mehr. Natürlich wurde das Telefon abgehört, wir hatten nur darauf zu achten, dass wir keine Namen nannten – irgendetwas anderes verbergen zu wollen hatte sowieso jeden Sinn verloren. Denn nach meinem Kontaktabbruch wurde ich sofort für jeglichen Auslandseinsatz gesperrt. Das war mir auch klar gewesen, doch diesen Verwaltungsakt mit Begründung, Stempel und Unterschrift in den Händen zu haben machte mich noch einmal wütend und traurig zugleich. Nicht so sehr um meinetwillen, ich hatte mich damals ja dafür entschieden, sondern wegen der Illusion um diese ganze DDR und der Hoffnung meiner Eltern und vieler Emigranten. Aber auch wegen der verlorenen Zeit in meinem Leben und dem vieler anderer, wegen der Verdrängung dessen, was mich an der deutschen Geschichte in der DDR geängstigt und beschäftigt hatte. Ich war einmal mehr abgeschnitten von einer schrecklichen Wirklichkeit, zu der auch meine Familiengeschichte gehörte, und ich konnte nichts tun, um mich dieser Wirklichkeit zu stellen. Damals beim Abschied wusste ich nicht, dass die Mauer verschwinden würde, ich hatte nur noch die Möglichkeit fortzugehen. Denn das Objekt von Observation und Bespitzelung zu sein bedeutete noch immer, dazuzugehören und passiv eben doch das System zu nähren.

Ich fand Berichte und Vermerke über mich, die vor, während und nach meiner Zeit mit Hartung geschrieben wurden. Sie stammten von Kommilitonen aus Rostock, von meinen Vorgesetzten, von Mietern aus dem Haus, in dem ich jeweils wohnte, und von Leuten aus der Uni in Berlin. Sie waren teilweise banal, so wie es eben in DDR-Sprache klingt, wenn man jemanden beurteilt, der irgendwie unangepasst und ungewöhnlich wirkt. Andere Berichte waren widerlich, gehässig, bösartig, neidisch und denunzierend. Ganz anders als im IM-Verlauf des ersten Stapels, bei dem ich auf meine «Brauchbarkeit» hin beurteilt wurde, waren hier gezielt die negativen Äußerungen über mich abgelegt. Es war wie ein Band aus Zeit, das sich durch mein Dasein zog. Ich hatte immer das Gefühl, so gesehen zu werden, und gefürchtet, dass es irgendwann auch offenkundig werden würde. Das Dasein hatte nicht unterschiedliche Gesichter oder unterschiedliche Phasen, es war immer alles zugleich.

Ich weigerte mich, in diesen Berichten etwas Grundsätzliches zu sehen. Sie galten ja nur mir, und dennoch weckten sie den alten Vorbehalt gegen die deutsche Welt da draußen, die mit der meiner Eltern durch die Fäden des gemeinsamen Staates verbunden war. Und es war vollkommen egal, von wann und von wem diese Berichte stammten – ob aus einer Zeit, in der ich versucht hatte, meine politische Heimat in der DDR zu sehen, oder einer späteren Phase, in der ich diesen Gedanken längst aufgegeben hatte. Der Ton blieb der gleiche. Dazu kamen noch einige Vorgänge, die mich auf andere Weise berührten: Ich fand in der Akte Observationsberichte aus der Zeit nach meinem Ausstieg. Man war einigen unserer Besucher aus dem Westen gefolgt und hatte ihren Aufenthalt minutiös protokolliert. Alles war im Minutentakt aufgeschrieben worden, einschließlich der Tatsache, dass einer der Besucher beim Bäcker gehalten und Kuchen mitgebracht hatte. Nachträglich bestätigt zu bekommen, dass einem hinter jeder Laterne jemand auflauern konnte, war unangenehm. Aber diese ständige Beobachtung rund um die Uhr, dieses pedantische Eindringen in die private Welt war noch schlimmer. Ebenso fand ich Berichte über Besuche von Leuten, die man für Dissidenten hielt, und zahlreiche Kopien von Briefen. Ich kann mich nicht erinnern, ob ich die an mich gerichteten doch noch bekommen hatte, und ich weiß nicht, ob die von mir geschriebenen ihren Empfänger erreicht hatten. Ich weiß nur, dass eine Geschichte, die damit zu tun hatte, am Ende noch gut ausgegangen war. Eine chilenische Freundin, die eine Zeit lang in der DDR gelebt hatte, bat mich um Hilfe, weil sie eines ihrer Kinder zu sich holen wollte, das sie für eine Weile bei seinem Vater zurückgelassen hatte. Sie hat nach einigem

Hin und Her das Kind nach Holland mitnehmen können; unsere Korrespondenz aber dokumentierte etwas von den besonderen Schwierigkeiten binationaler Familien in einem Staat, wo das Normalste – die Beziehungen zwischen Menschen – den Ausnahmezustand auf den Plan rief.

Und dann gab es noch etwas. Es waren zwei Karteikarten von der Art, die einen undurchsichtigen Vorgang einleiteten. Auf der einen stand, ich hätte Kontakt zur jüdischen Gemeinde, auf der anderen, ich sei befreundet mit dem amerikanischen Rabbiner, der für kurze Zeit in der Gemeinde arbeitete. Ich wusste, was die zweite Karte zu bedeuten hatte, denn der Rabbiner hatte sich die Gängelei, Bespitzelung und Staatsnähe in der Gemeinde nicht gefallen lassen und wollte nach wenigen Monaten fort aus diesem Land. Durch den Wirbel, den er zu Recht veranstaltet hatte, war er ins Visier des MfS geraten – vollkommen klar. Außerdem hatte er vor, meine Freundin zu heiraten und sie nach Amerika mitzunehmen. Wieder einmal behandelten die Behörden den Wunsch, mit jemandem zusammen zu sein und ihn zu heiraten, wie den Versuch eines gewaltsamen Kidnappings. Doch fast noch schlimmer als die Behördenlogik im Sinne brutaler Staatspolitik war, dass Menschen diese Art Logik vollkommen verinnerlichten. Anstatt sich mit einem Paar zu freuen oder sich vielleicht auch Sorgen zu machen, setzten einige Mitglieder der jüdischen Gemeinde Gerüchte, Spekulationen, Unterstellungen und allerlei üble Theorien über die angeblich wahren Hintergründe der Ehe in Umlauf, worüber ich mich als Freundin sehr aufregte. Mir wurde in der Zeit die Mitgliedschaft in der Gemeinde wegen des Ausreiseantrags verweigert, dennoch oder gerade deshalb existierten diese Karteikarten.

Als ich meine Akten bei einer Mitarbeiterin der Stasi-Unterlagen-Behörde abholte, habe ich einen Satz zu hören bekommen, der mir lange nachging. Sehr herzlich und besorgt führte sie mich zu einem Tisch und bat mich, Platz zu nehmen. Sie beruhigte mich, denn ich war sehr aufgeregt, und sagte nach ein paar Minuten bedauernd: «Ach, euch Juden haben sie doch immer gekriegt.» Es war mir in diesem Moment unmöglich, auf ihre Bemerkung zu reagieren. Ich war furchtbar erschrocken und konnte ihr nur ein hilfloses «Wieso?» entgegenhalten. Sie nannte mir einige andere jüdische Namen, die ich kannte und deren Stasi-Verwicklung bekannt geworden war oder vermutet wurde. Es war gerade die Zeit, in der die neuen Formen des «Wir» entstanden. Das deutsche, das ostdeutsche, das von Tätern und Opfern und nun auch das von Deutschen und Juden.

Die DDR-Eliten wurden unter der Leitung der bundesdeutschen Vereinigungsmaschinerie Schritt für Schritt unter Generalverdacht gestellt – oft zu Recht, oft zu Unrecht. Und auch hier vermochte ich mich keinem der «Wir» zuzuordnen. Doch an jenem Tag wurde ich in dem schönen Büro plötzlich einem Kollektiv zugewiesen, das bis dato überhaupt nicht existieren durfte, das verleugnet worden war, seit ich denken konnte. Nur selten tauchten in der DDR-Publizistik Juden als Opfer auf. Öffentlich aber existierten keine jüdischen Personen. Emigrierte jüdische Künstler, Schriftsteller oder Unternehmer wurden im DDR-Jargon lediglich als «rassisch Verfolgte» beschrieben, als wolle man eine Erinnerung an einst existierendes jüdisches Leben für immer verbergen. Doch auf einmal war es da. Plötzlich tauchte das jüdische Kollektiv auf – ausgerechnet hier: im Gebäude der Gauck-Behörde aus dem Mund einer Bürgerrechtlerin: «Ihr Juden». Wir also, die anderen, die man gekriegt hat. Damals und damals. Wir, die wir vielleicht zu bedauern sind. Bestenfalls. Es war mir in dem Moment wie eine erschreckende Offenbarung, deren Sinn ich wohl verstand, deren Bedeutung sich mir aber erst nach und nach erschloss.

Im westlichen Teil Deutschlands hatten immerhin die Achtundsechziger eine Debatte über den Nationalsozialismus in Gang gebracht. Und es gab Medien, die diese Debatte reflektierten. Irgendwann in den Siebzigern erreichte mit dem Film «Holocaust» das Entsetzen auch breitere Kreise der Bevölkerung. In der DDR fehlte selbst das. Wenn es in der einen oder anderen Familie Diskussionen darüber gab, was Eltern und Großeltern getan hatten, um das Morden zu verhindern, dann war das eine Ausnahme. Mit der Gründung der DDR hatte sich jede persönliche Auseinandersetzung scheinbar erübrigt, auch für jene, deren Anteilnahme nun nach der Wiedervereinigung den Angehörigen dieser Minderheit von Juden gehörte, die sich so bedauernswert mit dem Einerseits-Andererseits einer Existenz im antifaschistisch genannten Teil Deutschlands herumschlugen. So als wäre es nicht ihr Problem. Und auch nie gewesen.

Mir sind die Motive suspekt, aus denen viele Menschen mit der DDR abrechnen wollen, doch mindestens genauso suspekt ist es mir, wenn sie es nicht tun. Ich misstraue denjenigen, die nicht verstehen, was die Gründung der DDR als antifaschistische Konsequenz von Krieg und industrieller Massenvernichtung bedeutet hatte. Und ebenso misstrauisch bin ich denen gegenüber, die in nostalgischer Alltagsverklärung den Rassismus und Antisemitismus vollkommen verdrängt haben und das, was Menschen in diesem Land angetan wurde. Ganz besonders den Ausländern, den Sinti und Roma und auch den Juden, die in ihrer Hoffnung auf ein besseres Deutschland hierher zurückgekommen waren. Doch was war daraus geworden? Die DDR war Deutschland in der sozialistischen Variante, ein Produkt des Krieges, auch des Kalten – an dem es viele Beteiligte gab. Es war ein Land, in dem alle politische Härte mit dem Hinweis auf den anderen Teil Deutschlands gerechtfertigt wurde, ein Land, das sich nie an sich selbst messen lassen wollte. Es war ein Land, das mit Hoffnungen begann und als verbrecherisches System endete, dessen Bürger hinter Mauern gefangen waren. Ich hielt daran fest – aus Respekt vor den Gründen seiner Entstehung, meinen Eltern zuliebe, aus persönlichen Gründen und weil der Westen Deutschlands keine wirkliche Alternative bot – bis ich mich anders entscheiden konnte. Die zwei Aktenpakete erzählen in Wahrheit und Unwahrheit einen kleinen Teil davon.

Doch noch etwas anderes konnte ich beim Lesen der Akten wieder spüren: Es war wie eine Gefangenschaft, eine nötigende Unfreiheit, die mich in diesen Jahren und in diesem Land umklammert hielt. Als 19-Jährige mochte ich noch Hoffnungen gehabt haben, etwas vielleicht Sinnvolles zu tun. Doch im Laufe der Zeit fehlte mir eher der Mut, nein sagen zu können. Hätte ich es getan, hätte ich mit allem brechen müssen. Das hätte ich damals nicht ausgehalten. Ich konnte am Anfang nicht anders – auch wegen des Landes, wegen des Sozialismus, der Eltern, der Verfolgung, des Faschismus. Gegen jede Intuition hielt ich deshalb daran fest, bis ich es eben nicht mehr konnte. An diesen Widerspruch und die Wut darüber musste ich mich erinnern. Ich erinnerte mich an das düstere und beschämende Gefühl, ständig gegen das zu handeln, was ich eigentlich sah, und ständig tun zu müssen, was nicht meiner Wahrnehmung entsprach. Ich wusste lange überhaupt nicht, was stattdessen da hätte sein können. Der Konflikt und die Ohnmacht meines Dilemmas in dem antifaschistischen deutschen Staat haben mich eingezwängt, bedrängt, belastet. Lange Jahre dachte ich, dass es so war, läge nur an mir. Man hatte mir, wenn ich etwas sagte, das mir unrecht vorkam, zu oft gesagt: «Das siehst du falsch.» Die Bilder blieben, doch ich traute ihnen nicht genug. Das ist Unfreiheit.

Mit meiner Entscheidung, den Kontakt zu Hartung abzubrechen, war der erste Schritt getan, mich aus dieser Umklammerung zu lösen. Gerade weil es mich viel gekostet hat. Je größer der Abstand an Jahren und an Haltungen wurde, desto mehr verabscheute ich ein System, das Menschen – auch mich – auf diese Weise moralisch gefangen nahm und durch eine Mauer auch physisch gefangen hielt. Es war die reale Ohnmacht, nicht nur eine gefühlte, durch die ich meine Intuitionen nicht umsetzen konnte oder sie an das Falsche verschwendete. Das wollte ich nie wieder ertragen.

Es begann eine Zeit der Suche und der Fragen. Die eigene Geschichte war mir eine sehr bittere Lehre, verstärkt von der Scham darüber, was ich so lange Zeit mit mir hatte machen lassen.

In den verbleibenden acht Jahren bis zum unerwarteten Mauerfall entstand ein Zorn, ein immer stärkeres Nein zur Unfreiheit, das mich am Ende von allem wegtrug. Wegen der Zusammenarbeit mit dem MfS fühlte ich mich so schuldig und am Unrecht so beteiligt, dass ich mir nach dem Ausstieg eine resolute Haltung und ein striktes Hinterfragen abforderte.

Als sich die Wende ankündigte, wollte ich auf keinen Fall wieder so etwas geschehen sehen. Ich wollte unbedingt und sofort etwas sagen und handeln, wenn ich Unrecht sah. Nicht ein Moment des Zögerns oder Zweifelns sollte vergehen, schon gar nicht, wenn es um die elementaren Freiheiten von Minderheiten ging und deren Recht auf Respekt, Würde und Gleichheit. Jetzt konnte ich handeln, und was nötig war, hatte für mich unbedingt und sofort zu geschehen. So unduldsam wollte ich sein, wie um der Duldsamkeit jener Jahre im Nachhinein ins Gesicht zu blasen.

Die Akten sind da, sie sind Teil meiner Geschichte, und sicher wäre es besser gewesen, viel früher den Mut zum Nein gehabt zu haben. Ich will alles dafür tun, dass Jugendliche oder auch Erwachsene niemals in eine Situation kommen, in der sie sich selbst und ihrem Gerechtigkeitssinn weniger trauen als den Menschen, die sie benutzen wollen. Sie sollen immer den Raum und die Freiheit haben können, Nein zu sagen. Deshalb ist es für mich wichtig, sofort zu sagen, was ich sehe. Erkenntnis kann man nicht zurücknehmen. Die Erfahrung der Machtlosigkeit hatte ich einmal zu oft, nun will ich keine Kompromisse mehr.

19. Kapitel
Geisterjäger

Natürlich glaubte niemand an Geister, also wollte sie auch keiner sehen. Aber es gab Phänomene, Erscheinungen, die vollkommen unerklärlich in die Welt gelangten und über deren Ursprung nun spekuliert wurde. Und weil dafür niemand eine Erklärung wusste, verschwanden sogar die Phänomene vor dem Auge des Betrachters fast ebenso rasch, wie sie zuvor aufgetaucht waren. Das heißt, eigentlich ließ man sie eher verschwinden, als dass sie selbst wirklich aufhörten, ihr Unwesen zu treiben. Näherte sich aber doch jemand, dem die Phänomene aufgefallen waren, erklärten ihre Hüter sie zu einer Art Naturerscheinung, mit deren Klopfen, Schlagen, Poltern und mitunter Morden man in der wieder vereinigten Umgebung eben zu leben sich gewöhnen müsse.

Die Ereignisse von Mölln und Solingen, bei denen junge Neonazis Brandsätze auf Wohnhäuser einheimischer Türken warfen und damit Menschen im Schlaf ermordeten, weckten für einige Momente das öffentliche Bewusstsein. Mit Lichterketten und Gottesdiensten, mit Erklärungen und Begegnungsprojekten versuchte die Gesellschaft der westlichen Variante der Phänomene durch Beschwörung Herr zu werden. Doch selbst das gelang nur bedingt, die ganz große Politik wollte sich auf das Ritual nicht einlassen – der Kanzler Helmut Kohl blieb den Opfern, den Angehörigen und dem damit verbundenen Thema fern, er äußerte sich aus dem *off*. Denn: «Deutschland ist kein Einwanderungsland» war die Gegenformel der Beschwörung, mit der sich die Politik auch alle Probleme dahin zauberte, wo sie gebraucht wurden, und da weg, wo sie hätten gelöst werden können. Die Gewalt hatte angeblich des zu liberalen Asylrechts wegen begonnen. Seine Einschränkung war im Zuge der ersten Gewaltwelle durchgepaukt worden, um Volkes Unmut Rechnung zu tragen. Nun aber traf es die integrierten Türken im zivilen Westen, nicht mehr die lästigen Asylanten im wilden Osten. Das Motiv der Täter war seiner scheinheiligen politischen Impulse beraubt, der blanke Rassismus zeigte sich.

Und nun begann die Zeit des Ost-West-Bäumchen-wechsle-dich-Spiels: Im Osten verwiesen Verantwortliche aus Politik und Medien während der ausländerfeindlichen und rassistischen Aktionen und Stimmungen entschuldigend auf den Westen, der ja nun auch seine Fälle hatte. Im Westen tat man so, als wäre der Flächenbrand im Osten eben auch nur eine Ansammlung von Aktionen einzelner, verirrter und vor allem arbeitsloser Jugendlicher. Das Gemeinsame dabei wurde ausgespart, so wie das wirklich Unterschiedliche – so wichtig für die richtige Antwort auf die Gewaltakte – verleugnet wurde. Der Westen verweigerte diese Antwort mit der Formel, keine Einwanderungsgesellschaft zu sein, was ein ethnisch definiertes Deutschtum zum Maßstab aller Dinge erhob. Die Fremden hätten sich als Gäste, die auch wieder gehen können oder müssen, eben anzupassen und wurden damit zur eigentlichen Ursache des Hasses gegen sie erklärt. Um bei der Anpassung zu helfen, gab es viele Diskussionen und Gespräche und das eine oder andere Projekt für interkulturelle Begegnung.

Dem Osten mit seiner knapp über einem Prozent liegenden Ausländerquote wurde ein anderes Rezept verordnet: ein Aktionsprogramm gegen Aggression und Gewalt Jugendlicher (AgAG). Der Name des Programms wies gleich auf mehrere Verdrehungen hin: «Aggression und Gewalt» psychologisierten, was in Wirklichkeit politisch motivierte Straftaten waren. «Aktionsprogramm» ging davon aus, dass es sich um ein kurzfristiges Phänomen handelte. Als Methode wählte man die Art von Jugendsozialarbeit, deren Ziel das Kurieren der abgewichenen Zielgruppe durch Verständnis und Akzeptanz war, eine Zuwendung hin zu den Tätern, die durch das Vorbild des Sozialarbeiters in den Schoß der Demokratie zurückgeleitet werden sollte. Damit sollte gleich auch eine Landschaft von Jugendeinrichtungen entstehen, in denen dann alle gesellschaftlichen Probleme gelöst würden. In den Neuen Ländern wurde das Konzept der «akzeptierenden Jugendarbeit» dankbar aufgenommen, denn es degradierte die marodierende Volksbewegung gegen Ausländer zu einem Wende- und Jugendproblem und entlastete so von weiterem Nachdenken und Tun.

An der Anhörung im Bundesjugendministerium zu Beginn des Programms nahm ich teil. Ein paar Mal versuchte ich zu sagen, dass ein solcher Ansatz sicher nicht weit führen könne. Er müsse viel breiter sein, sich nicht auf Jugendeinrichtungen beschränken, die Schule einbeziehen und damit viel mehr auch die Erwachsenen in der Nachbarschaft. Er dürfe nicht so unpolitisch daherkommen und müsse vermeiden, dass ein Belohnungseffekt entstand, nach dem Motto: Lasst uns ein paar Ausländer klatschen, dann kriegen wir auch einen schicken Jugendclub. Doch die Maschinerie war längst in Gang gekommen, und die Analyse ging nicht von Rechtsextremismus aus, sondern von diffusen Ängsten bei ostdeutschen Jugendlichen, die sich nun mal am Fremden abarbeiten müssten. Woran sonst? Dass aus den autoritären und antidemokratischen Zuständen in der DDR und NS-Zeit zuvor nicht plötzlich demokratische Kompetenz hervorgehen könne, wurde ignoriert. Man ging eben davon aus, dass die antifaschistische Erziehung in der DDR doch irgendwie gewirkt haben müsse.

Bei Gesprächen mit Verantwortlichen aus dem Westen hörte ich diese Argumente immer wieder, sowenig sie für andere Bereiche des Lebens auch galten. Der Geist des Nationalsozialismus war einfach weg, ausgestorben und gleichzeitig durch den Antifaschismus gut bekämpft. Besonders erstaunte mich die darin enthaltene Logik, der zufolge – wenn es in der DDR so gut mit dem Verschwinden des Faschismus geklappt hatte – man sich den ganzen demokratischen Zauber im Westen eigentlich hätte sparen können. Denn was nützt eine aufwendige demokratische Kultur mit mündigen Bürgern usw., wenn ihr Sinn und Kern, die Gleichwertigkeit in Freiheit, die Überwindung des Autoritären und der Schutz individueller Rechte als Voraussetzung für den Schutz vor Rassismus und verachtungsvollen Ideologien, wenn das alles auch so zustande kommen kann, wie es angeblich in der DDR geschehen ist. Ich sagte dann, dass ich nicht verstünde, weshalb die Westdeutschen ihre eigenen Fortschritte so wenig wertschätzten. Das galt für Konservative wie für Linke. Die Konservativen wollten keine rechte Gefahr sehen und die Linken den Ostdeutschen als Opfer nicht zu nahe treten, sondern solidarisch sein. Ich sagte diesen Kollegen: Das Gegenteil von Faschismus ist nicht Antifaschismus. Es ist die demokratische Kultur. Nur sie kann eine Antwort sein und eben nicht eine Gegenideologie. Solange man sich nicht in diese Richtung anstrengt und anerkennt, dass hier wirklich ein gefährliches Potenzial brauner Gesinnungen anzutreffen ist, werden solche Programme nicht viel bewirken.

Es war in der Tat so. Die Jugendeinrichtungen wurden aufgebaut, und da es in der DDR keine Sozialarbeiter gab, auch nach der Wende nicht, kamen eben alle möglichen Menschen dazu, mit Jugendlichen zu arbeiten. Manche hatten einen Sinn für das, was die Jugendlichen dachten und taten, andere hatten ihn nicht. Die Einrichtungen aus dem Programm wurden in Regionen mit besonders auffälliger Gewalt angesiedelt, mit ungeschultem Personal und dem Konzept, verständnisvoll auf die Jugendlichen zuzugehen, während sich gleichzeitig in der Neonazi-Szene ein entsprechender Trend entwickelte: Nach und nach begannen sich Neonazis in Ostdeutschland informeller zu organisieren, das war einfacher, als das ewige Ringen mit dem Staat um die Erlaubnis, sich in verfassungswidrigen Organisationen sammeln zu dürfen.

Die Geister von einst beim Tischerücken in der Uckermark waren leichter zu bändigen und auch offensichtlicher als jene, die nun ihr Unwesen ausleben konnten. Der DDR-Staat war mit den immer offensiver auftretenden Faschos nicht fertig geworden, ab und an war vor der Wende auch eine Allianz zwischen Neonazis und Repressionsorganen entstanden, wenn es gegen oppositionelle Linke und Punks ging. Zum Ende der Achtziger hatte es selbst unter den FDJ-geführten Jugendclubs schon etliche gegeben, die in der Hand der Rechten waren und mit einiger Schärfe gegen solche Gruppen vorgingen, die den Antifaschismus der DDR verteidigten und sich eher links verstanden. Dieser Konflikt fand durchaus im offiziellen Raum statt, nicht nur in der FDJ, sondern auch in allen anderen Organisationen, quer durch die Gesellschaft. Einige der Organisationen waren besonders anfällig und deshalb unterwandert, wie die Gesellschaft für Sport und Technik, eine quasi paramilitärische Ausbildungsstätte, die Jugendliche auf den Gebrauch von Waffen und Gerät aller Art vorbereiten sollte. Es gab also nicht nur die «Faschos», die sich subkulturell aus Hooligans und Skinheads gegen den Staat formiert hatten, sondern auch deutlich nationalistische Kräfte innerhalb der staatlichen Strukturen und Organisationen.

Mich wunderten also weder die völkischen Stimmungen gegen Ausländer insgesamt noch das Erstarken der Neonazi-Szene in ihrer organisierten oder nicht organisierten Form.

Die Gewaltbereitschaft war erschreckend und breitete sich ebenso im Alltag aus wie Bomberjacken und Glatzen als gängige Bekleidung. Eigentlich gab es keinen Kampf um die Übernahme von Jugendclubs. Wenn Rechte am Ort sich darauf verständigten und es wollten – wer hätte ihnen Widerstand entgegensetzen können? Die anständigen Bürger der ehemaligen DDR, die Leser und Leserinnen von Christa Wolf, die Engagierten oder an Politik Interessierten waren oft selbst irritiert über die «Ausländerfrage». Sie hatten ihren Job verloren oder mussten befürchten, ihn zu verlieren. Das, worüber man öffentlich positiv sprechen konnte, wenn es um die DDR ging, entsprach überhaupt nicht den Werten, die zur Verteidigung gegen rechtsextrem orientierte Jugendliche geeignet gewesen wären. Positiv reflektiert wurden Heimatgefühle, das Kleine-Leute-Dasein und manch liebenswerte Skurrilität des Alltags. Zu den negativ reflektierten Themen, gerade in den Medien, gehörte, was unter dem Adjektiv «rot» als DDR-Politik subsumiert wurde. Eine politische Auseinandersetzung mit den immer dreister, breiter und radikaler auftretenden Rechtsextremen gab es nicht. Im Gegenteil, immer stärker wurde auch die Haltung: «Das sind doch alles unsere Jungs.» Man ignorierte sie, diese grölenden und schlagenden Jungs, und gleichzeitig benutzte man sie als klagenden Beleg für die miserable Situation der Neuen Länder. Im Vokabular kam das Wort «Nazis» nicht vor, wohl aber solche Begriffe wie Warteschleife, Abwicklung, Strukturanpassungsmaßnahme, ABM, Treuhand und Rückgabe vor Entschädigung.

Nach den Pogromen begann eine harte Zeit. Immer wieder tauchten die Phänomene und Einzeltaten auf. Näherte man sich ihnen, waren sie wie ein Spuk verschwunden. Und suchte man nach dem alles auslösenden Geist dahinter, löste das Unverständnis, Heiterkeit oder gewaltigen Unmut aus. Nun ja, es mag Erscheinungen gegeben haben, sagten mir oft die Zeugen einer rassistischen oder rechtsextremen Gewalttat, aber das bedeute gar nichts, und selbstverständlich glaube man nicht an Geister. Nicht an die des Dritten Reichs, das sei nun viel zu lange her und längst im antifaschistischen Staat verarbeitet, noch an die der autoritären und fremdenfeindlichen DDR. In dieser Hinsicht waren sich ehemalige Oppositionelle oder Bürgerrechtler und die Verteidiger der untergegangenen DDR meist einig. Für die einen galt, dass die DDR-Bürger unterdrückt und fremdbestimmt waren und die Ausländer ein Produkt der Staatspolitik – weshalb man sie getrost auch hassen durfte. Die NS-Zeit war nicht ihr Thema, sie hatten ja ihren Gegner im DDR-System gefunden. Und die anderen, die Verteidiger, waren sich sicher, dass es den Ausländern in der DDR eigentlich sehr gut gegangen sei und man den Geist des Faschismus bei sich selbst natürlich niemals suchen müsse. Beide hatten die große Lektion der Verdrängung gelernt: Die DDR hatte mit den Folgen des Nationalsozialismus in der Rolle der Täter nichts zu tun, ebenso wenig wie ihre Bewohner. Opfer war man gewiss: Opfer der Teilung, Opfer der sowjetischen Besatzung, Opfer des Kalten Krieges, Opfer des SED-Staates, Opfer der Wiedervereinigung.

Also, die Partner im Westen wollten nicht erinnert werden an ihre eigene Konfusion der Nachkriegsgeschichte. Und sie wollten eben gut sein für den Osten, verständnisvoll, hilfreich. Ein schreckliches Dilemma gewiss, wenn man gerade nicht als Besserwisser auftreten wollte, wie viele andere es taten. Aus all diesen Gründen war es leichter zu verdrängen oder zu übersehen, was sich im Osten zusammenbraute. Und im Osten stellte sich die Öffentlichkeit rasch auf diese Haltung ein. Zu den vollkommen unbekannten Begriffen, die im atheistischen Osten am schnellsten gelernt wurden, gehörte das Wort «Stigmatisierung». Man wolle nicht stigmatisiert werden, hieß es bei der geringsten Erwähnung von Rechtsextremismus und Rassismus. Wie ein Reflex tauchte die Formulierung auf. Und unterstellte dem Gegenüber, dass es genau das im Sinne habe. Hatte es nicht, aber es schreckte zurück, denn es gab ja anderes, Sympathisches, Wichtigeres im Osten zu beschreiben oder zu unterstützen. Außerdem waren die westlichen Wortführer oft genug darauf hingewiesen worden, dass der Rassismus im Westen genauso schlimm sei und man sich um den eigenen Schmutz kümmern solle. Also einigte man sich stillschweigend, dieses beiderseitig belastete Thema für längere Zeit nicht anzusprechen. Denn ob man nun daran glaubte oder nicht – das Schweigen allein war gleichsam Nahrung und Teil dieses Geistes, den man so behänd als reine Einbildung wegdefinierte.

Es kostete einige Zeit und viel Aufwand, die Geister wenigstens für diejenigen sichtbar zu machen, denen ich vertraute. Es hat absolut nichts mit Moral zu tun, sondern eher mit Trotz, dass ich dabei blieb: Die Pogrome waren weit mehr als eine kurzzeitige Entladung frustrierter Energie einer Bevölkerung in Zeiten des Umbruchs. Es war für mich einfach sonnenklar, logisch, unvermeidlich, so deutlich und real wie die sich verändernden Fassaden der Häuser in den ostdeutschen Innenstädten, hinter denen trotz aller aufwendigen Verschönerung noch immer diese Geister wohnten. Bis zum Geisterjagen dauerte es noch eine Weile, in den Jahren zwischen 1993 und 1997 war daran nicht zu denken. Ich suchte nach Partnern, Instrumenten und den richtigen Begriffen, um die Erscheinungen für andere fassbar und sichtbar zu machen. Meine wichtigsten Partner und Freunde bei der Freudenberg Stiftung vertrauten mir. Wenn man etwas nicht sieht, so sagten sie, heißt es keinesfalls, dass es nicht da ist. Umso mehr schätzte ich ihre Unterstützung.

Eine Stadt in der Region war besonders betroffen. Sie liegt am östlichen Rand der Uckermark und ist wie Hoyerswerda an DDR-Reißbrettern entstanden, um Menschen an einem Industriestandort anzusiedeln. Schwedt, eine kleine, im Krieg schwer zerstörte Stadt an der Oder, war von den sechziger Jahren an rund um ein petrochemisches Kombinat gebaut worden. Es lebten viele junge Familien dort. Wohnungsnot war kaum ein Thema für die etwa 60 000 Einwohner. Ein Jahr nach der Vereinigung wurde das riesige Unternehmen, von dem ein großer Teil der Bevölkerung lebte, privatisiert, und Stellen wurden drastisch abgebaut. Die Zahl der Übergriffe gegen Ausländer und andere unerwünschte Minderheiten stieg. Betroffen waren polnische Saisonarbeiter, die Vertragsarbeiter aus Angola und Mosambik, Obdachlose und deutsche Jugendliche, die alternativ oder links orientiert waren. In Schwedt entwickelte sich eine gut organisierte und äußerst gewalttätige rechtsextreme Szene. Sie bestand aus Zugereisten und Einheimischen und war so stark, dass sie bald eine eigene Organisation bilden konnte. Auf ihr Konto gingen schwere Gewaltstraftaten, einschließlich Totschlag, denn eine der Überfallenen überlebte den Angriff nicht.

Schwedt wurde 1993 von der Wochenzeitung «Die Zeit» als «die erste nationalsozialistische Stadt Deutschlands» bezeichnet. Hier entstand das Muster einer unbestrittenen rechten Dominanz, wie sie später fast flächendeckend anzutreffen sein würde. Die erste Voraussetzung dafür war die Förderung mit Mitteln des AgAG-Jugendprogramms seit 1992. Die ersten Jugendtreffs wurden gegründet, von Rechten besucht und in Besitz genommen. In einem Fall stellte die Stadtverwaltung den Rechten als solchen, als angeblich subkultureller Gruppe, einen Kellerraum im Freizeittreff «Hit» zur Verfügung. Das Jugendamt schickte mit städtischem Briefkopf ein Schreiben an die «Nationalistische Jugend Schwedt», eine Filiale der mittlerweile verbotenen Nazi-Gruppe «Nationalistische Front». Eine Sozialarbeiterin des Jugendamtes engagierte sich besonders für die Neonazis. Deswegen wurde sie dort auch «Mutti der Rechten» genannt. Sie lud einen der Totschläger persönlich zum Essen ein, und sie vernichtete ein Amateurvideo, das einen rechten Überfall dokumentierte. Öffentlich erklärte sie: «Wir stellen uns ganz bewusst auf die Seite derer, die im Volksmund die Bösen sind, so böse sind sie nämlich gar nicht.» Und sie bemühte sich, für die offene und akzeptierende Jugendsozialarbeit auch Rechte einzustellen, denn wer könnte Rechte besser akzeptieren als solche, die selbst Rechte waren? Die Situation in Schwedt eskalierte Schritt für Schritt.

Wir hatten einen Kollegen, der die RAA im nahen Angermünde betreute. Auch dort gab es Überfälle, auch dort gab es Nazis, aber meist waren sie durch die Schwedter unterstützt und verstärkt. Ich besuchte die Städte öfter und traf meinen Kollegen Holger, der tapfer und unnachgiebig versuchte, auf die Situation aufmerksam zu machen. Die Stadtverwaltung von Schwedt jedoch stellte sich taub. Nur die Polizei gab im Rahmen ihrer Möglichkeiten eine realistische Einschätzung ab. Sooft ich dort war, konnte ich sie sehen, die angeblich so unsichtbar waren, denn sie legten sich nach und nach auch äußerliche Erkennungszeichen zu: Bomberjacken, Glatzen, bestimmte Schuhmarken oder T-Shirts. Dabei waren sie zu keiner Zeit Außenseiter. Sie wirkten mitunter Furcht einflößend, besonders wenn sie ihren potenziellen Opfern begegneten, doch die Bevölkerung schien das nicht zu bemerken. Wann immer ich hernach davon sprach, schaute man mich an, als hätte ich nichts gesagt. Selbst meine Schilderungen von den verletzten Opfern schienen nicht in die Realität des Gesprächspartners einzudringen. Die Worte allein gehörten also schon zum Geisterkomplex.

Doch dann fand sich ein Fernsehteam vom Ostdeutschen Rundfunk Brandenburg, das Recherchen begann und ein Wochenende dokumentierte. Die Journalisten waren sehr mutig. Und sie zeigten alles: die Nazis, ihren Boss, der von der städtischen Sozialarbeiterin schwärmte, die Sozialarbeiterin, die in starken Tönen von «ihren Jungs» sprach, die vielen Einsätze der Polizei, verschüchterte Zeugen, die offene Ausländerfeindlichkeit und eine Stadtverwaltung, die das Ganze herunterspielte. Der Film hieß so, wie das Programm der Neonazis auf Jahre hin lauten sollte: «Die Stadt gehört uns.»

Ich war Mitglied der Fernsehjury des CIVIS-Preises, der jedes Jahr besonders gelungene Beiträge zur interkulturellen Verständigung prämiert. Also reichte ich den Film ein. Die Jurysitzung fand wie jedes Jahr im idyllischen Weinheim statt. In den eleganten Räumen hatte es seit meiner ersten Begegnung mit diesem Ort schon manches Kontrastprogramm gegeben. Doch bei diesem Film ging es noch um anderes als unterschiedliche Konzepte für interkulturelle Erziehung. Walter Jens hatte den Vorsitz in der Runde. Sie bestand aus Vertretern des WDR, der Freudenberg Stiftung, der Autoren, einer fabelhaften Rundfunkrätin, die Minderheitengruppen vertrat, und einem Mitarbeiter der Ausländerbeauftragten der Bundesregierung. Sie alle hatten einen Sinn für gute Filme, gute und kritische Themen, sie waren interessiert an Humor und Originalität, sie wussten Bescheid über die Lage der Sinti und Roma, der Kurden und Türken. Sie scheuten nicht zurück vor heiklen Themen. Sie schätzten gute, mutige, kenntnisreiche Beiträge. Ein professionelles und sehr angenehmes Gremium.

Der Film wurde gezeigt. Gewöhnlich werden die Beiträge im ersten Durchlauf nur kurz eingespielt, und die Jurymitglieder sagen, ob ein Beitrag grundsätzlich den Kriterien entspricht, soweit das schon möglich ist. Wenn einer der Juroren den Film im Wettbewerb lassen will, wird er später noch einmal gezeigt. Die Jury hatte auf Anhieb kein Interesse daran, doch ich bat, ihn drin zu lassen. Auch beim zweiten Anschauen gab es keine Zustimmung. Es war ein bisschen Zweifel im Spiel, was das nun mit dem Zusammenleben verschiedener Kulturen zu tun haben solle, aber es schwang auch dieses vage Desinteresse für die Geister im Osten mit. So, als wären Nazis in Schwedt nicht wirklich ein Problem der deutschen Gesellschaft. Wieder wurde von Phänomenen gesprochen, die die Wendezeit wohl mit sich gebracht hätte. Eine gute Reportage, gewiss, aber wo eigentlich liegt Schwedt?

Der Film blieb weiter im Rennen, und dann kam die dritte und abschließende Runde. Nun wurden die preisverdächtigen Beiträge im Ganzen angesehen. Ich bat die Juroren, genau hinzuschauen, denn was hier gezeigt werde, sei ein Zukunftsmodell. Über 45 Minuten begleiteten wir nun das Autorenteam durch ein normales Schwedter Wochenende. Längst drehte sich alles um die Nazis – nichts geschah mehr ohne sie, sie kontrollierten das Klima und die Bewegungsfreiheit, sie beherrschten den öffentlichen Raum und die Stadt, und ihre Bürger ließen es zu: hilflose Polizei, grölende Nazis, die ihre ungebrochene Weltsicht in die Kameras diktierten, schwer verletzte Opfer, ein warnender und verzweifelter Holger, die «Mutti der Nazis» vom Jugendamt, ein abwehrender Bürgermeister, bedrohte Journalisten und am Ende – einer der Köpfe der Nazis von Schwedt, und er sagte selbstverständlich und zutreffend: «Die Stadt gehört uns.»

Nach dem Ende des Films herrschte Schweigen im Raum. Jemand sagte mit leiser Stimme: «Der Film bekommt einen Preis, das ist klar, aber was dann?» Es war ein aufscheinender Moment, es war das erste Mal, dass außer uns und ein paar engagierten Journalisten jemand sah, was unsere Realität ausmachte. Nur einen kurzen Augenblick, aber es war ein Anfang.

Zur Preisverleihung hatte ich auch Holger gebeten, damit

er erzählen konnte. Und er tat es, er sprach mit vielen der Anwesenden. Doch die Stadt Schwedt wehrte sich. Sie wollte kein schlechtes Image. Deshalb wurde dort eine öffentliche Veranstaltung organisiert, man stellte die Filmemacherin zur Rede und ließ nichts unversucht, die Geister zu verleugnen.

Der Saal im Schwedter Rathaus war brechend voll. Auf dem Podium saß auch Bernd Wagner, der inzwischen im Land Brandenburg das erste mobile Beratungsteam gegen Rechtsextremismus aufzubauen half. Vor der Veranstaltung, die im ORB auch gesendet werden sollte, wurden verschiedene Teilnehmer an der geplanten Diskussion auf dem Parkplatz des Rathauses von Rechtsextremen bedroht und gewarnt, ja nicht schlecht über die Zustände zu sprechen. Die Drohkulisse war unmissverständlich. Und sie wirkte. Die jugendlichen Opfer früherer Angriffe, von denen einer schwer behindert bleiben sollte, verhielten sich zaghaft und eingeschüchtert. Der Bürgermeister nahm sie nicht etwa in Schutz, sondern sprach stolz darüber, dass es in Schwedt viele Einrichtungen der Jugendarbeit gebe, zu denen alle Jugendlichen Zutritt hätten. Sie müssten sich halt nur anpassen. Damit sagte er nichts anderes als die jugendpolitische Sprecherin der SPD, die einigen Jugendlichen zu verstehen gab, wenn sie in diesem Aufzug herumliefen, würden sie zu Recht angegriffen. Denn sie seien mit ihrem alternativen Outfit unordentlich und ganz gewiss eine Provokation. Diese Jugendlichen kleideten sich nicht etwa wie heruntergekommene Straßenkinder oder Punks oder besonders auffällig, sondern einfach erkennbar nicht rechts.

Es hatte schon vor dem Film einige Journalisten gegeben, die in einer Berliner Tageszeitung bzw. in einem seriösen Nachrichtenmagazin über die Schwedter Zustände berichtet hatten. Im ersten Fall hatte der Bürgermeister Anzeige gegen den Journalisten erstattet. Im zweiten Fall kam es zu einer Volksversammlung, bei der sich diejenigen rechtfertigen mussten, die von den Überfällen gesprochen hatten. Dazu gehörte auch eine Künstlerfamilie, die nach den fast täglichen Attacken gegen Ausländer eine Telefonkette eingerichtet hatte. Jemand fragte, ob sie denn, wenn es so schlimm sei, selbst schon bedroht worden seien. Die Frau antwortete darauf in einer Mischung aus Bescheidenheit und Furcht: «Na ja – ich lebe noch.» Darauf rief einer der vielen anwesenden Rechten aus dem Publikum: «Noch!» Niemand widersprach ihm.

Es gab einen Lehrer in Schwedt, der sehr sich engagiert mit dem Rechtsextremismus in seiner Schule auseinander gesetzt hatte. Bis zu dem Tag, als er nach einem Konzert von Rechten furchtbar zusammengeschlagen wurde. Niemand half ihm. Nach dem Vorfall fand er weder Unterstützung in seinem Kollegium noch in der Schulverwaltung. Wegen dieser traumatischen Erfahrung zog er sich zurück und war nicht mehr bereit, sich weiter zu äußern. Es gab zu der Zeit Schulen, an denen rechte Schülerzeitungen gemacht und vertrieben und Feste mit den ortsansässigen Nazis organisiert wurden. Bis auf Holger und einige Kollegen vom Mobilen Beratungsteam regte sich niemand darüber auf. *Welcome in Terrortown* hatten einige Hip-Hopper mit großen Lettern auf eine Häuserwand am Ortseingang gesprüht. Das erregte Aufsehen. Das war der Sündenfall. Nicht der Mord an einem 14 Jahre alten Mädchen, das von verwahrlosten Rechten im Keller eines der Plattenbauten zu Tode gefoltert wurde. Nicht die Sozialarbeiter für Rechte, die tun und lassen konnten, was sie wollten – zum Beispiel Nazibands gründen, die lauthals menschenverachtende Lieder grölten.

Ich wohnte ja weiter in Berlin, hatte mit meinem sich langsam verbreitenden Ruf, Dinge zu sehen, die so nicht existieren, zwar einige Mühe, aber niemals wirkliche Gefährdungen zu befürchten. Anders ging es den Kollegen vor Ort: Holger, den Lehrern, einigen Jugendlichen, der Künstlerin und natürlich den Flüchtlingen und Ausländern, von denen einige nach und nach auch den Mund aufzumachen begannen. Wer sich so exponierte, vor allem in kleinen Städten oder auf dem Land, hatte in meinen Augen allen Respekt der Welt verdient. Neben den realen Drohungen und Angriffen war es für sie fast noch schwerer zu ertragen, in ihren Gemeinden als das eigentliche Problem gesehen zu werden. Und das mit allen Konsequenzen.

Wenn ich in Städte wie Schwedt reiste und mir dort Feindseligkeiten anhören musste oder in Berlin auf Veranstaltungen beschimpft wurde, dann konnte ich hinterher zurück in mein Berliner Team oder die relative Ruhe meiner Wohnung. Doch allmählich begann ich auch dort Gespenster zu sehen. Wann immer so genannte Fahndungsblätter der militanten Neonazis auftauchten, standen auch Bernd Wagner und ich als lohnende Angriffsziele auf der Liste. Es hätte mich beunruhigt, wenn wir nicht draufgestanden hätten. Als reale Bedrohung nahm ich es nicht wahr. Aber eine unachtsam liegen gelassene Broschüre gegen Rechtsextremismus in meinem Auto war vermutlich der Grund dafür, dass jemand mit scharfer Munition in den geparkten Wagen geschossen hatte. Und es gab etwas anderes, das mir viel mehr zu schaffen machte: In meinem kleinbürgerlichen Viertel begannen immer mehr Jugendliche, das für Rechte so typische Outfit zu tragen. Auch in meiner Straße. Als ich mit meiner Tochter einmal spazieren ging, sahen wir wieder einen solchen Jungen mit Glatze, Bomberjacke und Militärhosen. Ich sah ihn an und brummte irgendwas, als meine Tochter sagte: «Hast du ihn erkannt? Das war mal der Fabian.» Sie kannte ihn noch als einen der Großen auf dem Spielplatz.

Schwedt war ein Modell. Und während die RAA immer weiter an der Einbeziehung der Kommunen bei der interkulturellen Schulöffnung arbeitete, hatte ich das Gefühl, dass die

Dunstglocke aus Geschichte und Gegenwart erheblichen Gestank produzierte. Trotz meiner Besuche in Schwedt und Hoyerswerda und Rostock, wo wir nun auch eine RAA gegründet hatten, konnte ich nicht viel mehr tun, als auf die Wirkung von Projekten zu hoffen und mit denjenigen zu sprechen, die wie ich begannen, die Geister zu sehen. Doch es blieben geteilte Welten. Der Arbeitskreis gegen Fremdenfeindlichkeit war noch immer und fast ausschließlich mit Ausländerpolitik beschäftigt, als wäre dies die einzige Form, Ausländerfeindlichkeit zu bekämpfen. Die politisierte Analyse hatte ihren Sinn: Wenn man Bedingungen für Einwanderung und Flüchtlinge verbessert, verbessert man alles andere damit auch. Aber mir reichte das nicht als Antwort, denn es verschob das Problem auf Politiker und entlastete alle anderen Bereiche des Lebens und der Verantwortung. Es war schwer für mich, einzusehen, dass auch der Arbeitskreis die rechtsextreme, ausländerfeindliche, ja völkische Stimmung in der Normalbevölkerung nicht in ihrer ganzen Gefährlichkeit wahrhaben wollte.

Die Ausländerbeauftragte des Landes Brandenburg hatte ein Mobiles Beratungsteam gegen Ausländerfeindlichkeit eingerichtet und dafür Bernd Wagner eingestellt. Zweimal trat er im Arbeitskreis gegen Fremdenfeindlichkeit auf. Das erste Mal berichtete er über die rechtsextreme Szene. Einer der Gründe, weshalb die Öffentlichkeit so wenig Notiz von der Situation in den Neuen Ländern nahm, war ihre Fixierung auf Wahlergebnisse, als wären sie allein ein Indiz für die Stimmung im Land. Keine Wahlerfolge – kein Problem, so die These. Bernd Wagner lieferte Details. Er sprach über die Vernetzung der rechten Gruppen, Parteien und Kameradschaften und entfaltete vor uns das *Who's Who* der rechten Bewegung. Das war sehr beeindruckend und auch bedrückend. Ich hörte aufmerksam zu, verlor aber bald den Faden. Er hatte ohne

Zweifel ein unübertroffenes Expertenwissen, aber nach meinem Gefühl beschrieb er lediglich die Gestalten der Geister, sie hatten für mich noch kein Gesicht. «Fliegenbeinezähler» nannte ich ihn in Gedanken.

Einige Monate später, als die Situation in Schwedt eine etablierte Form angenommen hatte, die nun gar kein Aufsehen mehr erregte, kam Bernd Wagner noch einmal. Und zum ersten Mal hörte ich, wie jemand über die Geister sprach. Zum ersten Mal antwortete mir jemand auf den Spruch: «Ich sehe was, was du nicht siehst.» «Kulturelle Hegemonie Rechtsextremer» nannte er sie. Er sprach über ihre Geschichte, über die DDR und den Nationalsozialismus. Es war das erste Mal, dass jemand klar und mit Wissen über den Zusammenhang von jüngster Geschichte und Alltagskultur redete. Ich war so erleichtert in dem Gefühl, nicht allein zu sein mit dem, was ich jeden Tag sehen musste, dass ich fast losgeheult hätte. Endlich keine Entschuldigungen, kein Verwischen, auch kein sportliches Interesse an den Protagonisten der Szene, keine kleinlauten Erklärungen mehr, keine Beschuldigung der Opfer, kein Fixieren auf Ideologien – nichts dergleichen. Nur die deutliche Anerkennung des Offensichtlichen und damit auch eine Hoffnung, dass die Opfer endlich ernst genommen werden. Da stand jemand, mit dem es möglich war, die Geister nun auch zu jagen.

Mitte der neunziger Jahre hatte die brutalste Gewaltwelle nachgelassen. Sie war nun nicht mehr nötig. Die rechte Szene hatte sich neu etabliert, die Linie war klar, die Jugendlichen fanden Rechtssein normal, die Bürger hatten keine großen Probleme damit, und die staatliche Autorität in Politik und Verwaltung wehrte die Probleme ab. Medien berichteten zwar weiter, doch die Widerstände waren enorm, und nachdem eine gewisse Aufmerksamkeit auch im Westen erreicht worden war, hatten Journalisten oft nicht die Lust, jedes Mal einen Beitrag zu machen, da der Skandal ja nun keiner mehr war.

Ich liebte es, mit der RAA immer wieder neue Projekte zu erfinden, die eine andere Vision von Normalität zu gestalten versuchten. Wir entwickelten Computerspiele und dachten uns ein Musical aus, das seltsamerweise wieder auf einer Insel spielte. Wir entwarfen ein Modell funktionierender Jugendarbeit in Schulen und waren dabei, es bundesweit zu multiplizieren. So faszinierend und erfolgreich die RAA in manchen Bereichen arbeiten konnte, so wenig schaffte sie es, die unglaublichen Zustände in den Kommunen aufzufangen. Ich hatte überhaupt kein Bedürfnis, etwas anderes zu machen, als mit engagierten und netten Leuten, mit Künstlern, Flüchtlingen und Jugendlichen Dinge zu erfinden und zum Laufen zu bringen. Ich wollte mich nicht mit Rechten beschäftigen. Doch den schönen Dingen stand so viel Spuk alter und neuer Geister entgegen, dass ich bald nicht anders konnte. Ich hatte es so satt, täglich von den Überfällen, Beleidigungen, Machtdemonstrationen der Nazis zu hören, von der Feigheit der Bürger, von dem dumm-dreisten Beharren darauf, dass alles gar nicht so schlimm sei, dem unwürdigen Verleugnen der Zustände. Immer und immer wieder. Ich hatte auch die Nase voll davon, selbst beschimpft zu werden, weil ich das nicht akzeptieren konnte.

Langsam entstand vor meinen Augen ein fast geschlossenes Gebiet, in dem braune Realität so normal war, dass praktisch niemand, der anders dachte oder anders aussah, freiwillig dorthin gehen wollte. Es war die Zeit des Sommerterrors, als Campingplätze überfallen wurden und die Zahl der Schülerreisen von West nach Ost in bestimmte Gebiete ziemlich rasch abnahm. Aber nun hatte ich jemanden, Bernd Wagner, dem ich das nicht nur angestrengt und um Anerkennung meiner Wahrnehmungen bemüht erzählen, sondern mit dem ich auch sehr detailliert den Wert und die Beschaffenheit der Demokratie analysieren und Phantasien zu Projekten entwickeln konnte. Bei der Schulentwicklung war es wie eine Sportart, die Verwaltung für das Interkulturelle zu gewinnen, bei der Arbeit gegen die völkische Stimmung aber ging es um sehr viel mehr.

Abiturfeiern sind im Westen eine Institution. Das Gymnasium als ersten Schritt in die Karriere erfolgreich absolviert zu haben ist eine Leistung, die ausgelassen oder in aller Form gefeiert werden muss. Sowenig meine Berichte von randalierenden rechten Jugendlichen in KZ-Gedenkstätten, von täglichem Terror und offenem Antisemitismus bei den Zuhörern Wirkung zeigten, so sehr tat es ein Ereignis in Rheinsberg. Es war mir öfter aufgefallen, dass der banale Alltagsterror an symbolischen Orten deutscher Kultur wie Weimar, Dresden oder eben Rheinsberg doch mehr Aufmerksamkeit erregte als anderswo. Vielleicht gefährdeten die Bilder glatzköpfiger Neonazis an diesen Orten den Mythos einer Kulturnation, die im Nationalsozialismus nur einen kurzzeitigen Unfall der Geschichte sehen wollte. Die Kombination Rheinsberg und Abiturfeier bot also eine gelungene Assoziationsgrundlage. Eigentlich war dort nur passiert, was dauernd und überall geschah. Der Abiturjahrgang veranstaltete seine Feier, und im Laufe des Abends tauchten mehr und mehr Rechte auf. Einige Schüler, die selbst rechts waren, hatten zwei oder drei Freunde mitgebracht. Es kamen weitere, sie begannen zu provozieren und pöbelten die jungen Leute schließlich so lange an, bis die das Fest wider Willen den Rechten überließen. Schon vorher hatte es Übergriffe auf Gymnasiasten gegeben; bei einem Ausflug zum See waren einige Schüler geschlagen und misshandelt worden. Die Polizei hatte es ausdrücklich abgelehnt zu helfen, als sie von zwei entkommenen Jugendlichen alarmiert worden war. Wie anderswo prägten die Rechten auch in Rheinsberg das Straßenbild und diktierten das Klima für alle anderen. So war es kein Wunder, dass die Abiturfeier als Desaster endete. Doch die Geschichte bewirkte bei einigen, die bis dahin verständnisvoll, aber distanziert reagiert hatten, den Große-Augen-Effekt. Das war ein Symbol. Das ging zu weit.

Um diese Zeit gelangte auch ein Begriff an die Öffentlichkeit, der Aufmerksamkeit weckte: Nach dem Verbot einiger rechtsextremer Organisationen wie «Deutsche Alternative», «Nationaler Block» und «FAP» nach 1992 hatte es eine Umstrukturierung gegeben. Mitglieder verschiedenster neonationalsozialistischer und rechtsextremer Gruppen fanden eine gemeinsame neue Heimat im Verein «Die Nationalen e.V.». Dort wurde eine Strategie entwickelt, die ganz zur Stimmung passte. Es ging nicht darum, das Demokratiespiel mitzumachen und Wahlen zu gewinnen, um sich dann in Parlamenten zu zerreiben, das hob man sich auf für Kommunen mit sicheren Kandidaten. Nein, das Ziel war viel informeller. Autonome Kameradschaften sollten an die Stelle behäbiger Parteizellen treten oder sie ergänzen. Die waren nicht nur flexibler und kollektiver, sondern auch weitaus schwerer von den Behörden zu beobachten. Das Ziel lag im Beherrschen des öffentlichen Raums. Und der Begriff dazu hieß «National befreite Zonen». Als ich ihn zum ersten Mal bei einer großen Veranstaltung nannte, schienen die Leute auf Anhieb verstanden zu haben, was das bedeutete – ein weiterer Schritt zur Wahrnehmung der Geister.

Als wir 1997 endlich das «Zentrum Demokratische Kultur» gründen konnten, hatten wir das wieder der Freudenberg Stiftung zu verdanken. Auslöser waren aber auch die Abiturfeier und der Begriff von der befreiten Zone gewesen. Geister entstehen, wenn über lange Zeit zu viele Tote, zu viele Geheimnisse und zu viel Verwirrung hinter dicken Mauern eingesperrt bleiben. Die wichtigste Voraussetzung dafür, diese Geister zu bannen, war ja, sie überhaupt zu sehen. Und damit musste ich nun nicht mehr allein bleiben. Das Zentrum sollte für Leute da sein, die uns riefen, damit wir sie möglichst schnell von allerlei Spuk befreiten – obwohl sie nicht an Geister glaubten.

20. Kapitel
Bat Mizwa

Wir waren unterwegs, um noch die letzten Dinge zu erledigen, bevor es am Abend losgehen konnte. Für den Kiddusch, den Imbiss danach sozusagen, hatten wir Platten mit orientalischem Fingerfood aus einem israelischen Restaurant bestellt. Und weil er in der Nähe lag, machten wir schnell noch den versprochenen Besuch auf dem Friedhof, meine Tochter und ich. Sie war so aufgeregt vor dem großen Auftritt bei ihrer Bat Mizwa, dass ich dachte, ein Moment auf der Insel der Ruhe würde uns beiden gefallen. Meine Mutter hatte das kleine Grab in der zweiten Reihe vor der Mauer. Also eigentlich ganz hinten. Der Stein war von elegantem Format, und die goldene Schrift mit ihrem Namen sah schon etwas blass, aber sehr schön aus. Die letzten Tage waren für uns ziemlich gehetzt gewesen, die vielen Vorbereitungen, das viele Lernen – beides hatte uns angestrengt. Vielleicht wollte meine Tochter deshalb auch meine Mutter einladen zu ihrer Bat Mizwa, damit ich Freude und Verantwortung mit ihr teilen könne. Und sicher wollte sie die Großmutter auch zur eigenen Unterstützung, denn es war ja der große Tag. Ihr Tag.

Dort wo der Gang beginnt, an dessen Ende meine Mutter begraben lag, stehen die schlichten Feldsteine zur Erinnerung an Bertolt Brecht und Helene Weigel, daneben etwas hochfahrender das Grabmal von Johannes R. Becher. Von da aus öffnet sich mit zwei Stufen noch ein kleines Areal, auf dem andere Prominente der DDR ihre Grabsteine hatten. Es war von einer niedrigen Mauer umgeben und bepflanzt, sodass ich, auf den Stufen sitzend, aus dem Blickfeld des Kindes verschwinden konnte. Ich las die Namen von René Graetz und Elizabeth Shaw, die in der Wohnung über uns gewohnt hatten. Neben mir rechts lag Anna Seghers, der ich zulächelte, und ganz am Rand Lin Jaldati, die große und einzige Interpretin jiddischer Lieder in der DDR, deren raumgreifendes Auftreten mich beeindruckt und auch ein wenig erschreckt hatte. Alle waren sie zurückgekehrte Emigranten wie meine Eltern, alle gehörten sie ganz selbstverständlich mit unterschiedlicher Nähe zu unserer Welt. Außerdem hatte ich Brecht im Rücken und konnte von dem Platz aus auch den musikalischen Quader von Hanns Eisler sehen.

Es war ein seltsamer Moment. Umgeben von jüdischen und nichtjüdischen Emigranten, die das Gesicht der DDR mit viel Hoffnung geprägt hatten, hockte ich da auf dem christlichen Friedhof in der Chausseestraße und zündete mir eine Zigarette an. Meine Tochter, inzwischen ein junges Mädchen von 13 Jahren, sollte nun Bat Mizwa werden. Meine Mutter hätte das sicher sehr komisch gefunden, wo sie doch mit dem Judentum und mit Ritualen aller Art nicht viel anzufangen wusste. Sie hatte im Gegenteil geradezu eine Abneigung gegen das Sentimentale, das Vordergründige, und nichts brachte sie mehr auf als die Legende von der jüdischen Momme, die ihre Söhne nicht loslassen und ihre Töchter nicht gehen lassen kann. Ihre eigene Mutter war alles andere als das gewesen. Die Mutter meines Vaters fand ihre Schwiegertochter in der Hinsicht nicht jüdisch genug. Und ich war nun irgendwie beides. Doch das, was meine Mutter sicher zum Lächeln gebracht hätte, waren der Ort, die Situation und die Grabnachbarn. Ich erklärte allen anwesenden Geistern, auch meiner Mutter, was nun meine Arbeit war und warum ich meiner Tochter ausgerechnet in dieser Zeit den Zugang zum Judentum offen halten wollte. Sie würde sich entscheiden, aber sie sollte die Wahl haben. Und es ist immer besser, mehr zu wissen als zu wenig.

Zwischen den Büschen sah ich meine Tochter hin und her laufen. Sie besorgte Wasser für den kleinen Rosenstock und den Fliederbusch, der auf dem winzigen Viereck des Grabes wuchs. Sie hatte auch Blumen mitgebracht und steckte sie in eine Plastikvase, die sie von irgendwoher besorgt hatte. Und dann suchte sie nach einem Stock. Sie lief dafür in den vorderen Teil des Friedhofs, wo einige ältere Philosophen und Städtebaumeister lagen, denn da standen auch hohe alte Bäume. Nach einer Weile kam sie zurück, tatsächlich mit einem Stock in der Hand, und ich sah ihre zarte Silhouette die Reihe entlanghuschen. Dann blieb sie stehen. Das Stück «Der Dibbuk» gehörte zu meiner ganz eigenen Familienlegende, unabhängig von den Eltern und Brüdern, ganz allein meine und die meines Kindes. Meine Tochter hatte mich am Tag vor der Bat Mizwa damit überrascht, dass sie auf der Einladung ihrer Großmutter bestand. Weil es im «Dibbuk» ja auch möglich gewesen sei, jemanden vom Friedhof weg einzuladen. Ich sollte ihr nur verraten, wie das ging. Also erklärte ich ihr, sie müsse um das Grab gehen und dreimal dagegen klopfen. Und dann sollte sie einfach sagen, wann und wo das große Ereignis stattfindet. Nun machte sie sich ganz ernsthaft ans Werk.

Derweil dachte ich über Liebe und Tod nach und versuchte meinen Kummer mit solcherlei Nebensächlichkeiten zu bekämpfen. Das gelang mir natürlich umso weniger, je länger ich dort saß. Der innere Weg von der Trauer um meine Mutter, die mir so sehr fehlte, über die Sorge um mein heranwachsendes Kind bis zum Schmerz um eine politische Aufgabe, die ich nicht erfüllen konnte, und eine Liebe, die sich mir nicht erschließen wollte, war nicht weit. Aber man soll nicht zählen, was einem fehlt, sondern das, was da ist im Leben und sich vermehrt. Das sage man aber nun der Mutter einer Bat

Mizwa, einer Tochter der Pflicht, die auf christlichem Friedhof unter den Augen von Nachbarn wie Eisler und Brecht eine Träne fallen lässt. Also schenkte ich Eisler die Melodie und Brecht die Poesie dieses Moments, in dem die Kinder groß werden. Und Lin Jaldati bestätigte mir, dass sie nie und niemals genug wachsen, um nicht doch noch manchmal des Trostes zu bedürfen, über eine Liebe vielleicht, klein oder groß, die sich ihnen nicht erschließen will.

Ich hatte nicht gehört, wie sie gegen den Stein geschlagen hat, aber ich hatte sie rundherum laufen sehen. Sie kam dann zu mir, setzte sich einen Moment neben mich und sah ganz fertig aus. Wir hatten nun alles erledigt und fuhren nach Hause, damit sie sich noch ausruhen konnte.

Gemeinsam hatten wir eine Rede ausgearbeitet, in der es um das Thema dieser Woche ging, um das Thema von Schawuot: die Bedeutung und den Sinn der Zehn Gebote, deren Übergabe am Sinai durch Moses an diesem Tag gefeiert wird. Meine Tochter hatte mit ihrem Religionslehrer, dem Kantor der Synagoge Rykestraße, darüber gesprochen. Sie hatte Hebräisch gelernt für die Segenssprüche und Gebete, die sie vortragen würde. Die Gebote hatte sie studiert, den Rhythmus des Textes, die Melodie der Worte und Gedanken. Und dazu nun die Rede.

Es war Schabbat an diesem Feiertag. Ich hatte es nie geschafft, von Freitagabend bis Samstagabend wenigstens das Gebot der Ruhe einzuhalten. Der Schabbat – eine Insel in der Zeit. Den Anforderungen der Arbeit Widerstand zu leisten, dazu hatte mir die Kraft gefehlt. Und an diesem Tag war ich einfach nur stolz auf mein Kind, dessen Leben ich geteilt hatte, so wie auch umgekehrt es meines teilte. Ich dachte daran, wie meine Tochter Hausaufgaben gemacht oder gemalt hatte, wenn sie bei mir war, während ich arbeiten musste. An Wochenenden bei Tagungen oder Gesprächen sah ich sie in der ersten Reihe sitzen zwischen ernst dreinblickenden Erwachsenen oder auf dem Treppenabsatz bei einer Ausstellungseröffnung, während ihre Mutter die Fotos von rechten Jugendlichen zu kommentieren hatte. Gelassen war sie und immer mit den Dingen ihres Lebens beschäftigt. Wir hatten eine Zeichensprache, die auch zwischen Podium und Plenum funktionierte und durch die wir einander mitteilen konnten, wie lange es noch dauerte, ob jemand doof aussah oder redete und was wir hinterher noch unternehmen würden. Und so hatten wir dennoch unsere Inseln an Orten und Zeiten, auch wenn sie nicht dem Rhythmus der uralten Ordnung folgten. So war es auch mit der Familie. Sie hatte nicht das Gefühl, im Sekretariat zu sitzen, wenn sie nach der Schule in unsere Räume kam. Sie saß bei Sabine, unserer Freundin und Nachbarin, die eben auch in der RAA arbeitete. Sie entdeckte ihre Liebe zur Mathematik durch Britta. Die Projektleiterin mit außergewöhnlicher Begabung für alles Interkulturelle in der RAA war für mein Kind immer eine Mischung aus großer Schwester und Lieblingstante. Meine Tochter spielte Theater mit Sascha in unserem Ferienlager und wann immer es sonst möglich war. Er, der großartige Erfinder von Computerspielen und Schulprojekten, half ihr bei verschiedenen Aufgaben und bei der Interpretation eigentümlicher Verhaltensweisen ihrer Lehrer. Und da waren noch viele andere, die sie prägten, die ihr halfen und umgekehrt. Bei einigen Projekten war es auch meine Tochter, die etwas besser als andere Kinder verstand, worum es ging, und vermitteln konnte.

Als Sascha das erste Mal bei uns erschien, kurz nach der Gründung der RAA im Januar 1991, sah er ein bisschen aus wie ein erwachsen gewordener Harry Potter – eine Figur, die man erst heute kennt. Dunkles Haar, kluge Augen und eine Drahtbrille auf der Nase. Er liebte damals schon Shakespeare, alles Britische, Captain Picard vom Raumschiff Enterprise –

eine Leidenschaft, die ich mit ihm immer teilte – guten Rotwein und gepflegte Inspiration. Meine Tochter war damals fünf Jahre alt, und er holte sie manchmal vom Kindergarten ab, wenn ich in irgendeiner wichtigen Verhandlung stecken geblieben war. Die Kinder liebten ihn alle, den Grundschullehrer, den absolut ehemaligen FDJ-Sekretär. Ich kannte kaum jemanden, bei dem ich mir diese Biegung des Lebens seltsamer und deplatzierter vorstellen konnte als bei Sascha. Als Lehrer war er das, was sich alle Kinder und Mütter wünschten, als Kollege – etwas introvertierter – ebenso. Gerecht, loyal, kreativ und mit einem Zug, der seinen Hang für das Britische ausgelöst hatte: mit Sinn für Humor.

Britta war ein Jahr später bei der RAA angekommen. Sie hatte sich für die ABM-Stelle der Roma-Beraterin beworben. Als sie sich vorstellte, war ich beeindruckt und verblüfft. Wieso hat eine gelernte Mathematikerin mit so offensichtlich hoher kreativer Intelligenz Interesse daran, sich auf die anarchische Arbeit mit Sinti und Roma einzulassen? Und weshalb hat sie so langes und so rotes Haar und keine Sommersprossen? Weil in unserem Haus damals noch alles im Aufbau war, wurde sie vertröstet und kam immer wieder. Mindestens dreimal fragte sie hartnäckig und schüchtern nach, bis ich sie schließlich einstellen konnte. Britta kam eigentlich nicht aus einer sehr christlichen Familie, doch in der DDR hatte sie einen eigenen Weg gefunden, der sie nicht in die Kirche, wohl aber zu einem guten Glauben geführt hatte. Eine junge intellektuelle Christin war sie, sehr gebildet, sehr offen und mit einer großen Sehnsucht nach Leben und Vielfalt. Ihre eigene Erfahrung, einer Minderheit anzugehören, ihre Empfindsamkeit und Fähigkeit zum Mitgefühl machten sie in der RAA bald zur wichtigsten Erfinderin guter Projekte. Sie war nicht so strategisch wie Sascha und keinesfalls logisch, sondern eher intuitiv und chaotisch, wie es sich für eine gute Mathematikerin gehörte, aber sie konnte das, was sie und andere taten, hervorragend interpretieren und voranbringen. Vor allem war sie warmherzig und wusste immer haargenau, wie sich die Dinge aus anderer Perspektive anfühlten. Auch aus der meiner Tochter.

Außer den beiden kamen auch fast alle anderen aus der RAA-Familie zur Bat Mizwa, alle, die meine Tochter mochten und kannten. Faiz, der osmanische Prinz, war da, der wie Mustafa die türkischen Kids unterrichtete. Ebenso kam Gunnar, der Punk, dessen beharrliche Neigung zu buntem Haar, Ketten und Piercings mit zunehmendem Lebensalter bewundernswerter wurde. Doch warum nicht, er war ausgebildeter Dompteur, hatte vor der RAA-Zeit mit Bären gearbeitet und so wahrscheinlich die besten Voraussetzungen, um mit Jugendlichen von Prenzlauer Berg fertig zu werden. Houng kam natürlich auch. Von ihm hatte meine Tochter, als sie klein war, die unvergessenen Powerriegel bekommen, die ihr mächtige Kräfte verliehen hatten. Sie konnte Houng hochheben, der zwar zart gebaut, aber doch ein ganzer Mann war und so, das sagte ihr Houng, würde sie alles schaffen im Leben. Ich glaubte das auch. Sie hatte einen inneren Reichtum aus Sinn für Gerechtigkeit, Humor und Herzlichkeit, der genauso wichtig war wie ihre Intelligenz.

Bernd Wagner kam, der ehemalige Kriminalpolizist und Fährtensucher bei der Geisterjagd. Es kamen auch unsere Freunde und natürlich die Familie: mein Vater, meine Brüder mit ihren Frauen, deren Kinder, die Schwester meines Vaters, die Cousinen und deren Kinder. Und dann kamen auch all diejenigen, die schon immer diese Synagoge besuchten. Einige hatten beim «Dibbuk» mitgespielt, hatten die Zeiten erlebt, in denen an Simchat Tora nur drei kleine Kinder da waren. Eines davon stand jetzt aufgeregt neben dem Kantor, um die letzten Einzelheiten zu besprechen. Es war eine große, wunderbar bunte Gruppe, die sich in der Synagoge eingefunden hatte, um dabei zu sein, wenn dieses Mädchen seine Prüfung ablegte.

Kurz zuvor an der Pforte, als ich die Gäste durch den Sicherheitscheck bat, gab es ein wenig Aufregung. Noch nie waren so viele Vietnamesen, Lateinamerikaner oder Afrikaner auf einmal in die Synagoge gekommen. Der Kantor war nervös deswegen, auch wenn er es nicht zugeben wollte. Bei den Gottesdiensten herrscht sowieso niemals heilige Ruhe, immer sind Kinder unterwegs in den Reihen, oder Erwachsene schwatzen miteinander. Wenn die Beter zur Tora aufgerufen werden, ist das kein sakraler Akt, sondern etwas Normales und Lebendiges. Es gab also keinen Grund, mehr als die vollkommen übliche Unruhe, als das gewohnte Chaos zu erwarten. Und doch war es für alle ungewöhnlich. Als ich die letzten Gäste hereingebeten hatte, bezog sich der Himmel mit einem Mal, und ein dicker Wolkenbruch kündigte sich an.

Einige Wochen zuvor hatte ich an einem Vortrag über Juden in der DDR gearbeitet und dafür recherchiert. Nun, es hatte Antisemitismus in der DDR gegeben, und zwar auf verschiedenste Weise. Nicht nur klimatisch oder historisch oder mittelbar im aggressiven Antizionismus, sondern ganz real, wie in den sozialistischen «Bruderländern» auch während der Zeit des offenen Stalinismus. Nach dem Krieg waren die meisten «Displaced Persons», also diejenigen Juden, die aus den Konzentrationslagern ins deutsche Nachkriegsnichts entlassen wurden, in die westlichen Besatzungszonen gegangen, weil man sich dort um sie kümmerte. Nicht besonders gut – aber immerhin. Im Osten, der Sowjetischen Besatzungszone, waren sie eher nicht willkommen. Es gab sogar Anweisungen, ihnen keine Unterstützung zu geben und sich darin auch von Papieren, die sie als Opfer des Nationalsozialismus auswiesen, nicht beirren zu lassen. Die meisten von ihnen sprachen nicht

Deutsch, sie waren aus Polen, Ungarn, der Sowjetunion oder der Tschechoslowakei verschleppt worden. Ihr Zustand war schrecklich, sie hatten keinerlei Mittel und oft niemanden mehr, zu dem sie gehen konnten. Einige wenige der Überlebenden blieben in der DDR, die meisten gingen in die West-Zonen.

Dennoch gab es im Osten Juden. Manche der Geflohenen kehrten zurück in ihre Heimatorte. Manche hatten im Untergrund überlebt, andere hofften hier auf größeren Schutz, war doch die DDR angetreten als antifaschistischer Staat, der anders als die Bundesrepublik den Naziverbrechern keine zweite Chance gab. Dort war der ganze Staat auf der zweiten Chance der Nazielite aufgebaut. Die meisten der in die DDR zurückgekehrten Juden waren Deutsche, während im Westen die Mehrheit der Juden vor allem aus Osteuropa stammte. Die in die DDR zurückgekehrten Juden hatten in sehr vielen Fällen ein politisches Motiv, genau dort zu leben – sie waren Kommunisten, Widerstandskämpfer oder beides. Ihr Wunsch, nach dem Exil nach Deutschland zu kommen, entsprang auch ihrer Hoffnung und den Zielen, die sie vor Augen hatten, als sie das Unmögliche ertrugen, in Lagern, Gefängnissen oder im Untergrund. Und diese Hoffnung hatte sich nun in der DDR zu erfüllen, egal, was im Einzelnen geschehen mochte.

Bei den Recherchen zum Vortrag war ich auch auf den Rabbiner Nathan Peter Levinson gestoßen. Er amtierte in der Zeit Anfang der fünfziger Jahre, als in der DDR, wie vorher in anderen sozialistischen Ländern, antisemitische Schauprozesse vorbereitet wurden. Die SED hatte angefangen, in den eigenen Reihen Säuberungen vorzunehmen. Die Vertreter der jüdischen Gemeinden wurden verhört, verdächtigt oder festgenommen. Ähnlich ging es vielen der Juden in der Partei. Zuvor waren sie genötigt worden, aus den Gemeinden auszutreten. Dann ließ die Partei durch das MfS alle jüdischen

Mitglieder überprüfen und ihre jüdische Herkunft in gesonderter Kartei registrieren. Das MfS registrierte auch die Gemeindemitglieder, sodass es eine vollständige Kartei der Juden gab. Eine Welle von Beschuldigungen, Verhaftungen und Erniedrigungen begann. Als «Agenten des Zionismus» und «Kosmopoliten» verloren viele ihre Arbeit oder ihre Funktionen in der Partei, ganz unabhängig davon, ob die Beschuldigten sich loyal zu Partei und Staat bekannten oder nicht. Die Verhafteten wurden Verhören ausgesetzt, bei denen sie antisemitische Beschimpfungen ertragen mussten, oder sie wurden zu öffentlichen Stellungnahmen gezwungen, bei denen sich ehemalige NSDAP-Mitglieder sehr oft besonders hervortaten.

Es war die späte Phase des Stalinismus mit all seinen Widerlichkeiten, Intrigen, Verbrechen, mit Druck und Angst und der Verbreitung von Hass. Und es war die Zeit in der DDR, in der ein nationales Gemeinschaftsgefühl erzeugt werden sollte, das durchaus auch völkische Züge trug. Es standen einander gegenüber: das deutsche Volk, die Gemeinschaft, auf der einen Seite und der kapitalistische, imperialistische Klassenfeind, besonders in seiner jüdischen Gestalt, auf der anderen. Das Finanzkapital war schuld am Faschismus, nicht aber das deutsche Volk, das nur betrogen, verführt und benutzt worden war. Und das sollte nicht noch einmal geschehen. Die SED sah sich ganz simpel im Besitz einer Ideologie, in der die Aufhebung des Klassenwiderspruchs sozusagen wie von selbst die Auseinandersetzung mit dem Antisemitismus erledigt hatte, da dieser dadurch «mit der Wurzel ausgerottet» sei.

Gute Freunde meiner Eltern gehörten zu den Beschuldigten, und ebenso gute Freunde ergingen sich in Demutsbekundungen. Von Ersteren mussten einige ins Gefängnis, einige wenige flohen und einer, der zum inneren Kreis derer gehörte, denen der Schauprozess gelten sollte, nahm sich das Leben. Von den anderen gab es Zitate, die das Handeln des Staates ausdrücklich lobten, denn wie bei jeder antisemitischen Kampagne sollte auf jüdische Stimmen nicht verzichtet werden. Es waren Jahre der Angst und der Prüfung des ideologischen Glaubens. Wer imstande war, den Konflikt auszuhalten, konnte bleiben und es überstehen. Dabei half die Antithese zum anderen Deutschland, zum anderen politischen Lager. Die DDR musste geschützt werden, auch vor Veränderungen, die, wie später zum 17. Juni 1953, womöglich Massen in Bewegung setzten, deren erste Opfer dann eben auch die Juden sein konnten. Zwischen der Angst vor den antisemitischen Zügen des neuen SED-Staats und der Angst vor dem möglichen Aufbegehren der Volksmassen auf der Straße waren sie gefangen. Und sie hatten ihre eigene Hoffnung dabei zu verteidigen.

Der Wunsch vieler Juden in der DDR, ob kommunistisch oder nicht, am Antifaschismus dieses neuen Deutschlands teilzuhaben, einen Platz und Schutz zu finden, einen «neuen Menschen» heranwachsen zu sehen, war eigentlich nichts anderes als der ewige Kampf um eine deutsch-jüdische Symbiose, nur eben in antifaschistischer Form und in einem System, das mit dem großen Schwur angetreten war, Verbrechen wie im Nationalsozialismus nie wieder zuzulassen. Im Nachkriegsdeutschland wäre Antithese zur DDR «Westdeutschland» gewesen, dessen ideologischer Antikommunismus auch Angst machte, denn er erinnerte viele an das von den Nationalsozialisten beschworene Bild vom «jüdischen Bolschewismus». Gerade in Deutschland, so schien mir, zogen es auch aus diesem Grund viele der jüdischen Kommunisten vor, den Antisemitismus stalinscher Prägung zu ertragen, als sich mit einem Antikommunismus aus alten Quellen auseinander setzen zu müssen, der Kommunisten und Juden als das Böse schlechthin auf eine Stufe stellt.

Der Antisemitismus jener Jahre war sowohl strukturell als

auch inhaltlich nicht zu übersehen. Die Parteiführung leugnete zwar den rassistischen Antisemitismus, aber sie verfolgte nach Herkunft und mit allen zur Verfügung stehenden Klischees. Zu denen, die das nicht übersehen wollten, gehörte auch der junge Gemeinderabbiner von Berlin, Nathan Peter Levinson. Zu Beginn des Jahres 1953 beschloss er, gegen den ausdrücklichen Willen des Gemeindevorstands unter Vorsitz von Heinz Galinski, sich öffentlich dazu zu äußern. Für den Fall, dass er dies tun würde, hatte der Gemeindevorstand ihm mit sofortiger Kündigung gedroht. Doch Levinson lud zu einer Pressekonferenz in seine Wohnung ein. In einem der Zimmer saß der Vorstand, in einem anderen saßen die Vertreter der Medien. Rabbiner Levinson gab eine Erklärung ab und forderte alle in der DDR und dem Ostteil Berlins lebenden Juden auf, das Land umgehend zu verlassen. Angesichts der antisemitischen Stimmung und Verfolgung könne er es nicht verantworten, an dieser Stelle keine Warnung auszusprechen.

Die DDR hatte es ausdrücklich abgelehnt, eine Entschädigung der Juden auch nur zu erwägen. Im Gegenteil: Der Gedanke an Entschädigung sei ein «Ausbluten des deutschen Volkes» und damit auch ein Schuldeingeständnis, so lautete einer der Hauptanklagepunkte gegen Paul Merker, dem als einer zentralen Figur der antisemitischen Aktionen der Prozess gemacht werden sollte. Dennoch gab es zahlreiche Juden, die in die DDR gekommen waren und wegen der angeblichen Abwesenheit der NS-Täter auch bleiben wollten. Nach Levinsons Ansprache verließen viele von ihnen das Land. Etwa zwei Drittel der Juden in der DDR gingen in den Westen. Rabbiner Levinson aber, dem Schüler von Leo Baeck, wurde gekündigt. Er bekam eine Verabschiedung, er durfte noch eine Bat Mizwa zu Schawuot durchführen und ging danach ins Ausland.

Die Bat Mizwa meiner Tochter sollte auch an Schawuot

sein. Einige Wochen vor dem Tag erhielt ich die Mitteilung der Gemeinde, dass Rabbiner Nathan Peter Levinson meinem Kind den Segen geben sollte. Er würde dafür aus Jerusalem anreisen. Es war Zufall. Eine Freundin meiner Tochter sollte nur wenige Tage später ihren Gottesdienst haben, und ihr war ein anderer Rabbiner zur Seite gestellt worden. Die Gemeinde hatte mir einen Brief geschickt mit der Faxnummer von Rabbiner Levinson und der Bitte, mich mit ihm in Verbindung zu setzen, um ihm einige Angaben über die Bat Mizwa, also meine Tochter, zu machen. Etwas über den familiären Hintergrund etwa oder über besondere Eigenschaften oder Fähigkeiten des Kindes. Ich sah auf diese Mitteilung und überlegte. Fast genau 45 Jahre nach seiner Kündigung würde Rabbiner Levinson etwas tun, was er oft tat, ein Kind beim Übergang zum Erwachsensein begleiten. Doch er würde es tun bei der Enkeltochter eines Paares, das damals seinem mutigen Aufruf nicht gefolgt war. Und mehr als das: Meine Eltern gehörten eindeutig zu denen, die in jenen Jahren die Luft angehalten hatten, um nicht aufzufallen, um dableiben zu können, ohne Anstoß zu erregen. Persönlich wie politisch hatten sie ihr Leben mit dem Staat und vor allem der Partei verbunden, alternativlos. Der Aufruf des jungen Rabbiners hatte sie nicht berührt, er hatte nichts mit ihnen zu tun, er betraf sie nicht.

Ich schickte dem Rabbiner das Fax, schrieb etwas über das Kind, über die Art meiner Arbeit und über die Großeltern. Er antwortete, er freue sich darüber, mit einem Kind aus einer interessanten Familie zusammenzutreffen. Freundlich und zurückhaltend waren seine Zeilen. Wir hatten ihm den Entwurf für die Rede geschickt, die meine Tochter halten wollte. Am Abend vor der Feier sollten wir uns treffen.

Es war das erste Mal, dass wir miteinander sprechen konnten. Ich hatte ihn früher schon auf einigen Gottesdiensten erlebt und war immer sehr berührt über das Politische seiner

Ansprachen, ohne von seiner Geschichte zu wissen. Wir kamen in das Hotel, in dem er meist wohnte, wenn er in Berlin bei der Gemeinde zu tun hatte. Rabbiner Levinson, ein eleganter, schlanker älterer Herr, empfing uns herzlich in der Lobby. Da stand er nun, der Zeuge jenes schweren Geburtsfehlers der DDR. Ich hatte immer wieder und wieder gehört, wie DDR-Bürger sagten: «Juden? Das gab es doch gar nicht. Wir haben nicht einmal das Wort benutzt. Das existierte nicht in unserem Denken. Das spielte keine Rolle. Gar keine. Deshalb konnten und können wir gar nicht antisemitisch sein.» Und gerade wegen dieser Sätze sah ich auf den scheinbar unbeschriebenen Blättern, was da mit unsichtbarer Tinte geschrieben stand und wie es bis heute, als fortgesetzter Text zu lesen war.

Seit der Wende hatte es sowohl Verteidiger der untergegangenen DDR wie oppositionelle Bürgerrechtler nur am Rande interessiert, wie der Osten nach und nach zu einer Angstzone für Minderheiten wurde. Das hat mich nicht gewundert. Wie hätte es auch anders sein können, wo doch im Osten gleich zwei Generationen die offene Auseinandersetzung mit den unmittelbaren Erfahrungen der Verfolgung und Ermordung der eigenen Nachbarn, Klassenkameraden oder Kollegen erspart geblieben ist? In der DDR gab es keinen Druck, in den Familien darüber zu sprechen, wer zugesehen, sich direkt oder indirekt bereichert, den Arbeitsplatz eines deportierten Juden bekommen oder dem NS-Terrorregime geholfen hatte. Wenn die jungen Leute Glück hatten, erzählten die Eltern auf Fragen ihrer Kinder, dass sie in der NSDAP gewesen waren oder dass es auch jüdische Kinder in ihrer Klasse gegeben hatte, die dann plötzlich verschwunden waren. Doch das war selten der Fall, meist blieben Taten und Opfer unsichtbare Geister.

Ich fühlte mich schrecklich befangen, als der Rabbiner sich genauer nach unserer Familie erkundigte. Und ich fragte ihn etwas scheu, ob er tatsächlich damals derjenige gewesen sei, der die Juden aufgefordert hatte, die DDR zu verlassen. Er bestätigte mir das zurückhaltend, gelassen und ohne Kommentar. Scheu war ich vielleicht deshalb, weil ich darüber nachdachte, ob dieses Ereignis ihn damals zu einer Art antikommunistischer Haltung getrieben haben mochte, ob ich vielleicht genötigt war, das Leben meiner Eltern in der DDR und ihre Entscheidungen rechtfertigen zu müssen. Doch er hörte offen und aufmerksam zu und lächelte, als ich vom Widerstandskampf meiner Eltern sprach.

Die Gäste hatten die Synagoge betreten, und die letzten waren schon nass geworden, denn es hatte zu regnen begonnen. Oben auf dem Podest hatte meine Tochter neben dem Rabbiner Platz genommen. Der Kantor begann den Gottesdienst und blickte noch einmal prüfend auf die bunte Zuhörerschaft. Dann winkte er das Kind zu sich, und es sprach das Ma Tovu, den Segen für die Zelte Jakobs und alle, die darin Unterkunft gefunden hatten. Es trug ihn vor mit fester Stimme, diesen kurzen Text, aus dessen Klang ich immer wieder das Rieseln des Wüstensandes zu hören glaubte. Es war still im Raum, während mein Kind unter dem blau bemalten, mit Sternen übersäten Bogen stand. Dem Ritus des Hauses folgend, kamen nun verschiedene Texte und Gebete, und meine Tochter nahm wieder Platz. Der Rabbiner legte seinen Arm um ihre Schulter, und die beiden tuschelten miteinander. Nun, nachdem die erste Hürde genommen war, sah sie sich im Saal um. Ihr Großvater saß in der ersten Reihe.

Dieser Feiertag beeindruckte mich immer sehr, und sein Sinn hat für mich eine weitere Tür zum Judentum geöffnet. So wie es in meiner Kindheit etwas unbestimmt Kulturelles ausmachte und mir in der Jugend den Weg zur Verfolgungsgeschichte zeigte, in die ich hineingeboren und die Teil meiner

Identität war, so begann ich nun zu verstehen, was die Gedenktage im jüdischen Jahr für mich bedeuteten. Schawuot wird sieben Wochen nach Pessach gefeiert. Man schmückt die Synagoge mit Birke und Flieder, denn es ist Zeit für die erste Ernte. Doch es ist mehr als das. An Schawuot feiert man die Gabe der Tora, als Moses auf dem Sinai die Gesetzestafeln erhielt. Mit den Zehn Geboten kam das eigentliche Ende der Sklaverei. Ich habe versucht mir vorzustellen, wie die Juden aus Ägypten flohen und wie wunderbar es gewesen sein muss, endlich frei zu sein. Doch diese Freiheit brauchte ein Gesetz, eine Verfassung, einen Grund, auf dem sie sich entwickelt. Und das war die Tora. Dass die Befreiten darüber anfangs nicht begeistert waren, hat mich nicht verwundert. Das Gegenteil von Sklaverei war eben, frei zu sein und niemandem mehr zu gehören außer sich selbst, doch das Gegenteil von Unfreiheit ist das Recht, auf dessen Gewicht sich jeder verlassen können muss.

Religion war auch für mich sehr vom christlichen Zugang bestimmt, in dem Glaube die erste Priorität hat und gleichsam als Tauschwert für die Gnade Gottes steht. Nur wer glaubt, empfängt sie. Deshalb war es schwer, überhaupt Religiöses zuzulassen. Denn diese Art des Glaubens blieb mir immer fremd, sie entspricht auch nicht dem Judentum. Die Zehn Gebote sagen etwas anderes. Das erste spricht vom einzigen, allgegenwärtigen und unsichtbaren Gott. Er allein, und nicht die Bilder oder Götzen, die Menschen anbeten, er ist das Wesen aller Dinge und aller Ereignisse. Das Göttliche in jedem und allem zu erkennen, das sollten die Kinder Israels lernen. Sie sollten verstehen, dass kein Bild, das Menschen sich von Gott und dem Göttlichen machen, jemals der Tiefe des Lebens und seiner Vielfalt gerecht werden kann und dass sie selbst durch ihr Handeln verantwortlich sind in der Endlichkeit ihres Lebens. Die Gebote weisen auf das Handeln der

Menschen, sie machen sie zu verantwortungsbewussten und fähigen Personen, die ihr Tun selbst bestimmen, zum Ebenbild des Göttlichen. Sie schaffen eine Brücke zur Vielfalt des Lebens. Das zu lernen, überhaupt zu lernen, ist Voraussetzung dafür, die Vielfalt zu erkennen. Das Handeln also und das Wissen sind wichtig, nicht der blinde Glaube.

Am Gottesdienst zu Schawuot wird das Buch Ruth gelesen. Sie, die Nichtjüdin, gilt als Beispiel dafür, wie wichtig, bereichernd Liebe, Loyalität und Freundschaft sind. Ich dachte an meine Mutter, wenn ich von Ruth hörte. Ihr waren Freundschaft und Liebe immer wichtiger als Herkunft. Ruth hatte einen Satz geprägt, den ich immer mit meiner Mutter verbunden habe, die sich an Menschen viel mehr als an Orte gebunden sah: «Ein Ort ist», so hatte Ruth gesagt, «mit wem ich bin. Und wo du hingehst, da will auch ich sein.» Ihr Bündnis war die Beziehung. Und die Grundlage dafür war das Vertrauen auf die Menschlichkeit und auf das Handeln, nicht auf das Bekenntnis allein. Ihre Hingabe, ihre Bindung hatte Ruth wie auch meine Mutter bewogen, die Fremde nicht zu fürchten. Sie hatte es meiner Mutter auch ermöglicht, meinem Vater nach Deutschland zu folgen, in das Land, das sie nicht wollte.

Das Nächste, was mein Kind an diesem Abend zu tun hatte, war, das Schema Isroel zu singen. Es ist eine einfache Melodie, die nichts anderes sagt, als dass Gott einzig und universell ist. Das Schema Isroel erklingt immer. In Not und in Freude. Es war das Erste und das Letzte, was die Juden in den Gaskammern gesungen haben. Es ist wie eine Beschwörung aller Menschen, dass Gott der Versöhnende und gleichzeitig der Zornige, Antreibende sei. Trotz allem, was den Juden angetan wird. Trotz der Vernichtung, der Demütigung und des Hasses. Ich hatte meinem Kind erzählt, dass berichtet wurde, wie aus den Gaskammern das Schema Isroel drang. Immer wieder.

Jetzt stand das Mädchen da und hatte keine Scheu, sondern sang es mit Kraft und Klarheit laut in den Saal hinein.

Dort war es nun vollkommen dunkel geworden, und von draußen begann es so laut zu donnern, dass der Krach die Geräusche des Raumes durchdrang. Ich sah meine Tochter an, und natürlich war ich unendlich stolz, während ich ihr die Daumen drückte. Sie war einen Schritt weiter. Nicht eingeklemmt zwischen dem Wunsch, gerade hier in Deutschland eine besseres, gerechteres und beschützteres Leben zu führen, so wie meine Eltern es wollten, und der unsichtbaren Last, dies ausgerechnet im Land des Holocaust zu tun. Und sei es um den Preis eines Verleugnens der Angst, der Identität und der Geschichte. Sie würde beides haben, wenn sie wollte: das Wissen, das Engagement, den Konflikt, wenn es sein musste, und die jüdische Identität. Und das gewiss, ohne daran zu zerbrechen, wie es einigen meiner Generation ergangen war.

Ich hatte Freunde meiner Generation, die sich klar für die DDR mit all ihren Implikationen, und wenige, die sich klar dagegen entschieden hatten. Manche sind daran zerbrochen. Aber alle, die ich kannte, hatten eine enge Bindung an ihre Eltern und deren Geschichte. Das blieb so, auch wenn die Eltern, wie in manchen Fällen, eine Anpassung ihrer Kinder erzwingen wollten oder glaubten, es zu müssen – wegen der Anstrengungen des Aufbaus der DDR. Wir hatten die bekannten Probleme der Kinder der zweiten Generation von Überlebenden, doch hinzu kamen weitere: der verdrängte Stalinismus, der Mangel an Zugang zur eigenen jüdischen Identität und die Unentrinnbarkeit durch die Mauer um diesen Teil des Landes.

Als Nächstes sollte meine Tochter nun die Zehn Gebote auf Hebräisch vortragen. Sie hatte erst wenige Monate Unterricht, und so machte es ihr Mühe, wie ich den schnippischen Kommentaren einer anderen in diesen Dingen wohl weit routinierteren Mutter, die hinter mir saß, entnehmen musste. Der Rabbiner hatte, wie in dieser Synagoge üblich, recht wenig zu tun beim Gottesdienst. Er sah seine Aufgabe darin, das Kind immer wieder zu ermutigen und für Entspannung zu sorgen. Und dann kam der wichtigste Teil, die Rede. Am Abend zuvor hatte Rabbiner Levinson sie gefragt, womit sie sich beschäftige, worüber sie sprechen wolle. Es war ihr erstes Jahr auf der Jüdischen Schule, die ihr Großvater schon besucht hatte. Sie sagte, was ihr gefiel, was sie interessant fand, aber begann auch darüber zu sprechen, was sie aufregte und worunter sie wirklich litt. Es war eine Stimmung in ihrer Klasse, in der plötzlich die Unterschiede der Schüler zum Thema wurden. Sie sagte dem Rabbiner, dass es ihr furchtbar auf die Nerven gehe, wie mit den Unterschieden umgegangen wurde. Einige jüdische Schüler beschimpften die christlichen und nichtjüdischen Kinder und verbreiteten antitürkische Ressentiments. Die Lehrer verstanden nicht, taten nichts und ließen diejenigen, die sich wie meine Tochter darüber aufregten, in der Situation auflaufen. Anstatt um klare Werte zu kämpfen und die Probleme der verschiedenen Schüler, der Schimpfenden und der Beschimpften, ernst zu nehmen, sagte mein Kind dem Rabbiner, stempelten die Lehrer nun lieber die ganze Klasse als unmöglich und schwierig ab. Das sei doch nicht gerecht, oder? Und sie fügte hinzu, wie egal ihr dabei sei, ob die Lehrer oder Kinder jüdisch waren oder nicht. Man müsse sich doch kümmern um Gerechtigkeit, und darüber wolle sie auch sprechen in ihrer Rede.

Sie begann mit der Frage, worum es bei den Geboten ging. Schawuot feiert den Beginn von Zivilisation, in der nicht der Stärkere gewinnt, sondern die Humanität, die durch Regeln das Zusammenleben bestimmt. Ohne Regeln, ohne Gesetz, ohne Bereitschaft zur Vielfalt gibt es keine Zivilisation, keine Gleichheit der Menschen untereinander. Das Recht entscheidet vor der Kraft, die Regeln und der Respekt vor der rohen Gewalt. Wir hatten lange gesprochen über Freiheit und Recht und über Gewalt und Rassismus auf der Straße. Es war selbstverständlicher Teil ihres wie meines Lebens, sich darüber Gedanken zu machen. Sie war oft dabei, wenn ich mit Menschen gesprochen hatte, die beleidigt oder überfallen worden waren. Also sagte sie es auch. Die Gebote sind ein Schutz, die Regeln das Recht, das ziviles Leben miteinander erst möglich macht. Und sie sprach über ihre Schule und sagte, dass Unrecht überall Unrecht sei, auch unter jenen, denen die Gebote einst gegeben wurden.

Ich hatte mir vorgenommen, nicht sentimental zu werden, aber es fiel mir schwer. Ich sah sie nun, meine Tochter, die dritte Generation mit den allerbesten Wünschen für Mut und Kraft, wie sie da stand und selbstbewusst mit starker Stimme deutlich sagte, was so selbstverständlich und doch schwer ist. Draußen begann es so heftig zu blitzen, dass der ganze Raum fast magisch erhellt wurde. Und ich konnte nicht anders, als vor mich hin zu lächeln. Selten hatte ich den Konflikt zwischen meinem Hang zur Magie und meiner aufklärerischen atheistischen Erziehung so stark gespürt wie jetzt, im Angesicht des Wunders, das Mütter erleben, wenn die Kinder gerade erwachsen werden.

Die Worte ihrer Rede endeten mit einem Dank an alle, auch an mich, die wir mit ihr die Kindheit verbracht und sie nach bestem Wissen und Gefühl gestaltet hatten. Ich war noch damit beschäftigt, mir eine kleine Träne aus dem Augenwinkel zu wischen, und fragte mich dabei, wie nun meine Tochter, wenn sie groß wäre und Abstand hätte, ihre Zeit mit mir beschreiben würde, als Rabbiner Levinson zu ihr trat. Er wandte sich nur ihr zu und nicht der Gemeinde. Er sah sie an, neigte dabei leicht den Kopf zur Seite und nahm ihre Hand. Und er antwortete ihr. Er sprach mit der gerade Dreizehnjährigen ohne Verniedlichung und doch so, dass sie es verstehen konnte.

Er hätte es nicht besser ausdrücken können, sagte der Rabbiner. Das sei keineswegs ein schlichtes Kompliment, sondern etwas, womit er sich auch lange beschäftigt habe. – Das war der Moment, bei dem ich kurz den Atem anhielt. – Das Judentum, so fuhr er fort, sei eine Verpflichtung für sich selbst und alle anderen, und auch eine Last in diesem Sinne. Die Mizwot, die guten Taten, die im Sinne der Gebote das Leben bestimmen sollen, stünden an oberster Stelle. Und die wichtigste dieser guten Taten sei Zedaka, die Gerechtigkeit. Davon solle sie sich niemals abbringen lassen, sondern einer Tradition folgen, die es auch in ihrer Familie gegeben habe. Und dann begann er voller Respekt vom jüdischen Widerstand gegen die Nazis zu sprechen, dem auch die Großeltern der Bat Mizwa angehört hatten. Er sagte, dass selbst die säkulare Form, für Gerechtigkeit zu kämpfen, die sich immer auf alle beziehe und keineswegs auf Juden allein, der zutiefst jüdischen Tradition von Zedaka entspreche. Dabei beziehe er sich vor allem auf den anwesenden Großvater und die Mutter, die sich nun gegen Rassismus wende. Es gehe um den Gedanken von Freiheit, den die jeweilige Generation für sich bestimmen müsse. Er erinnerte an den Kampf um die spanische Republik, an dem der Großvater, und den Widerstand in Frankreich, an dem beide Großeltern teilgenommen hatten. Er sprach von dem wichtigen Einfluss der osteuropäischen Juden auf die Arbeiterbewegung in Deutschland und davon, wie sehr er, der Rabbiner, schätzte, dass sie verhindert hätten, was vielfach im deutschen Judentum geschehen war – eine vollkommene Anpassung an deutsche Kultur, deutsche Werte und unter Umständen auch an deutsche Politik. Gerade der andere Teil der Familie, der meiner Mutter, hätte diese Anpassung gesucht und sei doch daran gescheitert. Das Beispiel der Familie Klemperer, der Familie meiner Mutter, die, christlich getauft, der Illusion einer deutsch-jüdischen Symbiose anhingen, belege dieses Scheitern. Und sosehr der Weg der Arbeiterbewegung auch gebrochen gewesen sei, bewundere er doch den Impuls, das Ziel und den Wunsch nach einer gerechteren Welt gegen den Widerstand einer auf Anpassung drängenden Gesellschaft.

Der Rabbiner war selbst im Exil gewesen, er hatte selbst erleben müssen, wie es war, Verwandte und Freunde zu verlieren. Er hatte selbst die Bedrohung des Stalinismus gespürt. Er hatte eine mutige Entscheidung getroffen, die anders aussah als die meiner Eltern, und dennoch den ursprünglichen Sinn ihrer Entscheidung zu respektieren verstanden.

Es sei an jeder Generation, selbst herauszufinden, wie der Sinn der Zedaka zu erfüllen sei, sagte der Rabbiner meiner Tochter. Bei allem Respekt vor dem Großvater sei er sehr froh darüber, dass wir, Mutter und Tochter, diese Tradition wieder zurück an die jüdische Gemeinschaft gebunden hätten. In Erinnerung an meine eigene Geschichte, an die meiner Eltern und die der jüdischen Gemeinde zu DDR-Zeiten wusste ich, dies allein kann nicht davor bewahren, Druck nachzugeben und angepasst zu reagieren. Doch es war dies nicht der Moment, alle Widersprüche mit einem Mal zu beantworten. Es war der Moment, in dem der Rabbiner Levinson meiner Tochter mit einer sehr warmen Geste die Hände auf den Kopf legte und ihr für alle schwierigen Entscheidungen, die sie in ihrem eigenen Leben zu treffen hatte und haben würde, den Segen zu geben.

Zum Ende des Gottesdienstes donnerte und blitzte es noch einmal auf dramatische Weise. Als sich die Besucher in den Vorraum zum Kiddusch begaben, gratulierte der Großvater seiner Enkelin. Und er bedankte sich bei Rabbiner Levinson, weniger eloquent als üblich, dafür aber mit viel innerer Bewegung. Ich nahm meine erschöpfte große Tochter in die Arme und freute mich mit ihr. Bevor sie nun den Rest des Abends auf Glückwünsche, Blumen und Geschenke würde reagieren müsse, fragte ich sie noch, wie sie das Ganze erlebt hatte. Die vielen klugen Worte und Gedanken, ihre Rede und die Antwort des Rabbiners. Mein Kind sah mich an und sagte, dass alles viel, aber gut gewesen sei. Aber am meisten habe sie gefreut, dass ihre Großmutter da gewesen sei, vor allem, weil Rabbiner Levinson von ihr nicht so viel gesprochen habe wie von ihrem Großvater. Ich war überrascht und blickte fragend in das Gesicht meines Kindes. «Na ja», sagte sie bestimmt, «was glaubst du denn, wer das Gewitter war? Schließlich habe ich sie doch eingeladen, und sie hatte versprochen zu kommen.»

Und dann, für einen vielleicht letzten Augenblick, sah sie wieder so aus wie zu den Zeiten, als sie mit ihren Bonbontüten auf den Spielplatz gegangen war.

21. Kapitel
Die Leude woll'n, dass was passiert

Wenn ich durch die Neuen Länder fuhr, um Initiativen gegen Rechtsextremismus zu besuchen, hatte ich eine Art Topographie besonders schlimmer Orte im Kopf. Sie hießen nicht einfach nur Rathenow, Zella-Mehlis oder Anklam, sie waren nicht verbunden mit schönen Landschaften oder imposanten Gebäuden, sondern mit dem, was ich sah: dominanten Nazis, brutaler Gewalt und manchmal sehr uneinsichtigen Politikern. Einer dieser Orte war Wurzen bei Leipzig – gelegen mitten im schönen Muldentalkreis. Ich kannte den Namen dieser Stadt von einem der typischen und dazu noch beliebten DDR-Produkte: In Wurzen stand eine bedeutende Keksfabrik, die z. B. die «Wurzener Extras» herstellte.

Wenn man aus Leipzig kommt und nach Wurzen hineinfahren will, dann muss man die Mulde überqueren. Die Straße verschmälert sich, wenn sie zur Brücke wird, und es entsteht ein Gefühl, als müsse man sich einfädeln, bevor man in die Stadt gelangen kann. Das ist eigentlich nichts Besonderes, doch verstärkte es in diesem Fall den Eindruck, man brauche eigentlich ein Einreisevisum, um sich drinnen ungestraft bewegen zu können. Es war nichts Sichtbares – es war eine bestimmte Atmosphäre, ein Geruch, etwas, das mir die Stadt ein wenig dunkler erscheinen ließ, als sie natürlicherweise war. Das lag an der schier endlosen Liste von Überfällen von Nazis und deren laxer Behandlung durch die Stadtvertreter. Die NPD und ihre Jugendorganisation, Kameradschaften und normal-rechte Jugendliche dominierten das Straßenbild, zu Wahlkampfzeiten klebten ihre Plakate überall, ihre Gegenwart war nicht zu übersehen. Es gab einen Nationalen Jugendclub, und der Bürgermeister ließ weder durch Worte noch durch Taten vermuten, er habe ein schlechtes Gefühl dabei.

Wurzen ist eine sächsische Kleinstadt, anders als Schwedt historisch gewachsen und kaum zerstört. Sie hat verschiedene mittelständische Betriebe. Beschaulich, wie man so schön sagt, aber nichts Außergewöhnliches. Wie es dazu kam, dass militante Neonazis und marodierende Wald-und-Wiesen-Skins sich in Wurzen so gut aufgehoben fühlten, dass sie sich der Straßen und Jugendclubs bemächtigten, ein von der Jugendorganisation der NPD geleitetes eigenes Haus führten und marodierende Skins die wenigen nichtrechten Jugendlichen terrorisieren konnten, ist eigentlich nicht recht klar. Vielleicht war es wie üblich eine Vielzahl unterschiedlicher Gründe, die in diesem Fall eine besonders explosive Mischung bildeten.

Im Lagerkosmos Deutschland, in dem es über dreißigtausend Lager, Außenlager und andere Unterkünfte für Zwangs- und Sklavenarbeiter gab, hatte auch Wurzen einen Platz. Im Umfeld von Leipzig befanden sich etliche Außenlager von Buchenwald. In Wurzen arbeiteten Zwangsarbeiter im Krankenhaus. Bürger von Wurzen zerstörten in der «Reichskristallnacht» die wenigen jüdischen Geschäfte und sahen zu, wie die Juden schließlich abtransportiert wurden. Zum Ende des Krieges wurden Lagerinsassen auf Todesmärsche geschickt, etliche führten durch Wurzen. Auch hier gab es also die Grausamkeiten in aller Öffentlichkeit, die jeder mit eigenen Augen sah. Nach dem Krieg begann der Sozialismus, auch ganz normal und so wie überall: Als fortgeschriebene Geschichte des Widerstands, die sich bald im Kalten Krieg und der Gründung der DDR ausdrückte und die «Hidden Agenda» des Absoluten und Autoritären bildete, die hinter der Ideologie von Partei und Staat stand.

In Wurzen gab es einen antifaschistischen Helden, Albert Kunst, der aus der Stadt stammte, ein feiner Mann war, KPD-Mitglied und Reichstagsabgeordneter, aber leider den Aufbau des Sozialismus in seiner Heimatstadt nicht mehr miterleben konnte, weil er von den Nazis ermordet wurde. Darüber hinaus gab es kaum Menschen, die lebendige Zeugen des Widerstands gegen den Nationalsozialismus gewesen wären, weder als Sozialisten noch als anständige Bürgerliche. Die Kapitalisten hatten bald das Gebiet der Sowjetischen Besatzungszone verlassen, und ob es unter ihnen solche gegeben hatte, die die Barbarei des Nationalsozialismus abgelehnt hätten, ist ohnehin fraglich. Der Sozialismus zog also in Wurzen ein, einfach so. Ohne wichtige Figuren oder Künstler, die den Antifaschismus der DDR durch ihre eigene Geschichte repräsentierten. Pech – vielleicht weil Leipzig so nah lag. Fortan nannte Wurzen sich sozialistisch – böse Zungen behaupten, weil es hieß, das «national» davor müsse man nun weglassen. Wo es keine antifaschistische Tradition gab, war der Sozialismus eine Mischung aus Doktrin und kleinstädtischer sozialer Kontrolle. Als der Sozialismus dann eines Tages wieder verschwunden war, wurde der Antifaschismus nicht vermisst, weshalb auch.

Irgendwie hatte sich in Wurzen ein Machtklüngel über die Wende gerettet. Er bestand aus Leuten, die der SED oder der Blockpartei CDU angehörten, die Staatsaufträge durchgeführt hatten oder auf andere Weise mit dem Staat verbunden waren. Bei den Montagsdemos, die auch in Wurzen stattfanden, sahen sich alle wieder und demonstrierten nun, da es fast dem Ende zuging, ihre unverbrüchliche Gegnerschaft zur untergehenden DDR, die ihnen bis dahin niemals lästig gewesen war. Einer von ihnen, der bis dato der SED-treuen CDU angehörte, wurde ermutigt, sich als Bürgermeister zur Verfügung zu stellen. Nicht belastet durch das alte Regime, gestützt von ehemaligen SED-Leuten, die ihre Kommandohaltung nach oben und unten gelernt und gelehrt hatten und nicht daran dachten, die Stadt jemand anderem zu überlassen. Wem auch? Und so wurde Herr Pausch zum Bürgermeister gewählt. Aus der Stadtchronik verschwand, was unangenehm war, und das galt auch für Widerworte, die von anderer Seite kamen. Parteipolitik und Verwaltung waren bald nicht mehr zu unterscheiden, eine Hand wusch die andere, und man ließ sich partout kein Problem mit irgendwelchen Rechten herbeireden. Schließlich war unter ihnen der eine oder andere eigene Sohn, so wie ein führender NPD-Mann in Wurzen, dessen Vater schon immer Polizist gewesen war und es auch weiterhin blieb.

In Wurzen hatte es von allem gegeben. Die Stadt galt schon zu DDR-Zeiten als braun, die Nazis dort beherrschten damals schon Jugendclubs und machten Jagd auf Punks und Studenten. Nach der Wende und lange vor Hoyerswerda sorgten Pogrome dafür, dass das einzige Flüchtlingsheim geräumt wurde, einige der Flüchtlinge wurden bei dem Überfall mit Baseballschlägern, Pistolen und Schlagringen schwer verletzt, die Einrichtung vollkommen demoliert. Danach feierten die Rechtsextremen den «Erfolg» durch weitere brutale Überfälle auf ausländische Arbeiter, auf Punks und auf junge Leute, die nicht rechts sein wollten. Es gab viele Schwerverletzte. Dabei gingen die Rechten in Gruppen vor, errichteten Straßensperren, um ihre Opfer abzufangen, umzingelten Gebäude und schlugen dann zu. 1994 gab es beispielsweise einen Überfall einer sehr großen Gruppe von Rechtsextremisten mit Eisenstangen, Knüppeln und Steinen auf den Wohncontainer portugiesischer Bauarbeiter. Sechs eintreffende Polizisten wurden sofort angegriffen, einer verletzt. 60 Täter waren der Staatsanwaltschaft bekannt, nur 15 wurden später vernommen, einer erhielt eine Haftstrafe, vier eine Bewährungsstrafe, der Rest wurde freigesprochen. Die Bauarbeiter kehrten nach Portugal zurück. Die Rechtsextremisten bekamen später von der Stadt eine Baracke als Treff («BB-Baracke»).

In der Nähe der Diskothek «JOY» wurde 1995 ein Jugendlicher von Rechtsextremisten brutal zusammengeschlagen und mit einem Bolzenschussgerät, mit dem man Rinder oder Schweine schlachtet, durch einem Streifschuss am Kopf schwer verletzt. Die Polizei sah den Vorfall aus nächster Nähe, griff aber erst später ein und unterhielt sich mit den Angreifern ziemlich intim und vertraut, ohne deren Personalien aufzunehmen. Einer der Angreifer war der heutige Wurzener NPD-Chef Marcus Müller. Der Verletzte bat die Polizei um Hilfe, die verweigerte sie ihm jedoch mit der Begründung, er würde ihnen die Sitze im Auto schmutzig machen, da er blutete. Er lag mehrere Wochen im Krankenhaus.

Im Oktober 1995 besetzte eine Gruppe militanter Neonazis ein leer stehendes Fabrikgebäude in der Käthe-Kollwitz-Straße und baute es zu einer regelrechten Festung aus. Gelegentlich wurde die Reichskriegsflagge gehisst. Der pensionierte Besitzer duldete und genehmigte ausdrücklich die rechten Aktivitäten in seinem Haus. In der Folgezeit etablierte es sich zu einem bundesweiten Treff- und Organisationspunkt der Rechtsextremisten und der NPD bzw. deren Jugendorganisation «Junge Nationaldemokraten». Diese Festung, die sich jeder staatlichen Kontrolle entzog, wurde erst geschlossen, nachdem ein Video auftauchte, das mit «Sieg Heil»-Rufen und Hetzreden nun eindeutig belegte, dass es sich hierbei nicht um ein sozialpädagogisches Projekt handelte. Nach der Schließung aus «baupolizeilichen Gründen» verteilten sich die Wurzener Nazis auf alle Jugendeinrichtungen, besonders präsent waren sie aber dann im Club «Schweizergarten». Die Überfälle gingen immer weiter, sogar ein Zug wurde angehalten, um Besucher der Wehrmachtsausstellung zusammenzuschlagen.

Die Vertreter von Schwedt waren naiv und um den Ruf der Stadt besorgt. In Wurzen jedoch kamen nicht nur dissoziale Skins zum Zuge, angeführt von einigen Kadern, die wegen der Ignoranz der Verwaltung die Stadt beherrschen konnten, hier in Wurzen war es anders. Mochten in Schwedt die Geister anwesend, aber diffus gewesen sein, in Wurzen konnte man ihre Präsenz nicht übersehen. Der Leiter des Zentrums Demokratische Kultur, Bernd Wagner, hatte in seiner Zeit bei der Kriminalpolizei in der DDR an einer Studie mitgearbeitet, die Gewaltaufkommen nach Regionen untersuchte. Dabei wurde festgestellt, dass es im Norden der Republik viel Gewalt unter Alkoholeinfluss gab. Auf den Dörfern gab es ständig Schlägereien und einen hohen Grad an Alkoholabhängigen. Im Süden jedoch war die soziale Kontrolle größer, allgemeine Exzesse seltener, die Gewalt dafür systematischer. Und: Es gab sehr viele Selbstmorde – besonders bei jungen Männern. Inzwischen hieß soziale Kontrolle in Wurzen mehr. Es bedeutete, dass der Bürgermeister und seine Leute sich die «Unordentlichen» zu Gegnern erkoren hatten, deren Kritik an den Neonazis ihnen vollkommen unverständlich war. Der Amtsstil des Bürgermeisters erweckte den Eindruck, er wolle in Wurzen eine Fortsetzung der DDR mit anderen Mitteln pflegen. So schuf er die Voraussetzung für das klassische Modell einer «National Befreiten Zone». Nicht aus Versehen, sondern weil man hier ganz bewusst einer Kultur folgte, die nicht im Mindesten auf Toleranz oder gar Anerkennung von Unterschiedlichkeit beruhte. Ausländer, Punks oder widerspenstige Bürger stellten eine Provokation dar. Anton Pausch, der Bürgermeister, übersah die Geister nicht etwa, er verleugnete sie offensiv. Er bekämpfte alle, die das Gegenteil behaupteten, protegierte unverhohlen diejenigen, die seinem Stil folgten, und umgekehrt. Damit schützte er die Neonazis, die sich in Wurzen munter vermehrten. Und Jahr für Jahr, Monat für Monat schlugen sie zu.

In Wurzen gab es drei Initiativen, die sich eigentlich mit ganz anderen Dingen beschäftigten, Umweltschutz zum Beispiel und Radfahren. Aber das reichte schon, um sie zum Angriffsziel von Nazis zu machen. Sie waren eindeutig nicht rechts. Nachdem es wieder einmal einen Übergriff gegeben hatte, gab Bernd Wagner ein kurzes Interview in einer Leipziger Zeitung über die Zustände in Wurzen. Die Folge war, dass die Jugendpflegerin von Wurzen ihn quasi zu sich beorderte. Sie fühlte sich angegriffen und hatte nun die Absicht, ihn zur Rede zu stellen. Ich ging natürlich mit, vor allem weil wir uns hinterher mit den jungen Leuten von der Öko-Fraktion treffen wollten. Wir hatten uns mit den dreien am Leipziger Hauptbahnhof verabredet, damit sie uns den Weg dorthin zeigen und etwas über das bevorstehende Treffen sagen konnten. Auf dem Parkplatz standen sie dann, wie verabredet: freundliche junge Leute, etwas verschüchtert und mit T-Shirts und Jeans durchaus harmlos bekleidet. Auf dem Kopf trugen sie eben keine Glatzen, sondern bunte Dekorationen. Für Berliner Verhältnisse vollkommen unauffällig – für Wurzen eine riesige Provokation. Sie teilten uns mit, dass Frau Friedrich, die Leiterin eines rechten Jugendclubs und Jugendpflegerin der Stadt, keineswegs die Absicht hatte, ein konstruktives Gespräch zu führen. Vertreter der Lokalpresse waren bestellt, und es waren aggressive Töne gegen uns laut geworden. Wir wollten trotzdem hin.

Als wir ankamen, erwartete uns eine größere Gruppe. Frau Friedrich erklärte, man habe selbstverständlich die Presse dazugebeten und Herr Wagner möge sich doch auf den Stuhl in der Mitte des Raumes setzen, Frau Kahane könne ja draußen warten, man habe was miteinander zu klären. Doch wir bestanden darauf, die Presse fortzuschicken. Und natürlich würden alle diejenigen am Gespräch teilnehmen, die sich angekündigt hatten. Wir hatten ein Kamerateam vom WDR dabei, das gerade Bernd Wagners Arbeit dokumentierte. Es war nicht geplant, dass die Fernsehleute zum Gespräch kommen sollten – sie hatten mit Filmaufnahmen irgendwo in der Umgebung begonnen. Nun riefen wir sie dazu. Gleichstand der Kräfte also.

So konnte das Gespräch wie ursprünglich verabredet beginnen. Und es endete ohne Ergebnis. Frau Friedrich und ihr Mann, ein ehemaliger Lehrer für Staatsbürgerkunde, der nach der Wende entlassen werden musste, bestanden auf der Methode der Jugendarbeit in ihrem Club «Schweizergarten», der bekannt war als Hort für Rechtsextreme. Natürlich sei der Club offen für alle, aber sollte ein «Linker» mal dazukommen, müsse der erst mal gründlich geschrubbt werden, denn die seien ja unordentlich und würden stinken, meinte sie. Frau Friedrichs Stimme und ihre ganze Erscheinung erinnerten mich sehr an die Herbergsmutter meines Kuraufenthalts damals als Kind in Thüringen. Da saß sie nun, die «schwarze Angelika – bist meinem Herzen nah» im Schunkeltakt meines neuen Berufslebens.

Ihre jugendliche Klientel sei ganz normal, sagte sie, man veranstalte Heimatabende und Ruderwettkämpfe mit ihnen und manchmal auch Diskussionen, bei denen die ihre «Meinung» sagten, so sei das in der Demokratie. Außerdem habe ihr Verein ein ABM-Projekt, in dem Jugendliche nützliche Arbeit machten. Für die Stadt.

Der ebenso anwesende Sachgebietsleiter Jugendarbeit und Jugendgerichtshilfe im Muldentalkreis meinte, die Gewaltstraftaten seien zurückgegangen, dank der guten Zusammenarbeit mit der Polizei. Und das stimmte auch. Der zuständige Polizeichef war da, er hatte sich tatsächlich ehrlich bemüht, rechtsextreme Straftaten schneller und besser zu verfolgen.

Wir kannten ihn, er war vorher Leiter der SoKo Rex in Sachsen gewesen, der ersten Spezialtruppe der Polizei gegen rechte Gewalt. Ihn zu loben brachte ein wenig bessere Stimmung. Doch dann sagte der Jugendleiter, die Kriminalität habe nachgelassen bei «unseren», doch bei den Ausländern im Asylantenheim werde sie immer schlimmer, man traue sich ja gar nicht mehr auf die Straße. Und was sich Auswärtige, besonders die Berliner, immer einbildeten, sie lebten nicht hier und könnten niemals die Lage beurteilen. Im Gegenteil, von außen werde die Stadt Wurzen ständig in schlechtem Licht dargestellt. Und dagegen wehre man sich.

Hinterher saßen wir im Garten eines kleinen Häuschens der Ökos in der Karl-Marx-Straße. Es regnete, und uns kroch trotz des Baldachins die Nässe in den Nacken. Sechs junge Leute waren da, keinen von ihnen überraschte der Verlauf des Gesprächs. Sie halfen uns zu interpretieren, was dort gesagt worden war. Sie erzählten von Verbindungen zum Bürgermeister, von dem ABM-Projekt und den Loyalitätszwängen, wenn jemand von der so subventionierten Arbeit profitieren wollte. Sie berichteten darüber, wie Akten verschwunden und Vorgehensweisen vertuscht worden waren. Sie sprachen über die Vergangenheit der wichtigen Akteure, über die heutigen Verstrickungen mit der kommunalen Wirtschaft und darüber, wer wessen Hand wusch und wie das Geld für Jugendhilfe verteilt wurde. Und sie stellten Vermutungen an, wie die NPD in diesem Netz agiere. Einem undurchdringlichen Netz gegenseitiger Verpflichtungen und Verbindlichkeiten mit aggressivem Vorgehen gegen sie, die Andersdenkenden.

Das alles passte zum Wetter. Wir sahen ziemlich verzweifelte und entmutigte Jugendliche vor uns, deren Zorn längst einer Art Fatalismus gewichen war. Doch ihre Anwesenheit zeigte, dass sie nicht aufgeben würden. Es waren schon einige weggezogen, und damit teilte Wurzen das Schicksal so mancher ostdeutschen Stadt: Die Engagierten gaben auf, zurück blieben die vielen Rechtsorientierten, und die hatten dann die Städte für sich.

Als ich das nächste Mal nach Wurzen kam, hatte ich mich verfahren. Ich hielt an, um mein Handy zu suchen. Plötzlich stand ein Mann neben meinem Auto und fragte streng, wohin es denn gehen solle. Irgendwie fühlte ich mich ertappt, nannte aber zögernd die Adresse. Während er einstieg, erklärte er, dass er mich hinlotsen wolle. Es war gar nicht weit, um drei Ecken, dann waren wir da. Ich bedankte mich noch für die freundliche Hilfe, als der Mann grußlos verschwand.

Wir trafen uns nicht im Garten, sondern in einem winzigen Raum in der oberen Etage. Die Jungs mussten den kleinen Ofen mit Holz heizen, um die Düsternis und klamme Kälte zu vertreiben. Diesmal waren noch andere gekommen aus Leipzig, Dresden und Berlin. Diesmal konnte ich die fortgesetzte Geschichte von Nazigewalt und Filz nicht mehr ertragen. Nicht länger als eine Stunde. Danach bestand ich darauf, Pläne zu machen, und zwar eigene, die sich nicht an den Willen der Stadt banden. Und diesmal war auch Markus dabei, von dem ich schon so viel gehört hatte. Er hatte ein feines, kluges Gesicht, langes rotes Haar, Sommersprossen und eine brüchige, zarte Stimme. Er war nicht hoffnungsvoller als die anderen, aber er hatte bei aller Zurückhaltung mit seinen gerade 20 Jahren eine ungewöhnliche Kraft und positive Ausstrahlung. Und auf einmal schien der Bann gebrochen. Markus hob den Blick, er sah in die Runde der Gleichgesinnten, die wohl nötig war, um sich aus der Umzingelung zu lösen, die alle seit ihrer Kindheit in der Stadt zu spüren bekommen hatten, und begann Vorschläge zu machen.

Im Dezember 1999 wurde das Netzwerk für Demokratische Kultur e. V. gegründet, und wir zogen nach unten in die Fahrradwerkstatt. Da war es auch kalt, aber es gab Kaffee und

Brötchen, eine straffe Moderation und aus Wurzen schon einiges zu berichten. Es sollten Bücher angeschafft werden für eine Mediathek, Kinoabende hatten stattgefunden, wir bereiteten Veranstaltungen und Fortbildungen vor und bemühten uns trotz mäßigen Erfolgs mit anderen Vereinen und der Kirche um Kooperation. Die Amadeu Antonio Stiftung hatte Geld gegeben für diese ersten Samenkörner des Aufbruchs. Wir begannen zu träumen von einem Haus voller Kultur und Musik, einem Treffpunkt für Jugendliche und Erwachsene, damit sie eine Wahl hätten. Wir wollten die Anne-Frank-Ausstellung nach Wurzen bringen, bei der Jugendliche die Führungen machen sollten – dagegen könnte beim besten Willen niemand etwas sagen. Es wurden Lesungen organisiert von jüdischen Schriftstellerinnen wie Salomea Genin oder Erica Fischer, Reisen nach Theresienstadt und ein Gang durch die Stadt zum Gedenken an die Todesmärsche. Es gab also sehr viel Arbeit. Und ich hörte auf, mich in Wurzen zu verfahren, der Weg zur Karl-Marx-Straße wurde mir immer vertrauter, auch weil mir die Netzwerker für Wurzen inzwischen eine Art Einreisevisum honoris causa verliehen hatten.

Dann kam das Jahr 2000. Viele Pläne waren Wirklichkeit geworden, und das Netzwerk war gewachsen. Bundestagspräsident Wolfgang Thierse, dessen Interesse für unsere Themen auch schon vor seinem Amtsantritt groß und aufrichtig war, hatte die Schirmherrschaft für die Amadeu Antonio Stiftung übernommen. Und er wollte wissen, was dran war an den Berichten über Rechtsextremismus in den Neuen Ländern. Deshalb lud er einige Wissenschaftler und Praktiker ein, um sich die Lage erklären zu lassen. Er hörte zu, blockierte weder, noch versuchte er, etwas schönzureden, und fragte, was er in seiner Rolle denn tun könne, um zu helfen. Also schlug ich ihm vor, diejenigen zu besuchen, die das Problem hatten.

Nicht die Rechten, sondern diejenigen, die keine weiteren Opfer dulden wollten und oft selbst welche waren. Also fuhr er auch nach Wurzen und setzte sich mit Markus und seinen Freunden in den Garten.

Danach war im Rathaus ein Gespräch mit Vertretern der Stadt geplant, auch mit dem Ziel, die Arbeit des Netzwerks zu unterstützen. Der Landrat erschien und die Leiterin des Kreisjugendamtes, Frau Michels. Im Publikum sah ich die wie immer empörte Frau Friedrich nebst Gatten und einige junge Leute, deren Demokratieverständnis vor allem durch den Grundsatz «Demokratie ist Volksherrschaft» geprägt war. Dazu noch andere, die dem Besuch Thierses unter dem Vorzeichen des Rechtsextremismus wenig abgewinnen konnten. Nur der Bürgermeister fehlte. Er ließ bekunden, er habe Wichtigeres zu tun. Er würde nicht zu einer Veranstaltung kommen, deren Gastgeber, das Netzwerk für Demokratische Kultur, er ablehne. Daran könne auch die Anwesenheit irgendeines Bundespolitikers von der SPD nichts ändern.

Rasch begann eine angespannte Diskussion über den Sinn der Veranstaltung. Wolfgang Thierse wurde von der Jugendamtsleiterin zur Rede gestellt mit der Frage, wie er überhaupt dazu komme, sich darauf einzulassen, und was er denn seinerseits für Demokratie tue. Der Ton war aufgeregt und wenig an der Sache orientiert. Dabei ließen sich die verärgerten Wurzener durch die anwesende Presse nicht stören. Das Gespräch endete so, dass alle irgendwie ihr Gesicht wahren konnten und jede Veränderung ausgeschlossen schien. Ein bisschen fühlte es sich wie eine Niederlage an. Und trotzdem war ich Wolfgang Thierse dankbar: Er war bereit gewesen, diese Erfahrung zu machen, und er hatte den Netzwerkern zu dem Schutz verholfen, den nur eine Öffentlichkeit dieser Art herzustellen in der Lage war.

Als Alberto Adriano in Dessau im Juni 2000 umgebracht

wurde, war er eines von mindestens hundert Opfern seit der Wiedervereinigung. Die dauernden Attacken der Nazis und die Stimmung in den Neuen Ländern hatten das Gebiet de facto zu einer «befreiten Zone» gemacht. Jedenfalls für Migranten oder Ausländer – kaum einer besuchte noch freiwillig den Osten. Und das Schlimmste daran war, dass dies nur wenige störte. Dann sollen sie halt nicht kommen, war die Devise. Als Alberto Adriano starb, gab es Aufregung und ein rituelles Gerede von Abscheu und Entsetzen. Dann kam der Sprengstoffanschlag auf die jüdischen Einwanderer in Düsseldorf. Das liegt im Westen. Das war zu viel. Eine Welle öffentlicher Empörung über Rechtsextremismus begann. Draußen in der Welt wurde über Ursachen diskutiert, die Medien berichteten ausführlicher, und in den Amtsstuben überlegte man, was zu tun sei. Endlich schlich sich auch die Erkenntnis ein, dass es nicht nur Einzeltaten und -erscheinungen gab, sondern ein großes, tiefes und ernstes Problem mit Neonazis in Deutschland. Während anderenorts die wenigen Projekte gegen rechte Gewalt, die vorher eher stiefmütterlich behandelt worden waren, nun von viel Öffentlichkeit bedrängt wurden, gab es in Wurzen keine vergleichbare Regung. In Wurzen stand die Luft still. Der «Aufstand der Anständigen», im Sommer 2000 in der Bundesrepublik ausgerufen, fand in Wurzen nicht statt.

Aber genau das wollten wir nicht einfach hinnehmen. Das Magazin *stern* hatte zugunsten solcher Initiativen die Kampagne «Mut gegen rechte Gewalt» gestartet, und gemeinsam mit der kleinen Amadeu Antonio Stiftung, die ich inzwischen gegründet hatte, um solche Projekte zu fördern, begannen wir mit Konzertreisen prominenter Künstler durch die Neuen Länder. In den größeren Städten Rostock, Leipzig, Dresden und Berlin traten Udo Lindenberg und seine Freunde auf. Für die kleinen Städte konnten wir die populärsten Hip-Hop-

Künstler gewinnen, und auf deren Tourplan stand natürlich auch Wurzen. Hip-Hop war zu der Zeit nicht allein eine Musikrichtung, sondern bedeutete einen jugendkulturellen Ausdruck, der dem, was die Nazis wollten, vollkommen entgegenstand. Hip-Hop hatte mit Graffiti zu tun, mit schwarzer Musik, mit rebellischer Haltung gegen Rassismus. Wer im Osten als Hip-Hopper zu erkennen war, allein dadurch, dass er die entsprechende Kleidung trug, zeigte Mut. Hip-Hopper gehörten eindeutig zum Feindbild der Nazis und wurden oft Opfer ihrer Übergriffe. Deshalb das Konzert in Wurzen mit den Gastgebern vom Netzwerk für Demokratische Kultur, damit die wenigen, die sich nicht auf die Ästhetik und die Gedanken rechtsextremer Musik mit ihren Hassparolen einlassen wollten, auch eine Bestätigung bekommen könnten. Unter den Künstlern der Hip-Hop-Szene sind traditionell viele Migranten oder schwarze Deutsche. So war es auch bei dem Konzert.

Die Hip-Hop-Veranstaltungen waren nach einem Titel einer bekannten Gruppe benannt, der den Geist des Ganzen für die Jugendlichen ausdrücken sollte: «Die Leude woll'n, dass was passiert». Doch wie Geister spuken und was am Ende passiert, kann man meist schlecht vorhersehen. Die Tour war für fünf Städte geplant, die Vorbereitungen liefen reibungslos, nur in Wurzen entstanden Probleme: Es gab keine Räume, um das Konzert zu veranstalten, die Stadt stellte keine zur Verfügung. Die alte Fabrikhalle, die ausgesucht worden war, wurde schließlich aus baupolizeilichen Gründen nicht genehmigt. Also sollte das Ganze als Openair veranstaltet werden, was erhebliche zusätzliche Kosten verursachte. Und das im regnerischen April.

Am Morgen des Konzerts saß ich mit einigen Künstlern beim Frühstück in einem Thüringer Hotel, in dem wir nach einer sehr erfolgreichen Veranstaltung übernachtet hatten. Es waren die Sprüher, in der Szene bekannte Leute, die während der Tour auf vorher gemieteten und genehmigten Flächen großartige Graffitibilder herstellten. Ich versuchte sie auf Wurzen einzustimmen, ohne ihnen Angst zu machen. Sie sollten vor allen anderen dort sein, um mit dem Sprayen schon zu beginnen. Als ich ihnen die Stimmung in Wurzen schilderte, sahen sie mich freundlich und verständnisvoll an – in Hildesheimer Ohren klang das, was ich ihnen sagte, wohl eher übertrieben und exotisch. Als Quasitourleiterin musste ich auf den großen Pulk der Musiker und Techniker warten und konnte noch nicht mitfahren. Aber Maike, die alles Organisatorische leitete, war ja bei ihnen.

So fuhren sie los und kamen in Wurzen an, als der Rest der Gruppe sich erst auf den Weg machte. Im Auto erreichte mich Maikes erster aufgeregter Anruf: Die gemietete Mauer entlang einer Straße am Rande der Stadt war vorab weiß grundiert worden, und kaum dass die Sprüher mit der Arbeit begonnen hatten, kamen schon die ersten Nazis vorbeigefahren. Mit Reichskriegsflagge, mit «Heil-Hitler»-Rufen, mit massiven Drohungen. Mit der Polizei hatten wir auch für diese Aktion Schutz verabredet und zugesagt bekommen. Doch niemand von der Polizei war vor Ort.

Beim zweiten Anruf wurde ich sehr nervös und versuchte schneller zu fahren. Die Polizei war nun doch aktiv geworden. Zwei Einsatzwagen waren erschienen, einer der Polizisten hatte die Sprüher zur Rede gestellt und nach der Genehmigung gefragt. Die Sprüher, die nun schon mehrfach von Rechten bedroht worden waren, ärgerten sich darüber. Schließlich war alles vorher abgesprochen, ebenso wie der dazugehörige Polizeischutz. Es gab eine Diskussion, doch Maike beschwichtigte und zeigte das Papier. Daniel, einer der Künstler, dessen Aufgabe es auch war, die Ergebnisse des Sprühens zu dokumentieren, hielt von der anderen Straßenseite die Szene auf Video fest. Daraufhin wurde er festgenommen. Polizisten nötigten ihn, ins Auto einzusteigen. Maike fragte nach dem Grund. Um seine Personalien festzustellen und den Film zu belichten, meinten die unfreundlichen Polizisten, und Daniel solle doch erst mal auf der Wache seinen Namen buchstabieren. «Oder können Sie etwa Vietnamesisch?», fragte einer der Beamten Maike. Im Wagen saß Daniel und protestierte verschüchtert, er sage doch dauernd, er sei Daniel Man aus Hildesheim. Die Wurzener Polizeibeamten hörten ihm aber nicht zu; wer aussieht wie ein Chinese, kann eben weder deutsch sein noch Deutsch sprechen. Die anwesenden Journalisten vom *stern* machten leichten Wirbel und drohten mit Veröffentlichung solch diskriminierenden Verhaltens, also gaben die Polizisten Daniel frei und ließen sogar einen Mann zum versprochenen Schutz da. Wenig später ging ein Neonazi an den Sprühern vorbei und erklärte, er wolle heute Nacht alle Sprüher töten. Am Ende der Mauer stand der Polizeiwagen, der Nazi ging hin und begrüßte den Polizisten. Man kannte sich. Der Polizist war der Vater eines stadtbekannten Neonazis.

Als ich endlich ankam, waren die Sprüher ein wenig demotiviert, und Daniel saß der Schreck in den Knochen. Die Leute vom Netzwerk hatten die Situation nicht verbessern können, denn gerade gegen sie ging es ja in allererster Linie. Das Konzert am Abend lief friedlich, die Stimmung war gut, auch wenn nicht sehr viele gekommen waren. Aber die vierhundert Besucher waren ehrlich begeistert von Nina MC, Clueso, Spezializtz, Meli/Skills en Masse und anderen. Schließlich ging das Publikum, die Künstler fuhren zum Hotel, und wir blieben, um den Technikern beim Abbau zu helfen.

Dann tauchte eine Gruppe von Rechtsextremen auf. In mehreren Gruppen erschienen sie und provozierten. Die Security stellte sich ihnen entgegen, doch es kamen mehr. Etwa 60 Nazis erschienen. Die Polizeiwagen fuhren langsam ab.

Nur einer blieb nah bei uns auf dem großen, unübersichtlichen Gelände. Am Steuer saß der Vater des stadtbekannten Neonazis. Er wollte mir erst nicht sagen, wo der Einsatzleiter stecke oder wie er hieß. Ich musste ziemlich energisch werden, um den Einsatzleiter doch zu erreichen. Der zeigte sich kooperativ und sicherte uns zu dazubleiben, bis alle verschwunden waren. Und hinterher auch eine Streife zum Hotel im Nachbarort zu schicken. Die Crew war etwas in Panik, aber es gab keinen Überfall, nur Drohungen. Eine der Netzwerkerinnen stellte einen der Nazis zur Rede, den sie noch aus der Schulzeit kannte.

Die Netzwerker versuchten die Crew zu beruhigen. Sie sagten, über die Fahrt ins Hotel bräuchten sie sich keine Sorgen zu machen, die Zeit der Straßensperren, als die Nazis noch um ihre Dominanz kämpften, sei vorbei. Sie hätten längst gewonnen und nun keine Gewalt mehr nötig. Jedenfalls nicht mehr so viel wie damals. Diese Sätze waren für die westdeutsche Crew nicht zu entschlüsseln, und ihre Anspannung steigerte sich entsprechend.

Im Hotel saßen wir noch eine Weile zusammen. Maike weinte – der Tag in Wurzen war ihr sehr nahe gegangen. Sie hatte Markus und seinen Freunden zugehört, sie hatte das «Happy House» gesehen, in dem einst ein chinesisches Restaurant gewesen war. Die Besitzer waren durch dauernde Gewalt vertrieben worden, und nun war es in der Hand der Nazis. Der Titel blieb, wegen des vermeintlichen Sieges, wohl aber auch wegen der Anfangsbuchstaben «HH», was unter Nazis als Kürzel für «Heil Hitler» gilt.

Maike aus Hamburg, ein ganz normales Mädchen, politisch engagiert und interessiert, Studentin mit Nebenjob bei unserer Tour, konnte die Welt nicht mehr verstehen. Als sie wieder zu Hause war, wollte sie ihr Herz ausschütten und erzählen, deshalb schrieb sie noch in der Nacht einen Brief an ihre

Freunde und schilderte aufgewühlt, was sie in Wurzen gesehen und empfunden hatte. Sie schickte ihn per E-Mail an vielleicht 20 Freunde und Bekannte. Dann kam es zur Kettenreaktion.

Maikes Brief war persönlich, direkt und so geschrieben, wie sie und ihre Altersgenossen eben sprechen. Innerhalb von Stunden verbreitete sich ihre Mail in Tausenden Kopien. Sie wurde auf Internetseiten gestellt und an Freunde in aller Welt weitergeleitet. Das Büro Lärm, die kleine Hamburger Agentur, in deren Regie die Tour durchgeführt wurde und für die Maike arbeitete, bekam Hunderte Mails als Reaktion auf Maikes Brief. Die Leute sagten, sie hätten geweint darüber, sie hätten sich aufgeregt, sie wollten Maike und allen beistehen, sie bestärken, sie berichteten von ähnlichen Erlebnissen im Osten. Und die Mail zog weitere Kreise, es gab kaum jemanden, der sie nicht zugeschickt bekommen hätte. Sie kursierte auch in den USA und England, weltweit wohl über 500 000-mal, noch während die Tour durch die anderen Städte andauerte.

Und natürlich erreichte sie auch Wurzen. Über die Homepage der Stadt hagelte es Empörung. Und auch Wurzener Bürger, die über E-Mail verfügten, erhielten Maikes Brief. Unsere Freunde vom Netzwerk für Demokratische Kultur hielten den Atem an. Sie freuten sich einerseits über die Anteilnahme, doch andererseits brachte sie die Wurzener Öffentlichkeit weiter gegen das Netzwerk auf. Maikes Brief war sicher sehr emotional, und natürlich stimmte es nicht, dass alle Wurzener Nazis waren. Auch nicht alle Polizisten. Und natürlich gab es noch einige wenige Ausländer in der Stadt, nicht alle hatten aufgegeben. Deshalb war nun in Wurzen die Hölle los. Bürger schlossen sich zusammen, in den Schulen wurde diskutiert, überall war man sich einig. Gegen Maike musste etwas unternommen werden, und so beschloss man, Strafanzeige zu erstatten. Gleich mehrere Vereine, Schulen und Einzelpersonen, darunter erstaunlicherweise auch der gegen Rechtsextremismus so engagierte Polizeidirektor, verlangten Strafverfolgung wegen Verleumdung und übler Nachrede.

Die Speicherstadt in Hamburg, wo das Büro Lärm seinen Sitz hatte, rückte indessen näher, als man es sich dort wünschte, an Wurzen heran. Kurz nach dem Ende der Tour erschienen zwei Polizisten im Büro und erklärten, sie seien von ihren Kollegen in Wurzen um Amtshilfe gebeten worden. Sie hätten die Personalien von einer Maike H. festzustellen. Auch die Kollegen vom *stern* bekamen Post und Anrufe aus Wurzen. Es hatte schon vor Maikes Brief einen Bericht über Wurzen im *stern* gegeben, und nun verlangte man in Wurzen, die Veranstalter und Initiatoren der Tour sollten kommen und sich vor den Einwohnern rechtfertigen wegen des verheerenden Bildes von der Stadt, das in die Öffentlichkeit getragen worden war. Für die Gewalt der Nazis gab es natürlich kein Wort des Bedauerns. Und von Maike selbst wurde verlangt, sie solle eine Richtigstellung an alle Empfänger der Mail hinterherschicken. Ich fand die Idee nicht schlecht, denn eine Richtigstellung im Detail hätte den Eindruck von Wurzen eher vertieft. Doch wir hatten dazu weder Zeit noch Nerven.

Dann kam es tatsächlich zu einem Gerichtstermin. Die Amadeu Antonio Stiftung hatte Maike selbstverständlich die nötigen Anwaltskosten zur Verfügung gestellt. Der Fall wurde schließlich vor das Landgericht Leipzig gebracht. Und das war ein Glück, denn im Muldentalkreis herrschte hierfür eine, vorsichtig ausgedrückt, wenig neutrale Stimmung. Der Anwalt beantragte die Einstellung des Verfahrens. Seine Begründung beruhte unter anderem auf dem Nachweis, dass es sich bei Wurzen lediglich um ein administratives Gebilde, Stadt genannt, handele, das in keiner Weise ein eigenes Gefühlsleben entwickeln könne. Dieses Gebilde könne durch die private und dann weitergeleitete Mail von Maike keinesfalls verletzt oder beleidigt werden, selbst wenn Maike nicht in jedem Punkt exakte Sachverhalte wiedergegeben habe. Ein kollektives Wir lasse sich für die kommunale Konstruktion Wurzen beim besten Willen nicht herstellen. Auf über zwanzig Seiten begründete er diesen Gedanken. Wenn es je eine gründliche Erläuterung dafür gegeben hat, dass selbst die schönsten Heimatorte in Deutschland kein Eigenleben führen, so war es diese. Die Klage wurde durch das Gericht in Leipzig sofort abgewiesen, und Maikes verständliche Aufregung legte sich wieder. Doch hatte sich unter die Hamburger Meeresbrise ein Hauch des Klimas einer ostdeutschen «befreiten Zone» gemischt.

Das Netzwerk für Demokratische Kultur machte weiter. Die jungen Leute wurden sowieso angefeindet, sodass der Unterschied nach Maikes Mail unerheblich war. Bei einigen Jugendlichen stieg aber ihr Ansehen, der Maike-Effekt hatte manchen der Schüler doch auch Respekt vor den Netzwerkern abgenötigt. Die organisierten weiter Lesungen, Kulturwerkstätten, Besuche, Geschichtswerkstätten, Gedenkveranstaltungen, Austausch und Jugendbegegnungen, Theaterstücke und Kinoabende. Und sie bekamen vom Bundesministerium für Jugend und dessen Programm gegen Rechtsextremismus «Civitas» eine Förderung. Sie richteten eine Opferberatungsstelle für die Region ein und berieten andere Initiativen der Umgebung. Endlich konnte das Netzwerk auch umziehen in die Bahnhofsstraße, in richtige Büros. Zur Eröffnung erschien sogar der neu gewählte Bürgermeister von der SPD. Er blieb nur kurz, aber immerhin.

Die jungen Leute verließen Wurzen nicht, sie setzten ihre Arbeit trotz der fortgesetzten Anfeindungen fort. Markus, Ina, Ingo und die anderen hatten eine geradezu verzweifelte Hartnäckigkeit entwickelt, und ich bewunderte ihre beharrliche

Freundlichkeit und den herzlichen und gelassenen Ton untereinander. Dabei gab es immer mehr Stress, mehr Arbeit, höhere Anforderungen und nicht enden wollende Widerstände in den Wurzener Instanzen und auf der Straße sowieso. Deshalb schlug ich sie für die Theodor-Heuss-Medaille vor. Und die bekamen sie dann auch. Viel wichtiger als die Auszeichnung war das Ereignis selbst. Die drei Angereisten hatten zwar schon Freundschaft und Solidarität erlebt, aber die kam meist von Leuten, die in ähnlicher Lage steckten. Nun mit einem Mal sollten sie Menschen treffen, deren Gesichter sie nur aus dem Fernsehen kannten und mit deren liberaler und durchaus bürgerlich-politischer Lebenswelt sie auf den ersten Blick wenig zu verbinden schien.

Markus, Ina und Ingo kamen stellvertretend für alle anderen mit einem Auto nach Stuttgart gefahren. Sie waren sehr aufgeregt, als sie zum Abendessen einige der Kuratoren trafen: Hermann Freudenberg, Hildegard Hamm-Brücher, Richard von Weizsäcker und Jutta Limbach. Dass trotz ihrer bunten Kleidung keiner der Anwesenden ihnen gegenüber misstrauisch war, sondern im Gegenteil alle selbstverständlichen Respekt und Interesse für ihre Arbeit zeigten, hat sie ehrlich erschüttert. Am nächsten Tag gab es Beifall für sie im Stuttgarter Schloss, keiner ihrer Sätze in der kleinen Talkrunde klang falsch oder anmaßend im Ohr der Zuschauer, keiner ihrer Wünsche war absurd, gehässig oder gar linksextrem. Die drei wurden mit offener Herzlichkeit in die Familie der Theodor-Heuss-Stiftung aufgenommen. Sie waren ein Beispiel für gelebte Demokratie.

Zurück in Wurzen, ging ihr Alltag wieder los. Der Exbürgermeister Pausch verglich zwar ihre Auszeichnung mit einem hohen DDR-Staatsorden – einige andere aber gratulierten. Wir alle waren entschlossen, diese so tapferen jungen Leute weiter zu unterstützen. Die Wochenzeitung «Die Zeit» rief zu

Spenden auf, damit die Netzwerker ihrem Traum eines eigenen Hauses näher kommen könnten. Es kamen über 80 000 Mark zusammen, und die Amadeu Antonio Stiftung komplettierte die Summe auf 100 000. Dann suchten wir ein Haus und fanden es direkt auf dem Domplatz im Herzen der Stadt. Noch während die Kaufverhandlungen liefen, machten die Netzwerker sich daran, das Haus aufzuräumen und seinen Umbau vorzubereiten.

Im Frühjahr 2002 fand in Leipzig der zweite Teil von Udo Lindenbergs Festival «Rock gegen Rechts» statt. Die Konzerte waren großartig. Udo Lindenberg, der sich sein Leben lang engagiert hatte, genoss in den Neuen Ländern hohen Respekt. Er war fast der einzige Künstler aus dem Westen, der zu DDR-Zeiten auch über den Osten gesungen hatte. Er hatte sich Gedanken gemacht, er hatte sich solidarisiert, er hatte nicht einfach Geld genommen für Auftritte im DDR-Staatsfernsehen, sich im «Kessel Buntes» weichspülen lassen und war dann wieder verschwunden, wie viele andere seiner Kollegen. Er fuhr mit dem Sonderzug nach Pankow, er besuchte das Mädchen in Ostberlin, er tat das wirklich. Die Leute im Osten liebten ihn dafür, auch die Wurzener. Und auch ich. Denn Udo war niemals zynisch oder gleichgültig, sondern ein Mensch, der es einfach nicht aushalten konnte, nun, da auch er wahrnehmen musste, wie Nazis sich durch Deutschland bewegten, dazu zu schweigen. Auf allen Stationen hatten wir die örtlichen Initiativen auf die Bühne geholt, wo sie von dem Comedian Ingo Appelt mit viel Kenntnis, Respekt und guter Laune interviewt wurden. Doch einige der Künstler fuhren auch zu den Projekten hin, und so hatten sich für Wurzen Adé Odukoya, Udo Lindenberg, Ingo Appelt und andere angekündigt.

Es war schon dunkel und regnete, als am Domplatz Udos Wagen vorfuhr. Im Portal des Traumhauses froren ungeduldig einige der Netzwerker. Als Udo Lindenberg dann ausstieg, die wenigen Schritte zum Haus machte und die jungen Leute ihm durch die Nässe entgegenkamen, tauchten plötzlich aus Gebüschen und Hauseingängen von überall Wurzener Bürger auf und jubelten Udo zu. Sie kamen alle mit in die zukünftige Stätte der Begegnung und Kultur und hörten sich das Gespräch an, das die Künstler mit den Netzwerkern in einer Talkrunde führten. Natürlich gab es danach eine Jamsession mit Udo, und die Stimmung der fast zweihundert Anwesenden erreichte ihren Höhepunkt.

Höhepunkte sind relativ. Sie tragen dazu bei, die Dinge langsam zu verändern. Sie sind niemals ein Durchbruch, sondern so etwas wie Pflastersteine von besonderem Glanz, auf denen man sich später bewegen kann. Während der Flut veranstalteten die Netzwerker ein eigenes Konzert zugunsten eines befreundeten Projekts in Grimma, eine der Städte, die besonders stark durch das Wasser zerstört worden waren. Sie wollten auch etwas tun und nicht nur den regionalen Kameradschaften dabei zusehen, wie die ihre Fluthilfe für Heimat, Blut-und-Boden-Propaganda ausnutzten.

Die Nazis der Stadt sind weiter aktiv. Es gibt Überfälle auf Vietnamesen, die Esso-Tankstelle ist fest in der Hand der Skins, alternative Jugendliche, die auf die Dönerbude aufpassen, werden geschlagen, für Frau Friedrich gab es eine große Geburtstagsparty mit neuem Bürgermeister zu ihrem Sechzigsten, es gibt drei neue Nazibands im Ort, und der Sohn des Polizisten vertritt noch immer die NPD im Stadtrat. Er wohnt im Happy House mit einigen seiner Kameraden.

Inzwischen gibt es keine Öffentlichkeit mehr, die sich noch mit Rechtsextremismus befassen will – auch nicht auf Bundesebene. Und ab 2004 wird die staatliche Förderung zurückgefahren.

Das Haus am Domplatz 5 ist gekauft worden, die Netzwerker haben in tausend Stunden Arbeit schon tonnenweise

Schutt abgeräumt und Wege angelegt. Einige Unternehmen in Wurzen unterstützen sie und spenden Material oder Leistungen. Dem Konzert vom Sommer 2003 aber wurde ohne Begründung die Genehmigung entzogen. Und so haben sie es in kleinerer Besetzung auf dem Hof ihres Hauses abhalten müssen. Nach dem Konzert saßen die Netzwerker und ihre Freunde noch ein wenig zusammen. Um ein Uhr nachts wurden sie das erste Mal von Nazis überfallen und flüchteten ins Haus. Um drei folgte der nächste Angriff. Auch in jenem Jahr hieß das Konzert wieder: «Die Leude woll'n, dass was passiert».

22. Kapitel
Anständiger Aufstand

Es war Anfang Oktober 1999, und ich fuhr den Weg zurück von Thüringen. Dort hatte ich mir gerade auf einer Veranstaltung mit Lehrern anhören müssen, dass man keinen Bedarf an einem interkulturellen Kalender und anderen Handreichungen für interkulturelle Erziehung habe. Es gebe kaum ausländische Kinder, sagte man mir, und wenn doch, könnten «die» ihre «Sitten und Bräuche» ja woanders ausleben, jedenfalls nicht in den Schulen. Wenn «die» sich dort anpassten, dann gebe es auch keine Probleme. Ich hatte auch eine kleine Arbeitsgruppe zum Thema Rechtsextremismus angeboten, doch da waren nur wenige Interessierte erschienen, allesamt Kollegen aus dem Westen, die erzählten, wie sie selbst angefeindet wurden, wenn sie dieses Thema zur Sprache bringen wollten. Ich war froh, noch einige Stunden Fahrt allein in meinem Auto vor mir zu haben, um diese Eindrücke abzuschütteln und darüber nachzudenken, welche Formen vielleicht besser geeignet waren, um mit Thüringer Lehrern zusammenzuarbeiten. Diese Fortbildungen nützten recht wenig, wir brauchten den direkten Kontakt zu Schulen. So wie in dem Fall einer Erfurter Schule, die Klassenbesuch aus dem Westen hatte, bei dem einige Gastschüler von Neonazis angegriffen worden waren, weil sie aus Migrantenfamilien stammten. Das kam doch häufig vor, nicht nur in Thüringen. Das war etwas Konkretes, dazu mussten die Schulen sich eigentlich verhalten. Sie taten es aber oft nicht.

Mein Handy klingelte mich aus diesem Gedanken. Am anderen Ende war mein Bruder. Jetzt für einen Moment mit ihm zu schwatzen, statt zwischen den Fahrbahnmarkierungen der Autobahn ständig die finsteren Mienen ignoranter Lehrer vor Augen zu haben, hätte mir gefallen. Doch seine Botschaft war kurz: Der jüdische Friedhof in Berlin-Weißensee war überfallen worden. Über hundert Gräber wurden zerstört. Darunter auch das unserer Großeltern. Ich konnte nicht einfach weiterfahren. Am nächsten Parkplatz hielt ich an.

Meine Großeltern und die Schwester meines Vaters hatten im Untergrund überlebt. Mein Großvater war ein weiser Mann. Er hatte, noch bevor die Deportationen in Berlin begannen, ein Zimmer in einem anderen Stadtteil gemietet, in dem wenige Juden wohnten. Der Vermieterin hatte er gesagt, er sei ein Handlungsreisender, nur manchmal in Berlin, und er besuchte diese Unterkunft auch regelmäßig. Er wollte vorsorgen für den Fall. Als dieser Fall eintrat, die Nazis aus allen Fabriken die jüdischen Zwangsarbeiter abholten und die Tochter nur deshalb verschont blieb, weil sie als Vertretung in einer arischen Abteilung arbeitete, die an dem Wochenende frei hatte, beschloss er, aus dem Kiez zu verschwinden.

Berlin erlebte die ersten Bombenangriffe, und die Vermieterin bot ihm die Wohnung an, weil sie aufs Land ging. Also machten sich die drei den Judenstern ab und zogen in die untergemietete Wohnung. Die Wirren der Bombenangriffe waren, wie so oft, ein Segen für Menschen, die untertauchen mussten. Als das Viertel, aus dem die Familie geflohen war, bombardiert und teilweise zerstört wurde, ging mein Großvater ohne Judenstern zu den Behörden und meldete sich ausgebombt und ohne Papiere. Man fragte, wie er heiße. Und mein Großvater gab seinen Namen als Karl Hahne an, ein arischer Name mit beabsichtigter Ähnlichkeit zu dem seinen. Ihm wurde nahe gelegt, aus Berlin hinaus aufs Land zu verschwinden. Also nahm er die Einladung seines Freundes aus Havelberg an, der ihn bereits vorher in der Illegalität mit Brot und anderem Notwendigen versorgt hatte. Dieser Freund war ein herzlicher und tapferer Katholik, dessen Ethik und Freundschaft es ihm selbstverständlich machten, die Familie bei sich aufzunehmen. Meine Großeltern und besonders ihre Tochter mussten fortan als Arier leben, was für die junge Frau schwierig war, denn sie konnte dem Dienst bei den Nazis nur dadurch entkommen, dass sie Havelberg in Richtung Bayern verließ. Dabei half wiederum die katholische Familie. Ohne sie hätte es bei aller Klugheit auch mein Großvater nicht geschafft, seine Frau und seine Tochter vor der Vernichtung zu retten.

Als mein Vater nach der Befreiung voller Ungewissheit um das Schicksal seiner Familie aus Frankreich zurückkehrte, fand er nach einigem angstvollen Suchen die Schwester in einem Lazarett arbeitend und seine Eltern in Havelberg vor. Den Geschwistern der Eltern und ihren Kindern war dieses Glück nicht widerfahren. Alle, die in Deutschland hatten bleiben müssen, waren deportiert und ermordet worden. Alle bis auf seine Cousine Jenny, die noch auf einen Kindertransport nach England geschickt werden konnte.

Die Großeltern hatten nach dem Krieg in Westberlin ein legendäres Kino betrieben, das «Capitol» in Dahlem. Dort wohnten sie auch, und vor dem Mauerbau war ich als kleines Kind oft bei ihnen. Das Tollste war, dass ich manchmal vor dem Schlafengehen, schon im Nachthemd, oben auf der Galerie in die Abendvorstellung hineinschauen durfte. Nur für einen Moment natürlich, aber ich durfte mir vor dem Zähneputzen noch ein Eis aus der Truhe nehmen. Ich liebte meinen Großvater, er war so herzlich und spielte mit mir. Die Großmutter dagegen erschien mir immer sehr streng. Sie hielt den Haushalt zusammen – das hat sie immer getan, sagte meine

Mutter, wie um zu erklären, weshalb sie manchmal so harsch erschien. Als meine Großeltern starben, bekamen sie dieses Grab in Weißensee mit den einander zugeneigten Händen darauf, die zwischen Mittel- und Ringfinger gespreizt waren. Wir gingen sie oft besuchen, vor allem wenn die Tante aus Westberlin kam. Über die Jahre verkam der Friedhof, überall wucherte Efeu, und Büsche wuchsen auf den verwaisten Gräbern. Dem Grab der Großeltern aber sah man immer an, dass sie nicht vergessen waren.

Nach dem Überfall waren von der Polizei rot-weiße Absperrbänder aufgehängt worden. Sie dienten wohl mehr der Stolpersicherheit als der Spurensuche, denn da war nicht viel zu finden. Die Täter hatten sich offenbar ein ganzes Wochenende lang ausgetobt. Viele der Grabplatten oder Steine waren zertrümmert, in der Mitte gebrochen, das schafft man nicht so einfach. Dazu braucht es die Kraft von vielen oder schweres Gerät. Die Berliner Zeitungen berichteten in den folgenden Tagen. Die Journalisten befragten Besucher und Angestellte des Friedhofs nach den Gefühlen, die solcher Vandalismus bei ihnen auslöste. Unter den Befragten war auch ein Steinmetz. Er sagte der Zeitung, seine Kollegen von der Berliner Innung und er hätten beschlossen, die Reparatur der Steine kostenlos zu übernehmen. Das sei doch selbstverständlich, meinte er. Freundlich und bescheiden arbeitete Ottmar Kargerer derweil an Platten und Umrandungen weiter. Und der Journalist machte ein Foto.

Einige Tage später erhielt ich einen Anruf vom Bezirksamt, in dem Kargerer wohnte. Man wolle damit nicht an die Öffentlichkeit wegen der ungeklärten Umstände, doch Kargerers Steinlager an seiner Werkstatt sei fast komplett verwüstet worden. Ich fuhr sofort zu ihm. Seine Frau und er empfingen mich freundlich, und sie hatten Angst. Der gesamte Bestand an Steinen im Wert von 60 000 DM war verloren, es gab für solche Fälle keine Versicherung. Abgesehen von den Drohanrufen bedeutete das eine Gefährdung für die Existenz ihrer kleinen Firma. Noch am selben Tag setzte ich mich an den Computer und schickte einen Spendenaufruf über meinen E-Mail-Verteiler. Die Mail verbreitete sich rasch, und am nächsten Tag erschien der Aufruf auch in einigen Tageszeitungen. Die Amadeu Antonio Stiftung erhielt unzählige Anrufe und Nachfragen – allesamt voller Hilfsbereitschaft und Anteilnahme. In wenigen Wochen hatten wir das Geld zusammen, um die Steine zu ersetzen, und mehr noch. Es wurde ungefähr doppelt so viel. Gemeinsam mit Ottmar Kargerer beschlossen wir, dafür Projekte zu unterstützen, die Opfern rechter Gewalt beistanden.

Das passte auch zu der kleinen Stiftung, die wir erst kurz zuvor gegründet hatten. Wir hatten sie nach Amadeu Antonio Kiova benannt, der gleich nach der Wiedervereinigung in Eberswalde von Rechtsextremen ermordet worden war. Die Stiftung sollte sich um Initiativen für eine demokratische Kultur kümmern. Demokratische Kultur, was heißt das schon? Für uns bedeutete es, dass wir alles tun wollten für diejenigen, die sich mit der ausgesprochenen oder unausgesprochenen Macht der Neonazis nicht abfinden wollten.

Ich war auf die Idee mit der Stiftung gekommen, weil ich so oft Menschen begegnet war, die alles Mögliche brauchten, um in ihrer Arbeit gegen Rechtsextremismus durchzuhalten: eine politische Lobby, öffentliche Aufmerksamkeit, Beratung und natürlich auch Geld, unkompliziertes Geld, das von einem Partner in der Sache kam und nicht als hochherrschaftliche Geste oder mit staatlichem Machtanspruch gewährt wurde. Wir hatten darüber mit Andrea diskutiert, einer Freundin und Journalistin, die immer unsere Arbeit unterstützt hatte. Sie wollte mit mir nachdenken, wie wir das Thema rechte Gewalt auf Dauer und mit praktischem Nutzen in der Diskussion halten könnten. Wir trafen uns regelmäßig und sprachen über Kampagnen oder Aktionen. So entstand die Idee einer Stiftung. Sie würde mit Glück das alles können: Geld sammeln, Leute beraten, Kampagnen und Aktionen veranstalten und politische Lobby sein. Wir haben sie dann gegründet, diese Stiftung, und sie nach Amadeu Antonio benannt. Er war ein angolanischer Arbeiter, ein einfacher und sehr netter Mann. Ich kannte Fotos von ihm, auf denen mir vor allem sein zartes Gesicht und ein feines Lächeln aufgefallen waren. Als er starb, war seine Freundin Gabi schwanger. Sie brachte den kleinen Amadeu Antonio gerade zur Welt, als seines Vaters Leiche nach Angola überführt wurde.

Das Geld für die Stiftungsgründung gab uns Karl Konrad Graf von der Groeben. Er war ein sehr engagierter Mann, war es immer gewesen und hatte auch während der Nazizeit keinen Hehl aus seiner Abneigung gegen Hitler gemacht und das Attentat vom 20. Juli 1944 unterstützt. Der Graf fand es inakzeptabel, was er da aus dem Osten hörte, und da er einmal viel Geld verdient hatte, gab er es nun für wichtige Dinge aus – der Kampf gegen die neuen Nazis gehörte unzweifelhaft dazu. Sein Motto war der wunderbare Satz, es sei keine Schande, reich zu sein, wohl aber eine, reich zu sterben. Und er wusste, dass er mit einer Stiftung wie der unseren mehr würde bewegen können als in einer politischen Partei oder mit einer direkten Spende an den Steinmetz Kargerer. Er wusste, wie eine interessante Stiftung arbeitet und was und wen sie alles in Bewegung zu setzen imstande sein würde.

So hoffnungsvoll die Geschichte der Rettung meiner Großeltern auch klang, ihr Leben hätte nie in Gefahr sein dürfen. Sie waren bescheidene Leute, arm an Wohlstand, aber reich an Wünschen und Träumen für sich und ihre Kinder. Und voller Sorgen um den kranken Bruder, um die Kinder der einen

Schwester und um die andere, die als junge Frau nach Palästina gegangen war. Es gab keinen Grund für sie, gedemütigt zu werden, Angst haben zu müssen, sich verstecken zu müssen, in Panik zu geraten bei jedem falschen Wort, zu wissen, was mit den anderen geschah, und den Schmerz dieses Verlustes zu erleben. Es gab keinen Grund. Und als ich die fehlende Grabplatte sah, hatte ich das Gefühl, es geschah ihnen alles von neuem. Ich glaube nicht daran, dass die Toten wirklich in ihrer Ruhe gestört werden, wenn so etwas geschieht. Doch hier war die Erinnerung der Familie, meine eigene Geschichte, angegriffen worden. Auch diese zweite Rettung durch den Steinmetz Kargerer und die vielen Spenden war ein Trost, dessen Anlass aber widerlich, verletzend und grundlos blieb. Gerade weil es so war, konnte ich den Blick nicht abwenden und musste einfach weitermachen, so gut es eben ging mit den Reisen in Orte, in denen die Nazis das Klima bestimmten.

Dabei gab zwei Arten von Begegnungen. Bei den einen hatten wir mit Vertretern der Kommunen um die Existenz der Geister zu streiten. Das war meist sehr mühsam, oft unerfreulich und manchmal sogar gefährlich. Bei der anderen, viel selteneren Variante trafen wir besorgte Bürger, Opfer oder engagierte Jugendliche, die erst einmal darum rangen, dass sie Recht hatten mit ihren Wahrnehmungen, dass es keine Hirngespinste waren. Diese Treffen waren nicht weniger anstrengend oder gefährlich, aber längst nicht so unangenehm. In beiden Fällen hatte es vorher Übergriffe gegeben.

Wir waren keine Therapeuten, die ein auffälliges Symptom kurieren konnten, auch keine Dompteure, die wilde Nazis zu handzahmen Jugendlichen domestizierten. Und doch, etwas von beidem machte einen Teil unserer Arbeit aus. Wir wussten genau, das Ziel, die Demokratisierung der Kultur auch im Alltag, würden wir kaum erreichen. Jedenfalls nicht unter so schlechten praktischen Arbeitsbedingungen und inmitten einer deutschen Politik, die sich unter der CDU erst gar nicht und später unter Rot-Grün nur sehr mühsam von der Idee eines Nationalstaates löste, in dem nur als deutsch gilt, wer vor allem äußerlich dem Klischee eines Deutschen entspricht. Während die Öffentlichkeit noch immer so tat, als würden Nazis ausschließlich in ostdeutschen Neubaugebieten geboren werden, versuchten wir unsere Verantwortung, so gut es ging, wahrzunehmen, wenn es sein musste eben auch als Therapeuten und Dompteure.

Auf Fahrten zwischen den Städten in Thüringen hatte ich ganz besonders das Bedürfnis, mir nahe und vertraute Musik zu hören. Gegen die Eindrücke der Fremde in Sonneberg, Saalfeld, Gera oder Erfurt brauchte ich Cesaria Evoras Lieder, die sich trotz des Inseldaseins immer der Welt zuwandten, die hinter dem Horizont der Kapverden wartete, im Guten wie im Schlechten. Das Meer ist die Adresse der Sehnsucht, sagten ihre Lieder, die auch vom Exil erzählten. Doch das half in der vertrauten Thüringer Fremde, bei der Vorbereitung auf Treffen mit Verwaltungsangestellten, Lehrern, Sozialarbeitern, Lokalpolitikern, die bestenfalls hilflos waren gegenüber den jungen Nazis auf der Straße oder in den Schulen. In den meisten Fällen aber waren die Gesprächspartner Ausländer, Flüchtlinge und andere, auf die sich der direkte Hass der Rechten gerichtet hatte. In den ostdeutschen Gemeinden ging man mit großer Selbstverständlichkeit davon aus, dass die im Stich gelassenen und ausgelieferten Opfer Verständnis haben würden, für das, was ihnen geschehen war, als Einsicht in ihre Minderwertigkeit gewissermaßen.

Wie wirkliche Therapeuten gingen wir – oft war ich mit Bernd Wagner unterwegs – ausschließlich in solche Orte, in die uns jemand gerufen hatte. Wir sollten einen Vortrag halten über Rechtsextremismus, sagte man uns. Es gebe damit zwar kein Problem in der Gegend, aber vielleicht sei das ja mal interessant. Bernd Wagner, der Expolizist, saß dann da vor den Bewohnern dieser Stadt, die kein Problem hatte, wie ein Buddha gegen Hass. So war es in vielen Orten – auch auf einer Veranstaltung in Gera. Obwohl sie uns eingeladen hatten, waren die Leute oft sehr misstrauisch und manchmal sogar feindselig uns gegenüber, denn den Grund ihrer eigenen Neugier konnten sie nicht akzeptieren. Bernd Wagner hatte eine interessante Methode: Er griff einige der Erscheinungen des Rechtsextremismus auf, die es eben doch in der Region gab, und begann über rechtsextreme Strategien zu sprechen, so als wären sie nicht gerade vom Moderator bestritten worden, sondern selbstverständlichste Wirklichkeit. Er sprach über die Verleugnung einfach hinweg und tat das mit einer Detailkenntnis, die jeden faszinierte. Erst widerwillig, dann neugierig und schließlich vollkommen im Bann seiner Darstellung hörten die Leute zu. Und da Bernd Wagner doch etwas von einem sportlichen Fliegenbeinzähler hatte, begann bald eine Art Wettkampf der Wahrnehmungen, in den er seine Hörer hineinzog. Sie wollten daran teilnehmen, sie wollten auch etwas beitragen zu dem, was dieser Mann mit dem Habitus eines Kommissars der Kripo da erzählte. Sie wollten in dem Krimi mitspielen, und im Sog der Geschichten und Analysen erzählten sie von eigenen Erlebnissen. Ja. Da war die Wahrnehmung plötzlich. Und wenn einer begann, wollten andere nicht nachstehen. Wie Kinder in einer Gruppe – wenn der Bann erst mal gebrochen war, meldeten sich andere, die auch etwas gesehen, analysiert oder selbst erlitten hatten. In einer vorsichtigen Euphorie freundeten die Anwesenden sich mit der Existenz des Phänomens an. Ja, sie hatten Nazis gesehen, Gauabzeichen erkannt, die Nazimusik gehört, die Kameradschaft identifiziert, sich erinnert. Doch nach dem ersten Erkennen folgte auch die erste Depression, die das Erkannte dann wieder wegzufegen drohte. Und das passierte keineswegs nur bei Einheimischen, die sich in ihrer Kommune mit unangenehmen Tatsachen auseinander setzen sollten. Es ging Zugereisten aus dem Westen ebenfalls so.

In Thüringen konnte ich das immer wieder erleben. Ich war nach Erfurt gefahren, um jemanden zu treffen, mit dem ich eine Veranstaltung gegen Rechtsextremismus im Westen vorbereiten sollte. Dieser Mann war ein sympathischer Hamburger, sehr kultiviert, sehr gebildet und höflich und offen für die Idee, eine Diskussionsrunde für die engagierten liberalen Bürger seiner Organisation durchzuführen. Ich besuchte ihn zu Hause in Erfurt in seiner geräumigen und lebendigen Wohnung, die er mit seiner Frau und dem Baby bewohnte. Wir führten ein gutes Gespräch, doch ich bemerkte seine Vorsicht. Trotz allem Engagement gegen Rechtsextremismus wollte er mit seinem Auftritt auf keinen Fall übertrieben wirken. So schlimm könne das alles nicht sein, stand in seinem Gesicht geschrieben. Seine Frau mit dem Baby auf dem Arm hatte aus seinen Zügen dasselbe gelesen und schaltete sich in das Gespräch ein. Sicher, so eine Veranstaltung in renommiertem Hause sei von Nutzen, meinte sie. Doch in Thüringen spüre man von alledem nichts. Ihr Mann habe schließlich in der Regierungsverwaltung gearbeitet, und dort habe man dergleichen nie diskutiert.

Es fiel mir schwer, über die Realität zu sprechen und ihre Logik zu durchbrechen, ohne die beiden vor den Kopf zu stoßen. Thüringen war mit seiner Landespolitik eines unserer größten Probleme. Anders als in Sachsen, wo die CDU-Regierung ebenfalls bestritt, ein Problem mit Rechtsextremismus zu haben, und dennoch Initiativen entstanden, gab es in Thüringen nur sehr wenige Engagierte, die dazu unter enormem Druck standen. Sie, die sich wie die Gewerkschaften gegen rechtsextreme Gewalt und für humane Bedingungen in Flüchtlingsheimen einsetzten, waren unter Beobachtung des

Landesamtes für Verfassungsschutz, dessen Präsident auch schon mal öffentlich in skandalöser Weise die «guten Seiten des Dritten Reiches» betont haben wollte.

Er sagte das auf einer Veranstaltung in Jena, bei der auch zwei Fernsehteams dabei waren. Die aber überhörten seine Äußerung, denn die Szenerie war zu pittoresk. Im Publikum hatte sich auf der rechten Seite die Führungsgilde des rechtsextremen Spektrums eingefunden: Republikaner, NPD, Vertreter der Burschenschaften und der «Kameradschaft Thüringer Heimatschutz». Letztere war aus der militanten Anti-Antifa hervorgegangen, und man konnte vermuten, dass hinter der friedlichen Fassade auch Tendenzen zum Rechtsterrorismus zu finden waren. Auf der linken Seite hatte der Stadtjugendpfarrer seine Junge Gemeinde mobilisiert, einen bunten Haufen junger Leute, unter ihnen viele, die schon etliche Male von Nazis gejagt, bedroht und misshandelt worden waren, einschließlich des Pfarrers selbst. Sie waren alle gekommen, fast ohne Ausnahme, und blieben in ihrer Anzahl doch dem Familientreffen der rechten Organisationen unterlegen. Für die Kameraleute gab das tolle Bilder, und für die Redakteure war die Spannung im Saal aufregend. Dabei überhörten sie, wie der Präsident des Verfassungsschutzes auf dem Podium einiges relativierte.

Auf dieser ganz und gar öffentlichen Veranstaltung in Jena konnte man Dr. Helmut Roewer in Bestform genießen. Es ging um das Anwachsen von Rechtsextremismus im Land. Eingeladen als Referenten waren außer Bernd Wagner ein Aussteiger aus der Naziszene und der besagte Verfassungsschützer. Obwohl jedes im Saal gesprochene Wort und das offensichtliche Kräfteverhältnis etwas anderes sagten, konnte Dr. Roewer, der offizielle Vertreter des Rechtsstaats, kein wirkliches Problem ausmachen. National befreite Zonen gebe es nicht, behauptete er. Im Übrigen sei die Antifa ja auch nicht ohne. Die rechte Szene habe er im Griff. Das Einzige, was ihm wirklich zu denken gab, lohnte eine genauere Betrachtung: Dr. Roewer hatte einen Paradigmawechsel bei den Rechtsextremen beobachtet. Sie seien von der Verleugnung der Verbrechen des Nationalsozialismus dazu übergangen, diese Verbrechen nunmehr gut zu finden. Und er wusste auch, wer daran schuld sei: Moralisten und Pädagogen nämlich, die durch das Tabuisieren des Dritten Reichs dazu beigetragen hätten. Seine Forderung richtete sich nun ganz offenbar darauf, doch ein differenziertes Bild des Dritten Reichs herzustellen. Und zwar über seine schlechten und eben auch über seine guten Seiten. Für die ganz normalen Menschen, sagte er, denn nur das Schlechte zu betonen sei ganz falsch, weil simple Gemüter den Eindruck bekämen, dass da irgendwas nicht stimmen könne. Denn das Dritte Reich sei doch ein Staat mit einer sehr hohen Zustimmung durch die Bevölkerung gewesen.

Die anwesenden Rechtsextremisten freuten sich über diese Äußerung natürlich sehr. Auf eine bestürzte Nachfrage erklärte der Mann mir hinterher noch einmal, wie er das meine. Die normalen Deutschen hätten Hitler gut gefunden, und die Normalen waren nun mal die Mehrheit.

Der Präsident des Landesamtes für Verfassungsschutz Thüringen gab also öffentlich zu bedenken, ob man dem barbarischen Unrechtsstaat nicht doch noch gute Seiten abgewinnen könne. Sein Demokratiebegriff machte sich an Mehrheiten fest, und an einer Normalität, die millionenfachen Mord, Verfolgung, Folter und Verbannung in Kauf genommen hatte. Die Opfer waren die «Anomalen»: Juden, Linke, Gewerkschafter, Kommunisten, Demokraten, Nichtarier, Behinderte, Homosexuelle und Asoziale. Oder wie der «Thüringer Heimatschutz» sie auf Neudeutsch nennt: Langnasen, Zecken, Demokröten, Kanaken, Asseln usw.

Nach der Jenaer Veranstaltung wurden wir unter den Augen des Verfassungsschutzes offen vom Chef des «Thüringer Heimatschutzes» beschimpft und massiv bedroht. Das ungeschnittene Filmmaterial mit den Aussagen über die guten Seiten des Dritten Reichs gab ich einem befreundeten Journalisten, der daraus einen Beitrag für ein Nachrichtenmagazin machte. Dagegen ging der Verfassungsschützer rechtlich vor, dennoch wurde der Beitrag gesendet. In einer Region, in der es stündlich Überfälle durch Nazis gab, offenbarte der oberste Verfassungsschützer des Landstriches, der einst stolz dem Führer die erste «judenreine» Stadt des Dritten Reiches gemeldet hatte, dass es bei Meinungsäußerungen über den Nationalsozialismus wichtig sei, die jungen Leute nicht zu sehr gegen die eigenen Großeltern aufzubringen. Dieses Statement hatte auch nach der Sendung keinerlei Folgen für ihn. Und es gab auch keine öffentliche Empörung. Sein sozialdemokratischer Innenminister fand daran nichts Bedenkliches. Der oberste Thüringer Verfassungsschützer wurde erst entlassen, als sich später herausstellte, dass sein Landesamt V-Männer bei der NPD in führender Position alimentiert hatte.

Dieses Landesamt war nun das Nadelöhr für Information über Rechtsextremismus und in der Folge eben auch für entsprechende Maßnahmen der Landespolitik. Aus diesem Grund versuchte ich es bei dem Hamburger Ehepaar in Erfurt in aller Vorsicht mit der Wagner'schen Methode. Ich hatte nur zwei Zuhörer und viel weniger vom Fliegenbeinwissen des Bernd Wagner, aber die Methode zeigte einen gewissen Erfolg. Die beiden hörten zu und begannen nachzufragen. Darüber war ich froh, denn Thüringen konnte seit geraumer Zeit als No-Go-Area für Ausländer und andere als «undeutsch» bezeichnete Menschen, als «National befreite Zone» gelten. Doch dann ging die Frau zum Fenster, schob den Vorhang beiseite und schaute nach unten. Da sei ein Schulhof, meinte sie. In den Pausen könne sie die Jugendlichen dort sehen. Ganz normale Schüler. Und die trügen doch alle Bomberjacken. Dann drehte sie sich um, schüttelte energisch den Kopf und sagte, die könnten doch unmöglich alle rechtsextrem sein. Denn dann, sagte sie mit einem Ausdruck im Gesicht, der definitiv und unverrückbar alles eben Diskutierte wegwischte, «dann hätten wir ja ein Problem».

So war es auch oft bei unseren Veranstaltungen. Der Hauch von Erkenntnis wurde erstickt von der Größe des Problems. Die Logik war immer die gleiche: Wenn das stimmt, können wir nichts mehr so machen wie bisher. Dann müssen wir uns damit auseinander setzen, die eigenen Urteile überprüfen und noch vieles mehr. Das ist zu schwer, also ziehen wir lieber die gewonnene Klarheit wieder in Zweifel. Hier mit Gegenargumenten anzusetzen war umso schwieriger, als die gesamte Landespolitik mit Abwehr reagierte. Die Beteiligten mussten damit rechnen, sich bei einem Kurswechsel gegen die offizielle Politiklinie ihrer Landesregierung zu stellen.

Die Verdrängung ließ sich nur dadurch auflösen, dass wir über Beispiele sprachen: Was man an anderen Orten getan hatte, wie es wirkte, miteinander zu kooperieren, eventuell Jugendclubs zu schließen und mit neuen Konzepten wieder in Gang zu setzen, Mitarbeiter fortzubilden, im öffentlichen Raum die Ordnungsmacht zurückzuerobern, Opfer deutlich zu schützen und Haltungen gegenüber Flüchtlingen und Ausländern zu überdenken. Die Folgen der Erkenntnis ein wenig transparenter zu machen, in kleineren Schritten zu beschreiben konnte mit einigem Glück die Blockierung lockern. Denn wenn etwas zu tun möglich ist, wenn es woanders vielleicht Erfolg hatte, wenn es eine reale Chance gibt, mit den Neonazis fertig zu werden, dann kann man die Wahrnehmung auch zulassen – «Wo ein Weg ist, ist auch ein Wille», sagten wir in Umkehrung eines alten Sprichworts. Jedes Mal war das der erste Schritt: erst wahrnehmen, dann deuten, dann handeln.

Und das Handeln würde lange dauern und mühsam sein. Wahrscheinlich weil sie es wussten, verlangten die Leute am Ende, manchmal sogar mit einem gewissen Zorn gegen uns, die wir ihnen das eingebrockt hatten, ein Rezept gegen die Krankheit. «Machen Sie uns das weg und möglichst schnell!», war die Forderung. So fing es an, so entstanden Baustellen, auf denen die Bewohner selbst arbeiten mussten, um Erfolg zu haben, die wir aber regelmäßig mit Beratung begleiteten.

Doch wir scheiterten auch oft. Bei einer Veranstaltung in Saalfeld, einem Städtchen voller Naziterror, funktionierte unsere Strategie nicht gut. Der Exneonazi Ingo Hasselbach war da, um von seinen Erfahrungen zu berichten. Einst galt er als Hoffnungsträger der militanten Nazis, doch nach dem Brandanschlag in Mölln Anfang der neunziger Jahre war er ausgestiegen. In der Aula des Gymnasiums saßen Jugendliche, Lehrer und Vertreter der Stadt. Die Naziszene beherrschte das Stadtbild; die Tankstellen, McDonald's und der städtische Jugendclub, erst nach der Wende mit viel Geld gebaut, waren fest in der Hand militanter und rechtsgerichteter Jugendlicher. Es hatte hier sogar einen Mord an einem jungen Mädchen gegeben, der wie so viele Vorfälle als Auseinandersetzung zwischen «rivalisierenden» Jugendgruppen aus dem Gedächtnis verschwinden sollte. Die Mitarbeiter des Jugendclubs hatten viel Verständnis für die Rechten, und alle stempelten auch hier automatisch diejenigen zum Feind, die jene Zustände thematisieren wollten. Im Saal herrschten Frust und Angst. Ingo Hasselbach wurde von einem schwedischen Kamerateam begleitet, und das Publikum wollte ausdrücklich nicht gefilmt werden.

Ingo erzählte, wie er als Nazi die Blindheit der Sozialarbeiter mit ihrem akzeptierenden Ansatz ausgenutzt hatte. Dass Ähnliches in Saalfeld denkbar sei. Und wie man es verhindern könne. Es gab nur einen einzigen Stadtvertreter, der bereit war, die Gespräche mit uns weiterzuführen. Die Jugendlichen trauten sich nicht mehr, etwas zu sagen, sie wollten nur ihre Schule absolvieren und dann die Stadt verlassen, da schadete es nur, unangenehm aufzufallen. Wenigstens das wurde von einer jungen Abiturientin offen erklärt. Die Sozialarbeiter aber hielten zu den Rechten. Es gab keinerlei Schutz für die Besorgten, geschweige denn für Engagierte, viele hatten selbst schon Gewalterfahrungen gemacht und erlebt, wie man mit ihren Anzeigen umgegangen war. Selbst als einige Zeit später in dem Jugendclub ein Bild von Ignatz Bubis mit einem bösaggressiven antisemitischen Text auftauchte, meinte die Sozialarbeiterin, sie müsse es hängen lassen, weil die jungen Leute sich doch ausdrücken sollten. Dass wir das ansprachen, brachte keine Einsicht – es geschah einfach gar nichts. Die Drohkulisse der Nazis und ihre Duldung durch die Stadt waren einfach zu stark. Der einzige interessierte Dezernent hat sich nie wieder bei uns gemeldet. Deshalb wurde Saalfeld zu der Zeit keine Baustelle.

Um voranzukommen, brauchten wir die Partnerschaft des Staates. Doch der besteht auch nur aus handelnden Personen, die auf Impulse oder Druck reagieren. So war auch meine Erfahrung beim Aufbau der RAA gewesen. Doch anders als beim Thema interkulturelle Erziehung ging es beim Rechtsextremismus um weit mehr. Hier ging es um etwas, das sehr nah an den Einstellungen der Einzelnen, an deren Familiengeschichte und natürlich an der DDR-Geschichte hing. Bis auf die Aktivitäten der PDS, die ja auf der Tradition der SED aufbauen konnte, hatte sich nach der Wiedervereinigung eine vollkommen hohle Parteienstruktur aufgebaut. Mitunter war die örtliche SPD nicht viel mehr als das Gesicht des Kandidaten und ein Faxgerät. Sie hatten keine Ortsverbände oder regionale Traditionen, diese neuen Parteien. Umso absurder war die westliche Vorstellung, das Wahlverhalten der Bürger im Osten richte sich nach den Programmen der jeweils gewählten Parteien. Wählte jemand PDS, hieß das keineswegs, dass er gegen braune Dominanz war, denn die PDS-Vertreter in den Kommunen hatten oft keine andere Haltung gegenüber den Nazis als alle anderen auch. Ob SPD, CDU, PDS oder Grüne, an der Duldung der Nazis beteiligten sich alle. Im Frühjahr 1998 geriet dann allerdings doch etwas von der Stimmung der Bevölkerung an die sichtbare Oberfläche des demokratischen Parteiensystems. Die rechtsextreme DVU konnte bei den Landtagswahlen in Sachsen-Anhalt fast 13 Prozent der Stimmen erreichen. Und alle schrien auf. Eine Folge davon war, dass wir mithelfen durften, in Sachsen-Anhalt ein Landesprogramm gegen Rechtsextremismus auf die Beine zu stellen, in das viele unserer Erfahrungen einfließen konnten. Das war gut, das war hilfreich. Doch auf solche Wahlergebnisse sehen zu müssen, um für Demokratie im Alltag arbeiten zu dürfen, widerte uns an.

Viel mehr wollten wir darauf hoffen, dass sich mit dem Ende der Ära Kohl auf der politischen Bühne etwas änderte. Wir hatten in unzähligen Treffen, Veranstaltungen und Gesprächen mit viel beschriebenem Papier der neuen rot-grünen Bundesregierung alle Ideen, Konzepte und Erfahrungen über notwendige Schritte in Bildung, Jugendarbeit, Rechtssicherheit, Justiz, Polizeiarbeit und vor allem Förderung zivilgesellschaftlicher Initiativen zur Verfügung gestellt. Es gab eine Reihe engagierter Abgeordneter, mit denen wir eng zusammenarbeiteten, und es gab Wolfgang Thierse, der einer unserer wichtigsten Partner bei der Bekämpfung von Rechtsextremismus wurde. Die Regierungsparteien hatten ein «Bündnis für Demokratie» in ihre Koalitionsvereinbarung geschrieben, eine breite gesellschaftliche Aktion, die sich gemeinsam der Geisterjagd stellen sollte, oder zumindest einigen der Erscheinungen. Zum Verfassungstag im Mai 2000 endlich sollte das Ganze ins Leben gerufen werden. Wir sahen diesem Termin mit Hoffnung und Skepsis zugleich entgegen; Hoffnung, weil wir wollten, dass etwas passiert, und Skepsis, weil ausgerechnet das veranstaltende Bundesinnenministerium mit seiner rigiden Haltung zu Fragen des Asylrechts ein Teil des Problems war. In den Wochen davor hatte es einige dramatische Überfälle von Nazis gegeben, Menschen waren ermordet worden, und jeden Tag spitzte sich die Lage zu. Die Bundesregierung musste nun, zwei Jahre nach ihrem Amtsantritt, handeln.

Für den Festakt hatten das Bundesinnenministerium und das Justizministerium den Apollosaal der Staatsoper Unter den Linden in Berlin gemietet. Drinnen reichte man den geladenen Gästen Schnittchen und Sekt, es waren viele Prominente erschienen, draußen auf dem August-Bebel-Platz durften Vereine und Initiativen ihre Stände aufbauen und den Rundgang des Innenministers abwarten. Drinnen wurden Reden gehalten, draußen nieselte es. Drinnen gab es keinen großen Wurf, keine Bereitschaft zu wirklicher Reform, etwa einem Überdenken der Residenzpflicht für Flüchtlinge, die vor Ort als Bestätigung dafür gesehen wurde, dass Asylsuchende tatsächlich eingesperrt und abgeschottet gehörten. Es gab nicht einmal eine gemeinsame Erklärung. Nur eben Schnittchen und die Ankündigung, für Aktivitäten gegen Rechtsextremismus Geld auszugeben. Ich weiß nicht, ob wir mehr erwartet hatten, wahrscheinlich nicht, doch der Spagat zwischen den notwendigen Hoffnungen und den hoffnungslosen Nöten war es, der uns zu Realisten machte. Wir hatten viel investiert, um nun, 51 Jahre nach der Gründung der Bundesrepublik, mit den Folgen alter Geister fertig zu werden. Zehn Millionen Mark, so wurde drinnen verkündet, sollte Projekten gegen Rechts zur Verfügung gestellt werden, damit sie das Problem lösten. Und natürlich deprimierte uns, dass der

Staat uns draußen im Nieselregen sitzen ließ, um drinnen eine Maus zu gebären, die gegen einen großen, bösen braunen Geist antreten sollte.

Bei aller Einsicht in die begrenzten Möglichkeiten von Regierung und Verwaltung sahen Bernd Wagner und ich aus einiger Entfernung und mit Interesse dem Rundgang Otto Schilys zwischen den Ständen zu, als sich ein Journalist vom *stern* zu uns setzte. Er war einer derjenigen, die über Jahre immer wieder vom braunen Terror berichtet hatten. Wir kannten und schätzten Uli Hauser. Er vertiefte sich mit Bernd Wagner in ein Gespräch darüber, was man auch ohne den Staat tun könne. Ich hörte den beiden zu, verschwand eine Weile, um mit Leuten zu sprechen, und als ich wiederkam, hatten sie sich ein neues Projekt ausgedacht. Uli Hauser war kein Mensch, der irgendetwas auf sich beruhen ließ, er wollte mehr als nur beschreiben. Und er wusste genau, was in den Medien wirkt. Bernd Wagner hatte schon öfter Menschen geholfen, die der Naziszene den Rücken kehren, die aussteigen wollten. Noch als leitender Staatsschützer half er Ingo Hasselbach. Und nun sprach er mit Uli Hauser und mir darüber, nach dem schwedischen Modell auch in Deutschland ein Aussteigerprojekt zu machen. Dort draußen im Nieselregen beschlossen wir, EXIT zu gründen.

Richtig wohl war mir dabei nicht. Als Flaggschiff für eine öffentliche Kampagne hätte ich mir die Opferperspektive gewünscht. Nicht nur als Blickwinkel, aus dem man zu handeln hatte, sondern auch als Projekt. Die «Opferperspektive» war ein wunderbares Team von vier Personen, die Opfer rechter Gewalt begleiteten. Sie waren Partner, sie halfen in den Kommunen die Dinge aus der Sicht der Opfer zu sehen. Sie begleiteten die Traumatisierten ins Krankenhaus oder zur Polizei, sie waren bei Gerichtsverhandlungen dabei, sie verhandelten mit Zuständigen über Entschädigungen, Unterbringung und Sicherheitsfragen. Ein schwerer Job war das. Und sie machten ihn großartig.

Ich hasste die Täterverliebtheit vieler in der deutschen Gesellschaft. Und dennoch fühlte ich mich immer auch angezogen von dem Gedanken der Teschuwa, der Möglichkeit der Umkehr, den die Juden jedes Jahr zwischen Neujahr an Rosch ha-Schana und Jom Kippur einander und vor allem sich selbst einräumen und abverlangen. Gewiss, das war an Reue und Schuld gebunden, doch vor allem ging es um Chancen, Aufbruch und Entschulden. Denn besser, als nur Furcht vor Verdammung und Strafe zu haben, wegen dem, was man getan hat, war doch die Möglichkeit, es anders zu machen, sich zu entschuldigen, also wirklich etwas zu tun. Für mich war das ein Ausdruck für die Wertschätzung der Verantwortung des Menschen selbst, seiner Fähigkeiten, seiner Entscheidungsfreiheit für dieses begrenzte Leben. EXIT war Teschuwa. Und als wir damit begannen, bei aller Widersprüchlichkeit, entschlüsselte sich mir beim Nachdenken über dieses Projekt ein wenig auch der Grund für das, was meine Motive für diese Arbeit ausmachte. Deshalb erklärte ich mich grundsätzlich einverstanden mit EXIT, und deshalb war ich auch bereit, mit dem Exneonazi Ingo Hasselbach zusammenzuarbeiten, so wie es Bernd Wagner und Uli Hauser gerade vorschlugen.

Dann gab es wieder einen Mord. Alberto Adriano wurde in Dessau von Nazis erschlagen. Er war nachts durch den Park gegangen. In Dessau, nicht in der New Yorker Bronx oder in den Südstaaten. Die Nazis haben ihn getreten, gedemütigt und schließlich getötet. Alberto Adriano, der ehemalige Vertragsarbeiter aus Mosambik, hatte Familie und war längst Dessauer geworden. Doch sein Tod war nicht Auslöser des «Aufstands der Anständigen», den der Bundeskanzler ausrufen ließ. Warum sollte es auch so sein? Allein im Jahr 2000 waren 17 Menschen von Rechten ermordet worden, und inzwischen waren es schon über hundert, seit Amadeu Antonio, jener angolanische Arbeiter, unmittelbar nach der Wiedervereinigung in Eberswalde zu Tode getreten worden war. Wir arbeiteten Tag für Tag dagegen an und mussten derweil die perverse Hoffnung hegen, dass vielleicht eines dieser Ereignisse die Öffentlichkeit alarmieren könnte. Zwischen dem Entsetzen darüber und dem unguten Gefühl der Bestätigung, dass alles wirklich so schlimm war, blieb mir die Trauer um Albertos Tod und den der anderen im Halse stecken. Erst an Jom Kippur, bei dem Gebet, mit dem man der Toten gedenkt, nannte ich seinen Namen und konnte endlich weinen.

Uli Hauser hatte im *stern* einen großen Beitrag über Alberto Adrianos Ermordung geschrieben. Dann kam der Sprengstoffanschlag auf jüdische Flüchtlinge in Düsseldorf. Da endlich war eine Schallmauer durchbrochen, die Leute hörten zu und begannen hinzusehen. Und der *stern* startete die Aktion «Mut gegen rechte Gewalt», eine Kampagne, deren Flaggschiff nun tatsächlich EXIT werden sollte. Auch die «Opferperspektive» fand einen prominenten Platz in dem Heft, mit dem die Aktion begann. Doch EXIT war heiß, das gefiel, das leuchtete dem Publikum ein, viel mehr als die «Opferperspektive» oder andere Initiativen und Projekte. Uli Hauser wandte sich mit erfrischender Direktheit an deutsche Unternehmer, es gab einen großen Spendenaufruf. In kurzer Zeit kamen zwei Millionen Mark zusammen. Und die Unternehmer begannen Geld zu spenden, weil Uli Hauser und sein Chefredakteur Andreas Petzold nicht mehr locker ließen. Sie wollten an der Tradition des *stern* festhalten, sich gesellschaftspolitisch zu engagieren, wie es der Gründer Henri Nannen für sein Blatt immer gefordert hatte. Viele Leser des *stern* gaben nicht nur Geld, sondern organisierten selbst Veranstaltungen und Aktionen.

Und tatsächlich: EXIT war ein Magnet. Für die Medien, die dauernd bei uns anriefen, für Aussteigewillige, die Vertrauen in uns hatten, und für militante Nazis, die sich durch EXIT wirklich bedroht fühlten. Jeden Tag riefen nun Journalisten an. Viele, vor allem solche, die mit dem Thema bis dahin nichts zu tun hatten, wollten Interviews mit Nazis, ob ausgestiegen oder nicht, das Interesse für die Täterseele war enorm. Selbstverständlich bedienten wir dieses Bedürfnis nicht. Wir konnten Orte nennen, Bahnhöfe, Tankstellen oder Jugendclubs, an denen die Journalisten mit Sicherheit Nazis treffen würden. Oft hatten die anrufenden Journalisten nicht einmal Interesse an EXIT, sie wollten nur den Nazi, das Böse, mit einem gierigen Verlangen nach dem, was die Abgründe menschlichen Verhaltens ausmacht. Nun, Verbrechen und Kriminalität sind immer interessant, und die Perspektive der Täter scheint allemal attraktiver als die der Opfer. – Das sind bedauerliche, aber typische Erscheinungen der üblichen Skandalberichterstattung, doch in diesem Fall kam es mir besonders anrüchig vor. Neben der mir suspekten Täterverliebtheit lag mein Unbehagen vor allem darin, dass EXIT das vereinfachte und vereinzelnde Bild des Nazis zeichnete. Die Vorstellung vom Rattenfänger, der unschuldige junge Leute in seinen Bann zieht, machte sich hier fest und legte nahe, dass es mit Hilfe von Güte und Zuwendung gelingen könnte, die Verführten zurück in die Menschlichkeit zu holen. Es kam mir vor wie eine Wiederholung des Bildes von den unschuldigen Deutschen, verführt von Hitler und dem guten Glauben an ihn, das viele Väter, Mütter und Großeltern noch immer von sich selbst hatten.

Über die konkrete Arbeit von EXIT, die Namen der Klienten, die Abläufe, die Art der Gespräche, die Treffpunkte und alles andere herrschte natürlich absolutes Stillschweigen jedermann gegenüber, selbst innerhalb des Hauses. Ich kannte einige der Klienten und mochte sie nicht, so wie sie zu uns kamen. Denn wenn sie kamen, diese NPD-Leute, Skinheads, schlauen Funktionäre oder Schläger aller Altersgruppen, dann hatten sie einen Weg vor sich. Und die Kollegen von EXIT mussten ihre Geschichten anhören, ihre Anmaßungen und Forderungen, ihre Ideologie, die natürlich mit dem Wunsch auszusteigen nicht sofort verschwand. Die Motive für das Aussteigen waren sehr unterschiedlich, immer gab es Leid und Druck, manchmal auch menschlichen Zweifel, der so offensichtlich war, dass wir uns fragten, wie er über so lange Zeit verborgen geblieben sein konnte. Die Berichterstattung in den Medien half, das Projekt bekannt zu machen, und so meldeten sich immer mehr Aussteigewillige, die Beratung und manchmal auch Schutz brauchten, wenn sie von ihren ehemaligen Kameraden bedroht wurden. In der Beratung wurde viel von den Klienten verlangt, sie wurden konfrontiert mit ihrer Ideologie, ihrem Menschenbild und ihrer Schuld. Doch EXIT half den Aussteigewilligen auch, einen neuen Job zu finden, möglicherweise den Ort zu wechseln und vor allem die Leere wieder zu füllen, die entstand, wenn jemand mit der Ideologie auch alle Freunde, alle Werte, seine Musik und seine Art, sich zu kleiden, hinter sich ließ.

Die Kollegen von EXIT hatten einen schweren Job, sie mussten 24 Stunden erreichbar sein, auf Notrufe reagieren, manchmal nachts quer durch das Land fahren, um jemanden aus akuter Gefahr herauszuholen, sich mit Familiengeschichten auseinander setzen, Unterkünfte organisieren, mit Jugendämtern kämpfen, Nazi-Tattoos entfernen helfen, mit Staatsanwälten Kontakt aufnehmen, wenn es um Straftaten ging, in Knäste gehen, wenn dort jemand aussteigen wollte – und immer wieder endlose Gespräche führen, bei denen sie sich bei aller Bereitschaft zur Hilfe klar von den Klienten abgrenzen mussten. Das alles gefiel der Naziszene gar nicht. Die Erfolgsquoten waren sehr hoch, also wurde EXIT auch sehr ernst genommen, denn die Zusammenarbeit des ehemaligen Polizisten Bernd Wagner mit dem ehemaligen Neonazi Ingo Hasselbach brachte viel Kompetenz und viel Symbolik in die Arbeit. Und so gab es die eine oder andere ernst zu nehmende Drohung, die in unserem Hause einging. Und die Drohungen waren ansteckend. Als wir mit Udo Lindenberg zugunsten von «Mut gegen Rechts» und EXIT auf Tour gingen, trafen sie auch ihn.

Während wir uns als nichtstaatliche Organisation bemühten, den Schwung der öffentlichen Aufmerksamkeit des Jahres 2000 zu nutzen, um besser arbeitsfähig zu werden, reagierte auch die Politik. Von der bayerischen CSU kam der Vorschlag, die NPD zu verbieten. Nach einigem Hin und Her griff die Regierungskoalition diesen Plan auf. Nun, es gab mehr oder weniger gute Argumente für ein Verbot, doch uns irritierten die Motive, die hinter dem schwierigen Parteiverbot standen. Das Kleben am Parteidenken war einer unserer Kritikpunkte: Die autonome, sehr informelle Struktur der Kameradschaften wäre von einem Parteiverbot nur wenig betroffen gewesen, und die Dominanz, die Stimmung vor Ort schon gar nicht. Abgesehen von verfassungsrechtlichen Fragen machte uns natürlich auch der Populismus Sorgen, der in dieser Forderung steckte. Wenn sich die Diskussion um die NPD drehte, blieben die Opfer und deren Lebensbedingungen ein weiteres Mal auf der Strecke.

In einem Gespräch, zu dem mich der Bundesinnenminister Otto Schily eingeladen hatte, versuchten Bernd Wagner und ich deutlich zu machen, dass positive Zeichen im Sinne einer Liberalisierung gegenüber Flüchtlingen und der Integration von Einwanderern mindestens ebenso wichtig wären wie ein größerer Verfolgungsdruck auf rechtsextreme Straftäter. Ich fragte Herrn Schily, ob er sich vorstellen könne, welche Wirkung ein Verbot für Flüchtlinge, andere Orte als den zugewiesenen besuchen zu dürfen, auf Rechtsextreme oder Durchschnittsbürger beispielsweise in Eisenach habe. Sie sahen jeden Tag, dass Asylbewerber nur mit Chipkarten und nur in bestimmten Geschäften einkaufen durften, dass sie in manchen Gegenden ständig vom Bundesgrenzschutz und der Polizei kontrolliert wurden, weil verhindert werden sollte, dass sie sich frei bewegten. Und was der Staat tat, war dem Bürger nur billig. Kurz vor dem Gespräch war es in Eisenach auf offener Straße und bei Tag zu einer Jagd auf Flüchtlinge gekommen. Doch Otto Schily sah den Zusammenhang nicht. So wie andere Innenminister vor ihm hielt er grundsätzlich einen repressiven Umgang mit Flüchtlingen für die bessere Prävention gegenüber Rechten. Ich sagte ihm, dass wenigstens die einzelnen Asylsuchenden nicht a priori zu potenziellen Kriminellen oder Menschen mit unlauteren Motiven gestempelt werden dürften. Doch ich hatte nicht den Eindruck, dass er darüber nachdachte.

Dafür plante die Bundesregierung neben dem unseligen NPD-Verbotsverfahren noch zwei andere Maßnahmen: Sie wollte Geld zur Verfügung stellen, um Projekte gegen Rechtsextremismus zu fördern. Das konnte unter den richtigen Voraussetzungen unsere Arbeit erleichtern. Und zweitens planten die Innenministerien des Bundes und einiger Länder nun auch noch ihre eigenen Aussteigerprogramme. Das sahen wir mit gemischten Gefühlen. EXIT wurde zunächst in keiner Weise mitgedacht, obwohl es bereits erfolgreich lief. So tauchten einige Vertreter von Innenbehörden auf, um sich für ihre Aussteigerprogramme beraten zu lassen. Wir gaben diesen Rat gern und ärgerten uns doch darüber, dass man nicht unser Projekt förderte, sondern uns nur als Ideen- und Ratgeber nutzte.

Bei den Programmen gegen Rechtsextremismus war die Partnerschaft dagegen gewollt und öffentlich erklärt, und die Amadeu Antonio Stiftung beriet nun das Bundesjugendministerium über Charakter und Schwerpunkte des neuen Programms. Anders als Anfang der neunziger Jahre sollte diesmal die Perspektive auf der Unterstützung von Projekten für demokratische Kultur liegen, nicht auf der Reintegration rechtsextremer Täter durch Sozialarbeit. Ich freute mich und machte diese Vorschläge sehr gern: Wir wollten Opferberatungsstellen, ähnlich der «Opferperspektive», mobile Beratungsteams, ähnlich denen in Sachsen-Anhalt und Brandenburg, und kleine Initiativen in verschiedenen Bereichen mit möglichst starkem interkulturellem Ansatz überall in den Neuen Ländern fördern. Also schrieben wir, die Experten einer bislang eher einsamen Praxis, einen Entwurf für die Leitlinien eines Bundesprogramms gegen Rechtsextremismus.

Anfang 2001 begann die Arbeit an diesem Programm. Es hieß «Civitas», das Wort für Bürgergemeinde auf Lateinisch. Ich hatte als Namen auch «Zedaka» – Gerechtigkeit – vorgeschlagen. Der allerdings wurde abgelehnt. Man sagte mir, da es sich um ein hebräisches Wort handele, könnten sich die arabischen Mitbürger gekränkt fühlen. Dass ich mich gekränkt fühlte von dieser Begründung, interessierte indessen nicht. Auch nicht der Hinweis darauf, dass die hebräische Sprache und das jüdische Gebot der Gerechtigkeit zu den Fundamenten der modernen Zivilisation gehörten. Meine Gegenfrage, ob die Sprache der Römer vielleicht heute Christen, Juden oder andere seinerzeit versklavte Kulturen kränken könnte, machte etwas ratlos. Nun, ich wollte diesen Namen niemandem aufdrängen, schon gar nicht einem staatlichen Programm, das sich in Deutschland gerade mit zehn Millionen Euro gegen den massiv präsenten Rechtsextremismus wenden sollte.

Zehn Millionen klingt nach einer großen Summe, aber für ein so zentrales Problem der deutschen Demokratie – war es wirklich genug? Der Osten hatte sich in ein Gebiet verwandelt, in dem Bewegungsfreiheit und ein durchschnittlich angenehmes Lebensgefühl mehr und mehr nur für Menschen reserviert waren, die «deutsch» aussahen. Für zehn Millionen konnte man gut eine Kläranlage für eine mittlere Kleinstadt bauen, oder eine Imagekampagne für ein Produkt aus Wirtschaft oder Politik starten, aber damit den Rechtsextremismus zu beseitigen bedeutete mehr als eine Herausforderung. Trotzdem nahmen wir sie an. Wir hatten gar keine Wahl.

Fast genau drei Jahre nach ihrer Gründung hatte die Amadeu Antonio Stiftung nun ein staatliches Programm mitzugestalten. Die ersten Projekte begannen mit ihrer Arbeit, und die Mitglieder des Stiftungsrats diskutierten diese Entwicklung auf einer Sitzung. Hinterher gab es ein kleines Pressegespräch, und ich wurde eingeladen, später im Studio der Berliner Abendschau dazu noch etwas zu sagen. Als das Treffen vorbei war, lief draußen ein Fernseher, vor dem sich eine kleine Menschentraube gebildet hatte. Wir kamen gerade dazu, als der erste Turm des World Trade Center einstürzte. Die Sendung der Abendschau wurde abgesagt. Und hinter mir sagte jemand: «Endlich trifft es die Richtigen!»

23. Kapitel
Suspense

Immer wieder sah ich die Türme einstürzen. Der Moment war wie ein endloser Film in meinem Kopf. Noch in der Nacht nach den Anschlägen tauchten schon die ersten Verschwörungstheorien auf. Das neue Medium Internet brauchte dazu nicht lange. Meine Tochter kam am nächsten Tag aus der Schule, sie hatte es dort auch gehört. Die Jüdische Oberschule hatte verstärkte Bewachung, Kinder und Eltern waren aufgeregt und alarmiert, und die Symbole der vermeintlichen Verschwörung machten Angst. Die Zeichen: die Türme, ein Flugzeug und ein Davidstern. Am Infobrett über dem Kopierer im Büro hing ein Zettel mit einem Text voller Hass und Häme. Recht geschähe es ihnen, den Amerikanern – auch wegen Israel, das sei nun die Rache. Der Schreiber blieb anonym. Ich ging die Korridore entlang zurück in mein Zimmer, mir war schlecht und schwindelig. Ich hatte das Gefühl, an einem Abgrund zu stehen.

Einige Wochen davor hatte ich dieses Gefühl schon einmal gespürt. Ich hatte den Sommer zwischen dem Computer, Formularen und Anträgen in der Uckermark verbracht. Das staatliche Programm gegen Rechtsextremismus erlaubte keine wirkliche Pause. Manchmal konnte ich auf einem geliehenen Pferd die Hügel im Galopp vorbeirasen sehen oder für eine Stunde verstehen, was Harmonie bedeutet, wenn mein Pferd den Hals rund machte und versammelt an meinem Zügel ging. Unsportlich war ich ja noch immer und sicher eine miserable Reiterin, doch das mit den Pferden war aus der Kindheit geblieben. Eine Stunde oder zwei, dann ging ich zurück an den Schreibtisch.

Im August hatte nach langen Vorbereitungen in Durban, Südafrika, die Antirassismuskonferenz der UNO angefangen. Ich hatte davon einiges mitbekommen, aber es lag nicht im Zentrum meines Interesses, dazu war in der Zeit zu viel zu tun. Dass es die Konferenz überhaupt geben sollte, dass Rassismus unter Staatschefs aus aller Welt endlich wieder zum Thema gemacht wurde, fand ich wichtig. Die Nicht-Regierungs-Organisationen sollten auch dabei sein. Selbstverständlich war es gut, über die Folgen von Diskriminierung zu sprechen, von blankem Rassismus, über die Probleme, die die Kolonialzeit in vielen Ländern hinterlassen hatte, aber auch über Missstände, die damit nichts zu tun hatten, wie die Situation der Unberührbaren in Indien, wovon ich als Kind einiges direkt hatte erfahren müssen. Auf der Agenda stand auch Israel, und ich wusste, dass hier gerade nach dem Beginn der zweiten Initifada viel Zündstoff lag, sowohl was die reale Lage betraf als auch den Missbrauch der Situation der Palästinenser für demagogische Propaganda gegen den Staat Israel und gegen Juden überhaupt. Doch wirklich erreichte mich dieser Missbrauch erst im Verlauf der Konferenz.

Plötzlich erschienen die arabischen Staaten und viele der NGOs kein anderes Thema zu kennen. Die Hetze und Häme gegen Israel und auch gegen Juden insgesamt nahm immer deutlichere und bösartige Formen an. Das hatte nun nichts mehr mit der Situation in der Region zu tun. Da war etwas in Gang gekommen, das mehr durch Hass und Taktik angeheizt wurde als durch die Absicht, Menschen vor Unrecht zu schützen. Ich sah die Nachrichten, hörte die Berichte: Israel und die USA standen am Pranger, antisemitische Töne wurden immer lauter, Vertreter jüdischer Organisationen, die mit beiden Ländern nichts zu tun hatten, wurden beschimpft und ausgegrenzt. Es ging nicht mehr um Rassismus in der Welt, sondern darum, Schuldige zu finden für alles Übel, das war die Botschaft, die mich erreichte. Und ich bekam Angst. Seit Jahren kannte ich aktive Antirassisten und war mir mit einem Mal nicht mehr sicher, dass sie nicht auch Selbstmordanschläge auf Restaurantbesucher verständlich fanden, weil es nun mal Juden waren, die es traf.

Mein Verhältnis zu Israel war immer lose geblieben. Ich fühlte mich diesem Land nicht mehr verpflichtet oder näher als zum Beispiel Mosambik. Da war die Sorge um Freunde und Verwandte, wenn die Lage wieder schwieriger wurde, wenn es Anschläge gab, der Terror das Leben überschattete, das gewiss – und deshalb auch eine Sympathie. Ich war ja in der DDR groß geworden, hatte also keine religiöse Bildung, die ein besonderes Verhältnis zu Israel hergestellt hätte. Und ich war nicht wie viele westdeutsche Juden und Nichtjuden durch den deutsch-israelischen Austausch von Jugendlichen oder die jüdische Gemeinde nach Israel gefahren, um dort für einige Wochen in einem der Kibbuzim zu wohnen oder die Gedenkstätte Jad Waschem zu sehen. Ich war seit meiner ersten Reise nach Israel noch zweimal dort gewesen, jeweils für kurze Zeit, und fand das Land ebenso anrührend wie anstrengend. Das Scheitern der Verhandlungen von Camp David hatte ich sehr bedauert, es aber in seiner Tragweite und Tragik nicht wirklich verstanden.

Doch das änderte sich plötzlich. Der Verlauf der Antirassismuskonferenz, die Reaktion der jüdischen Organisationen und der Medien darauf und schließlich die Abreise der israelischen Delegation wirkten auf mich wie ein Magnet, der auf einmal das emotionale zum rationalen Wissen zog, das eine plötzlich mit all dem anderen anreicherte. Und ich bekam

Angst. Angst vor hasserfülltem Geschrei in der Antirassismusbewegung, die nun laut auf der internationalen und politischen Bühne Israel als Schlüssel aller Bedrohung betrachtete. Nur wenig verhohlen zeigte sich als politische Figur eines radikalen Antizionismus in der globalen Weltanalyse das alte Bild des hassenswerten Juden, der nun die Form eines Staates angenommen hatte. Das war schon vorher so gewesen. Doch jetzt erst kam es mit jener Art Fanatismus ausgestattet daher, der die causa Israel von einer politischen Sorge zu einem hysterischen Projektionsort werden ließ.

Ich saß noch die letzten Tage dieses Sommers 2001 in der Uckermark und versuchte mein Erschrecken mit einigen wenigen zu teilen, derweil Post eintraf, in der es aus linken und bürgerlichen Kreisen hämischen Beifall für die antiisraelische Verzerrung gab. Es gab wenige, denen ich meine Unruhe anvertrauen konnte; viele der nichtjüdischen Kollegen reagierten mit abwehrendem Unverständnis, und manche der jüdischen Freunde fragten mich wieder, wieso ich denn überhaupt diesen Job machte, es sei doch ohnehin vergebliche Liebesmüh. Das machte es nicht leichter. Ich hatte das Gefühl, dass hier eine Keimzelle für etwas gelegt war, das nur noch auf Befruchtung wartete.

Und die kam kaum zwei Wochen danach – mit dem 11. September. Wie die Codierung in einer DNS lag darin schon das ganze Programm kommender Ereignisse und Haltungen, die vor meinem Auge wie ein Film abzulaufen begannen. Und ich war darin gefangen, wie die anderen auch, nur dass sie sich abwandten, um es nicht sehen zu müssen.

Dieser ungeheuerliche Terror, mit normalen Flugzeugen Bürogebäude samt den Menschen darin in die Luft zu jagen, löste um mich herum eine Art Zynismus, ja oft auch Schadenfreude aus, die mir die Luft nahm. Als gäbe es keinerlei Scham, mit dem Tod von Menschen, die absichtlich, gezielt und doch wahllos ermordet wurden, Demagogie zu betreiben, hörte ich überall rechtfertigende Erklärungen über die Tat, die Täter und deren Motive. Nicht von allen natürlich, doch in den Gesichtern vieler Gesprächspartner erschreckte mich die Kälte in den Augen, während ihre Münder Sätze formulierten wie: «Na ja, gestorben wird überall. Was sind schon 3000 Amis gegen die vielen Toten in der Dritten Welt? Selber schuld.» Viel mehr als über die absurden Argumente staunte ich über die bigotte Mischung aus Angst und Gefühllosigkeit. Schließlich hatten einige der Attentäter das Massaker in Deutschland geplant, hatten hier gelebt und gearbeitet. Das wäre ein realer Grund gewesen, Angst zu haben. Doch mit jedem Tag nach dem 11. September häuften sich schrille Wortmeldungen in den Medien, und nach und nach wuchs die Neigung, hinter dem schrecklichen Ereignis eine Verschwörung zu vermuten, nach der die USA und Israel die Anschläge selbst inszeniert hätten. Und während Osama bin Laden verkündete, der Anschlag in New York habe dem jüdischen Kapitalismus und Liberalismus gegolten, erklärten mir einige Freunde, dass Israel doch das eigentliche Problem sei.

Um vor dem 11. September zu fliehen, flog ich im Oktober für eine Woche nach New York. Seit meinem ersten Besuch dort liebte ich diese Stadt. Ich empfand sie als wahrer, realer, lebendiger und auch freundlicher als jede andere, die ich kannte. Kein Problem und keine Herausforderung dieser Welt konnten von ihr fern gehalten werden, weil jeder Emigrant die seinen mitbrachte. Die Welten der Unterschiedlichkeit mochten sich manchmal treffen, manchmal stapeln, manchmal vermischen oder auch nicht, doch sie waren alle da und taten nicht so, als gäbe es Reichtum und Elend nur abstrakt irgendwo auf dem Erdball, aber nicht vor der eigenen Haustür. Die Tatsache, dass Deutschland sich so ungeheuer schwer tat mit

Einwanderung und den Einwanderern, kam mir, wenn ich in New York war, immer besonders bigott vor.

Die Menschen aus armen Ländern einfach nicht nach Deutschland hereinzulassen, empfand ich als Mangel an Humanität und wenig realitätsnah dazu. In Deutschland war man zwar allzeit bereit, die Probleme in Kauf zu nehmen, die als Folge der eigenen Politik entstanden, nicht aber sie durch Einwanderung sichtbar werden zu lassen. In den USA ist das Streben nach persönlichem Glück Teil der Grundrechte. In Deutschland werden Menschen, die aus sozialen Gründen hierher fliehen, abwertend als Wirtschaftsflüchtlinge bezeichnet. Dass die USA auch nicht alle Flüchtlinge aufnehmen, dass Einwanderung nach strengen Kriterien vollzogen wird und dort auch die Vielfalt noch nicht zu paradiesischen Zuständen geführt hat, spielt in der deutschen Wahrnehmung meist eine viel größere Rolle als die enorme Rückständigkeit in der deutschen Politik und Gesellschaft. Das hat mich immer sehr geärgert. Draußen vor der deutschen Tür sollen die Flüchtlinge bleiben, während drinnen weiter kolumbianischer Kaffee getrunken oder Schokolade mit Kakao aus São Tomé gegessen wird. New York wirft man den Kontrast von Arm und Reich vor, doch dort kennt man trotz aller Schwierigkeiten diese Bigotterie nicht. Dort ist einfach alles sichtbar.

Was ich an New York besonders schätzte, was es mir so nahe brachte, war neben der aufregenden Kunst, den Farben und der Gestalt der Häuser die Selbstverständlichkeit der Mischung des Nebeneinander und Miteinander der New Yorker. Ich hatte dort jedes Mal sehr gute Projekte gesehen und Menschen getroffen, die sich einfach kümmerten um Nachbarschaft und Lebensbedingungen. Einen Rabbiner beispielsweise, der die Leute seines Viertels mit dem Thema Gesundheit aus einem gewaltigen Konflikt herausführte. Oder meine Freundin, die bei der Gründung ihres neuen Buchladens sofort mit anderen zusammen über Alphabetisierung und Vortragsreihen für benachteiligte Gruppen in der Nachbarschaft nachdachte. Die Kids aus Queens, die mich mit ziemlichem Stolz durch ihren Stadtteil und ihre Schule führten, ganz hinten in Jamaica Avenue, und von ihrem Kampf gegen Drogen erzählten. Die Jugendlichen, die sich trotz ihrer verzweifelten Situation bei einer Bürgerversammlung im Village sehr zivil und mit Überzeugungskraft für den Erhalt ihres Obdachlosenzentrums einsetzten. Die Dozenten an einem College für Sozialarbeit, die alles, was sie lehrten, auch praktisch nach den Seminaren anwendeten. Und überall traf ich Juden, die in Menschen- oder Bürgerrechtsorganisationen für die Rechte von Minderheiten aktiv waren oder sich sonst engagierten. Sie sahen das als normalen Teil ihres Judentums und ihres Lebens als Bürger von New York. Unter ihnen fiel es mir nie schwer, meine eigenen Motive zu verstehen.

Ich hatte meine Freunde und auch Jenny per E-Mail erreicht, und sie freuten sich, dass meine Tochter und ich kommen wollten. Besonders Jenny erwartete uns mit Ungeduld. Es ging ihr gut, doch sie war sehr aufgeregt. Also ließ ich die Programme gegen Rechtsextremismus hinter mir und flog in die Stadt, aus der die Medien in Deutschland kaum sechs Wochen danach vor allem von einem verwerflichen neuen Patriotismus berichteten. Doch dort fand ich vor allem verwirrte Menschen vor, eine Stadt nicht im Ausnahmezustand, aber mit mehr Fahnen als sonst üblich. Es war leerer als früher, und alles ging etwas langsamer.

Jenny war immer lustig. Sie hat einen unnachahmlichen Humor, schnell, ironisch und sehr treffend, wenn sie über Leute und Ereignisse sprach. Ihre Art war immer eher lakonisch als sentimental, und am meisten freute sie sich daran, über sich selbst zu lachen. Nur einmal hatte ich sie anders erlebt. Es war beim ersten Besuch in New York, als ich ihre Geschichte hören wollte. Ich wusste sie nur ungefähr, denn so richtig erzählt hatte sie mir niemand. Nicht, dass es ein Geheimnis gewesen wäre, aber Jenny war wohl von jeher zu weit weg gewesen. Sie hatte ganz schlicht angefangen mit Kindheitserinnerungen. Wie sie sich mit ihrer Cousine gestritten hatte, dass sie ihren kleinen Bruder so gemocht hatte. Ihre Mutter und der Vater meines Vaters waren Geschwister, und ich fand es sehr aufregend, einfach nur Geschichten zu hören, wie sie in ganz normalen Familien vorkamen, noch ohne die Schrecken späterer Jahre. Es war aufregend und furchtbar zugleich. Ich sah die kleine Wohnung im Hinterhaus in Berlin, kannte ihren Weg, den sie durch das Scheunenviertel nehmen musste, um zu ihrer Tante zu kommen. Furchtbar war es, weil ich es sah, wie in einem Film, in dem die Nebensachen eigentlich Hauptsachen sein sollten und es für alle Akteure in Wahrheit auch sind. Sie streiten, sie haben ihre Konflikte mit den deutschen Nachbarn, sie sind arm, es gibt Feste und Sorgen, Krankheit und Heilung, Schule und Freunde. Und Jenny passt auf ihren Bruder auf. Ich sehe in diese Zeit hinein, wie sie aufwächst zwischen Orthodoxie und Revolution am Alexanderplatz, mit dem frommen Vater und der Mutter mit dem frechen Hütchen. Doch es ist nicht irgendein Film, der die Konflikte jener Jahre bei handelnden Personen abbildet.

Alfred Hitchcock hatte in seinen Filmen eine Methode entwickelt, die Spannung in einer Situation ins Unendliche zu steigern. Er zeigte zum Beispiel ein Paar, das in einem Restaurant sitzt und sich unterhält, über etwas Banales vielleicht oder auch über etwas Wichtiges. Der Zuschauer aber weiß etwas, was das Paar nicht wissen kann – unter dem Tisch liegt eine Bombe, und sie wird explodieren. Irgendwann. Die Kamera sieht sie, das Paar nicht. Und das Publikum kann gar nichts tun, auch wenn es den Ahnungslosen zurufen würde:

«Haut ab, ihr seid in Gefahr – da ist eine Bombe!», es könnte nichts ändern. Deshalb bekommt mit dem Wissen um die Bombe jedes Detail des Gesprächs eine ungeheure Bedeutung. Vielleicht merken sie es doch noch. Oder ein Zufall lässt sie aufstehen und fortgehen. Vielleicht fällt ja eine Serviette zu Boden.

«Suspense» hatte Hitchcock das genannt, und es ist mehr als einfach nur Spannung oder Überraschung. Wenn der Zuschauer nichts von der Bombe wüsste, gäbe es einen Knall und einen Schreck und am Ende vielleicht ein totes Paar. So aber weiß er davon, hat den Bombenleger vielleicht sogar gesehen. Und muss alles mit ansehen, ohne dass ihm selbst etwas passieren könnte.

Deshalb konnte ich es nur schwer ertragen, wenn Jenny über diese Zeiten sprach. Ich hätte in ihren wie in alle anderen Filme dieser Art hineinrufen mögen: «Haut ab, solange es noch geht.» Während sie erzählte, war Jenny aufgestanden und ans Fenster getreten. Aus dem neunten Stock ihres Apartments in Harlem konnte man die ganze Nachbarschaft überblicken. Mit dem Rücken zu mir redete sie weiter. Die Familie war nach Bremerhaven gezogen, als die Nazis kamen, und sie hatte alles ertragen, was ihr zugemutet wurde. Dann eines Abends stand die Gestapo vor der Tür und zerrte sie aus der Wohnung, viele Juden wurden zusammengetrieben auf dem Bahnhof, in Waggons verladen und an die polnische Grenze gebracht. Mitten in der Nacht lud man sie aus und ließ sie aufs freie Feld. Mit Maschinengewehren trieb man sie auf die polnische Grenze zu – als Staatenlose. Dort warteten schon die polnischen Grenzsoldaten und begannen zu schießen. Sie wollten sie dort nicht. Die Menschen rannten schreiend in alle Richtungen. Es waren so viele. Einige überlebten. Auch Jennys Familie. Die jüdische Gemeinde am Ort kümmerte sich um sie. Viel war es nicht, aber sie hatten ein Dach über dem

Kopf. Der Vater hatte ein wenig Geld mitnehmen können, und davon lebten sie.

Es gab eine Agentur, die brachte jüdische Kinder nach England, damit sie dort als Hauspersonal arbeiten konnten. Jennys Vater hörte davon. Die Frage war nun, ob die Familie eines der Kinder wegschicken konnte. Dann wäre das Geld zwar alle, doch ein Kind gerettet. Für beide hätte es nicht gereicht. Jenny hatte gerade so das erforderliche Alter, Paulchen, ihr Bruder, war noch zu klein. Also schickte man sie. Der Vater machte den Kontakt, die Mutter zog sie an für die große Reise, und Paulchen gab ihr seinen Schal mit. Die Mutter ging nicht mit zum Bahnhof. Als Jenny sich von ihrem Vater verabschiedete, wussten beide, dass sie sich nicht wieder sehen würden.

Gegenüber standen noch andere Häuser wie ihres, hohe Wohnblocks mit Sozialwohnungen. Die Gegend war gar nicht so schlecht, dicht am nördlichen Ende des Central Park und in der Nähe der Uni. In den Häusern auf der anderen Seite wurden langsam die Lichter angemacht.

Jenny war vielleicht fünfzehn Jahre alt, und dort in England schrubbte sie nun Fußböden von Küchen und langen Fluren. Sie fand keinen Schutz in den Kellern bei Bombenangriffen, doch sie hatte Glück. Auch als sie später in London lebte. Eine Bombe schlug nebenan ein, und von ihrem Haus stand hinterher noch wenig. Eigentlich nur ihr Zimmer, in dem sie mit einem anderen Kind aus Deutschland wohnte.

Irgendwann traf sie einen amerikanischen Soldaten, er stammte aus dem Mittleren Westen und hieß Nick. Jenny hatte ihm wegen seiner Familie zu Hause mit einer Kleinigkeit geholfen, und Nick wollte sich revanchieren. Er versprach, in den USA für sie zu bürgen, damit sie nach dem Krieg dort eine neue Heimat finden konnte. Jenny machte sich auf die Suche nach ihrer Familie. Sie fand keinen von ihnen mehr am Leben.

Nick hatte sein Versprechen gehalten. Alle Bewohner der Kleinstadt, in der er lebte, sammelten Geld für Bürgschaft und Passage. Und Jenny kam. In der Lokalzeitung stand mit großen Buchstaben: «Endlich ist sie da!».

Jenny weinte, als sie das Fenster öffnete, und ihre Geschichte flog langsam hinaus, dem gegenüberliegenden Haus zu und dann weiter über das ganze Viertel. Sie sagte, dass sie New York deshalb liebte, weil es so viele Fenster gab wie ihres und die Stadt aus jedem Winkel der Welt solche Geschichten kennt.

Jetzt, bei meinem neuerlichen Besuch, war sie nervös. «Man wird Amerika verantwortlich machen und die Juden», sagte sie. «Vielleicht nicht in New York, aber anderswo.» Wir liefen durch die Stadt. Ich wollte die Stelle, an der das World Trade Center stand, eigentlich nicht sehen. Aber nicht dorthin zu gehen hätte sich auch falsch angefühlt. Die Seitenstraßen waren abgesperrt, vom Zaun aus sah man nur Reste der Ruinen. Sechs Wochen danach stieg noch Rauch empor, und manche Polizisten, die den Passanten geduldig Auskunft gaben, trugen einen Mundschutz. Selbst in Greenwich Village roch man noch den Qualm. An allen Feuerwehrstationen hingen Fotos und Blumen. Wir waren für den Freitagabend zum Gottesdienst in eine Synagoge eingeladen. Eine Rabbinerin, die in Berlin die Amadeu Antonio Stiftung besucht hatte, bat uns zu kommen. Wir trafen sie vorher in einem Café. Sie sah sehr erschöpft aus, denn sie hatte rund um die Uhr Dienst im Leichenschauhaus. Über dreißig ihrer eigenen Gemeindemitglieder waren im WTC umgekommen. Sie erzählte uns, dass sie noch immer helfen musste, Teile der Leichen zuzuordnen, Menschen zu trösten und in der Nachbarschaft Hinterbliebene zu betreuen. Sie sagte ganz trocken, sie würde erst später zusammenbrechen. Gleich nach dem Anschlag hatte ihre Gemeinde verabredet, dass jeder in der Nachbarschaft jemand anderen besuchen sollte, um sich zu vergewissern, ob etwas gebraucht würde. Selbstverständlich und gerade auch die Muslime. Sollte es irgendeine Form von Belästigung geben, würden die Nachbarn sofort alarmiert. Doch es gab nichts dergleichen.

Der Gottesdienst war anders, als ich ihn kannte. Die Rabbinerin sprach viel mehr, und der Kantor, sie hatte mich augenzwinkernd vorgewarnt, sang ganz entsetzlich falsch. Sie redete über Zusammenhalt, vielleicht, weil sie ihn selbst erfuhr und so dringend brauchte. Dann bat sie mich nach vorn. Ich hatte noch nie in einem Gottesdienst vorn gestanden oder gar etwas gesagt. Die Rabbinerin kündigte mich an als eine Deutsche, die dem Klischee des Nazi-Landes entgegenstand. Ich fühlte mich etwas beschämt, denn es war seltsam, gerade hier und jetzt dort zu stehen und von den jungen Leuten aus Wurzen zu berichten. Und von den Flüchtlingen aus Brandenburg, die nun auch laut ihre Meinung zum Rassismus sagten, und von den vielen anderen, die sich mit Nazis und der Gleichgültigkeit ihnen gegenüber herumplagten. Doch die Gemeindemitglieder aus New York wollten unbedingt etwas Optimistisches aus Deutschland hören und stellten viele Fragen mitten in den Gottesdienst hinein. Für Tikkun Olam, das Heilen der Welt, so sagte die Rabbinerin am Ende ernst und zugleich sanft, gibt es keine wichtigen oder unwichtigen Zeiten und Orte, keine Konjunkturen, und sie wünschte meinen Kollegen und mir Kraft. Ausgerechnet.

Dann kehrte ich nach Berlin zurück. Zurück zum schwindenden Interesse für das Thema Neonazis, zurück zu Verwaltung, Anträgen und Tourplanung für die nächsten Konzerte, zurück zu weiteren Opfern rechter Gewalt, die nun kaum noch mit Aufmerksamkeit für ihre Situation rechnen konnten. Deutschland regte sich auf – aber nicht mehr über Nazis und

Antisemiten. Die ersten scharfen Töne gegen die Supermacht USA wurden laut, und nach und nach bekam der alte Antiimperialismus einen ganz neuen bürgerlichen Glanz. Die Medien berichteten immer öfter und aggressiver über Israel, und jeder Selbstmordanschlag auf Kaffeehausbesucher wirkte wie ein weiterer Beleg, wer an allem eigentlich schuld sein sollte. Im folgenden Frühjahr überschlugen sich die Meldungen über ein angebliches Massaker der Israeli im palästinensischen Flüchtlingslager Djenin. Es war gar keine Frage, ob das alles so oder anders stattgefunden hatte, im Ton der Reportagen und Kommentare wurde Israel zum Monster. Die Delegitimierung Israels begann. Die Vision einer Welt ohne das «beschissene kleine Land», wie es der Vertreter Frankreichs auf der Durban-Konferenz nannte, hatte begonnen. Auch in Deutschland. Und jeder Versuch, bei der politischen Realität zu bleiben, führte zu wütenden Äußerungen, eine Kritik an Israel sei schließlich kein Antisemitismus.

Ich hatte oft erlebt, wie Menschen – junge wie alte, die man zu Recht als ganz normal bezeichnet, ihre ganz normalen Gespräche über Dinge des Lebens führten. Nichts an ihnen war auffällig oder rechtsextrem, sie waren nett und freundlich, solange bis – ja, bis jemand über Ausländer sprach. War dieses Wort gefallen, schäumten und spritzen die giftigen Reaktionen wie in einem chemischen Bad mit gegensätzlichen Substanzen. Im Frühjahr 2002 geschah dasselbe mit dem Wort Israel. Es geschah in allen Kreisen, nicht nur in ausländerfeindlichen. Im wahrsten Sinne des Wortes hatte sich hier etwas zusammengebraut. In diesen Wochen hatte es auch wieder einige Übergriffe auf Menschen gegeben, die entweder einen Davidstern trugen oder erkennbar orthodoxe Juden waren. Als die Zeitungen darüber berichteten und erwähnten, dass es sich bei den Angreifern um «arabisch aussehende» Jugendliche handelte, hagelte es Kritik vonseiten der Antirassisten.

Nicht für die Tatsache des Angriffs, sondern für die diskriminierende Charakterisierung der Täter. Nach Gesprächen von Vertretern der jüdischen Gemeinde mit der Polizei, die natürlich ohne eine offensive Beteiligung der Bevölkerung nicht garantieren konnte, dass Juden nicht irgendwo auf der Straße angegriffen würden, sah ich in Berlin einige der Schüler aus religiösen Einrichtungen, die über ihrer Kippa nunmehr eine Basecap trugen. Sie taten es gelassen und mit Routine, oben Basecap, unten die Zipfel des Gebetsschals. Ich hätte es gewiss viel eher als ironische Geste in schwierigen Zeiten sehen können, wenn ich das Bedürfnis, darüber zu lächeln, mit anderen hätte teilen dürfen. Womöglich sogar als Beginn einer großen Aktion, bei der die Berliner ihre Juden schützten. Doch auf die Idee kam niemand.

Stattdessen verbreiteten sich die antisemitischen Hetzseiten im Internet von Hisbollah, Djihad und anderen islamistischen Gruppen immer weiter. Eine deutschsprachige Seite hatte eine Palästina-Solidaritäts-Abteilung eingerichtet, die voll war von antisemitischen Karikaturen und Slogans, die Juden mit Nazis gleichsetzte, zum Boykott jüdischer Firmen weltweit aufrief, ein «Who's Who» des internationalen Judentums veröffentlichte und bösartige Klischees verbreitete. Nun, die kannte ich längst und erwartete von dort nichts anderes. Doch als eine Initiative gegen Rechtsextremismus genau diese Seite auf ihre Homepage übernahm, zog es mir fast den Boden unter den Füßen fort.

Im April hatten verschiedene Gruppen unter der Losung «Palästina muss leben» zu einer Demonstration in Berlin aufgerufen. Die Stimmung war aufgeheizt, ich fühlte mich elend, denn der Hass auf Israel hatte nichts mehr mit politischer Analyse zu tun. Es gab auch keine Diskussion, denn es ging nicht um Außenpolitik, es ging nur noch um Klischees, die der Situation im Nahen Osten in keiner Weise gerecht wurden.

Einige Tage vor der Demonstration führte ich ein Streitgespräch in der «taz». Mein Gesprächspartner war ein Libanese und Orientwissenschaftler, der keinerlei Vorurteile gegen Juden hatte und doch eine andere Perspektive auf die israelische Politik vertrat als ich. Wir waren uns in vielem einig, wir waren beide interessiert an der Meinung des anderen, gerade was das Klima in Berlin betraf. Doch einer der Interviewer versuchte, mich zu einem Urteil über Israel zu drängen. Ich sagte ihm, ich sei nicht bereit, zuerst mit der Verurteilung von Scharon einen Kotau machen zu müssen vor der allgemeinen Stimmung gegen Israel, bevor ich über Antisemitismus in Berlin sprechen dürfte. Das hieße, eine Begründung und gleichzeitig Rechtfertigung antisemitischer Aktionen einzuräumen. Das Interview erschien am Tag der Demo. Mit einem großen Foto auf der Innenseite.

Zur Demo ging ich mit Claudia, einer Freundin und Kollegin, die mit einer winzigen Digitalkamera für den kleinsten Fernsehsender der Welt, Aypa TV, unterwegs war. Aypa TV sendet in deutscher Sprache vor allem für Türken. Ali und Claudia berichteten allen Anfeindungen und massiven Drohungen zum Trotz kritisch über islamistische Entwicklungen in der Stadt. Ich wollte in ihrer Begleitung und mit ihrer Kenntnis der Lage unmittelbar sehen, wie Menschen auf der Straße die Losung «Palästina muss leben» übersetzen.

Es waren alle da: friedensbewegte Christen, deutsche Linke, Mitglieder der PDS, Antirassisten und Gewerkschafter und nicht zuletzt die Nazis aus der Kameradschaftsszene. Die Mehrheit der Demonstranten waren Migranten, unter ihnen säkulare Gruppen der Palästinenser wie der PLO, Kurden aus der Türkei, die neben eigentlich verfeindeten Gruppen anderer türkisch-nationalistischer Kreise liefen. Dann die islamistischen Gruppen wie Hisbollah und Hamas, deutlich erkennbar an den gelben und grünen Fahnen. Dazwischen liefen einige Leute, die in kleinen Kartons mit der Aufschrift «El-Aksa e. V.» Geld sammelten. Eine bunte Mischung, wie man so sagt. Der Zug formierte sich am Alexanderplatz und zog von da bis zum Brandenburger Tor und weiter zum Leipziger Platz. Es waren gewiss 20 000 Menschen unterwegs, die mit Fahnen, Plakaten, Spruchbändern, Rufen und Gesten deutlich machten, wie sie sich «Palästina muss leben» vorstellten.

Ich ging durch die Menge: Hier formierten sich arabische Mütter mit ihren Kindern und wickelten ihre Transparente aus; dort standen gelassen Gewerkschafter, unterhielten sich und rauchten, nebenan die Leute von der Hisbollah. Ein großes Transparent verkündete gleich vorn: «Freiheit für Palästina». In den Farben der palästinensischen Fahne sah man eine Landkarte, die diese Forderung unterstützte. Sie hatte die Form der palästinensischen Gebiete – mitsamt Israel. Dann sprach mich ein Vertreter der PLO an und verlangte, ich solle die jüdische Gemeinde dazu bewegen, sich von Israel zu distanzieren und aufzuhören, gegen die Palästinenser zu hetzen. Er habe einen Brief geschrieben an die Juden. Ich versicherte ihm, dass es solche Töne in der Gemeinde nicht gebe. In keiner einzigen der Gemeindeversammlungen hatte es Diskussionen dieser Art oder gar Hetze gegen Palästinenser gegeben. Der Brief, von dem er sprach, existierte tatsächlich, wie ich später erfuhr, doch war er an alle, nur nicht an die Gemeinde geschickt worden. Ein Redner nahm das Wort, auch er forderte Freiheit für Palästina, betonte aber das Existenzrecht Israels. Nur wenige Meter davon entfernt zündeten Hisbollah-Anhänger daraufhin unter lautem Jubel eine israelische Fahne an. Langsam kam die Menge in Stimmung. Ich dachte noch daran, wie ein Kollege mir erzählt hatte, er habe für eine Veranstaltung eine israelische Fahne in einem Flaggengeschäft kaufen wollen und der Verkäufer habe ihn freundlich gefragt, ob er lieber eine brennbare oder eine normale wünsche. In dem Moment sprach mich ein Mann an. Er sagte, ich sei wohl falsch hier und solle verschwinden. Er war nicht besonders aggressiv, nur bestimmt. Ähnliches passierte mir noch einige Male, und ich hatte keine Ahnung, wieso die Leute wussten, wer ich war und was ich hier tat. Da ich die «taz» an jenem Tag nicht gekauft hatte, wusste ich nichts von dem Foto.

Der Zug setzte sich in Bewegung, ich ging nebenher, sah die Leute an und hörte die Rufe. Da waren die jungen Mädchen, die ich glaubte zu kennen. Aus dem Unterricht, den Schülerclubs, unseren interkulturellen Veranstaltungen – junge arabische Frauen mit ihren wundervollen Gesichtern und dem offenen Lachen. Viele waren mit ihren Müttern da, und mit Kinderwagen. Dann fing eine von ihnen einen Sprechchor an mit Losungen wie: «Zionisten sind Rassisten und Faschisten!». Die anderen schrien hinterher, und das Lächeln verwandelte sich in blanken Hass. Etwas weiter riefen junge Männer auf Arabisch: «Die Märtyrer sind die Lieblinge Allahs!» Und: «Die Juden sind Tiere!» Claudia übersetzte mir das. Der Zug war lang, als er im hinteren Drittel über der Schlossbrücke war, kam er vorn schon am Brandenburger Tor an.

Auf der Höhe der Amerikanischen Botschaft hörte ich zum ersten Mal auch auf Deutsch: «Wir wolln hier kei-ne Ju-den-schwei-ne!», und sah wieder brennende Fahnen. Deutsche Friedensverteidiger standen dabei und wiegten sich im Takt dieses Spruches. Es war beängstigend. Die Chöre der Frauen hatten nun auch an Intensität gewonnen. Ab und zu griffen einige nach Kindern von etwa acht Jahren, wickelten sie blitzschnell von oben bis unten in eine Fahne und hoben sie, als Kinderleiche stilisiert über ihre Köpfe. Unter schrillen Klagelauten liefen sie mit dem eingepackten Kind einige Meter, dann ließen sie es wieder herunter, wickelten es aus dem Fahnenleichentuch. Dann das Bild vom jüdischen Ritualmord in dem Slogan «Kindermörder Israel». Bei einer anderen Frauengruppe sah ich, wie sie Puppen oder Holzattrappen von der Größe eines Babys in Laken mit blutfarbener Tinte wickelten. Auch die wurden hochgehalten und mit lauten Klagegeräuschen über den Köpfen getragen.

Auf Plakaten war Scharon zu sehen als großer Affe, der Bush als kleinen Affen im Arm hält. Unzählige Hitler-Scharon-Vergleiche, Hakenkreuz gleich USA-Flaggen, ein blutverschmierter Davidstern, darunter das Gesicht eines Vampirs mit großer Nase und Blut, das aus seinen Mundwinkeln tropfte. Es gab auch den Davidstern aus Stacheldraht mit einem Panzer in seiner Mitte, das Plakat der deutsch-arabischen Gesellschaft, der Jürgen W. Möllemann vorstand. Vor der britischen Botschaft eskalierte die Stimmung: Nicht ein Stein und dann noch einer, sondern ein regelrechter Hagel prasselte von der Straße gegen das Gebäude.

Am Ende gab es eine Kundgebung mit Hetzreden, die ich kaum noch verfolgen konnte. Ein älteres Ehepaar, das ich aus engagierter Antirassismusarbeit kannte, hatte mich entdeckt, und die beiden begannen mich zu beschimpfen. Sie beschwerten sich über die Juden, die Gemeinde, Israel und alles. Im Hintergrund standen Hisbollah-Anhänger, die den Arm zum Hitlergruß hoben und «Sieg Heil!» brüllten. Ein anderer schrie fanatisch, den Kopf in den Nacken geworfen, arabische Parolen. Um diese Gruppe zu übertönen, wurde das Ehepaar immer lauter und aggressiver. Die jungen Araber wandten uns nun den Blick zu. Bevor die Hisbollah-Leute auf die Szene mit mir als Jüdin richtig aufmerksam werden konnten, verschwand ich.

Vorher und nachher hatte ich heftige Diskussionen mit Antirassisten aus allen gesellschaftlichen Schichten, doch irgendwann verschlug es mir die Sprache. Erstens, so wurde mir erklärt, sei der Antisemitismus von Hamas, Hisbollah & Co. gar keiner, zweitens seien die Juden selbst daran schuld, und drittens gehöre das ja auch irgendwie zu «denen». Das dürfe man halt nicht so ernst nehmen. Ich fand diese Aussagen besonders rassistisch. Die Sprecher nahmen die Migranten und ihre schwierige Situation in Deutschland nicht ernst und benutzten sie zugleich als Provokateure, die ihre eigenen heimlichen Empfindungen ausdrückten. Antisemitismus wurde zum Schlachtfeld der Definitionshuberei, jeder konnte nach Gutdünken alles für nicht antisemitisch erklären. Einfach so. Doch Claudias Video von der Demonstration wurde zu einem Bild der Lage, zu einem Lehrfilm über die Stimmung im Land. Es war nicht nur eine Demonstration, sondern ein Programm; es war wie eine Szene aus jenem Film, dessen Drehorte an vielen Stellen der Welt lagen, aber eben auch in Deutschland.

Die Tatsache, dass einige meiner Partner und die Öffentlichkeit Teil dieser Stimmung waren und sie dennoch gleichzeitig verleugneten, machte mir sehr zu schaffen. Das änderte sich ein wenig, als die Möllemann-Affäre an Fahrt gewann. Es gab eine öffentliche Diskussion, die zwar mehr schlecht als recht geführt wurde, doch es war ausgesprochen, und ich konnte genau sehen, wer sich wie dazu verhielt. Die Angriffe von Möllemann gegen Michel Friedman, der sich unter Einsatz seiner ganzen Kraft klar und tapfer dazu verhielt, machte einigen Leuten deutlich, was sich hier zusammengebraut hatte.

Im September 2002 fand wie jedes Jahr ein Tag gegen Krieg und Faschismus statt. Die große Flut im Sommer hatte unsere Themen noch weiter in den Hintergrund gedrängt. Stattdessen priesen die Medien Tapferkeit, Zusammenhalt und Hilfsbereitschaft der Deutschen und erinnerten an schwere Jahre während des Krieges und danach, dessen Unglück auch einer Flut gleich über sie gekommen war. Während Nazis in der sächsischen Provinz unter schwarzweißroten Fahnen Würstchen an Bürgermeister und Helfer verteilten, drehten Politiker ihre Runden zwischen Wahlkampf und Verantwortung und lobten das Volk. An der Veranstaltung vor dem Roten Rathaus nahm ich in diesem Jahr nur passiv teil. Ich hatte mich mit meiner Freundin Sanem verabredet, die sich noch immer darüber ärgerte, als Türkin bezeichnet zu werden. Umso mehr, als sie neben dem natürlich makellosen Deutsch, das sie sprach, nun nach 30 Jahren in Deutschland auch einen deutschen Pass hatte. Der eliminatorische Antisemitismus islamistischer Gruppen, der Mangel an Widerstand dagegen, den wir erleben mussten, war für sie genauso beängstigend wie für mich. Die offene Solidarisierung bzw. das Verständnis dafür – im Fall Möllemann als «israelkritisch» schöngeredet, machte sie fassungslos. In diesem Jahr gab es vor dem Roten Rathaus keinen Stand, der sich nicht propalästinensisch positionierte, obwohl es sich um eher linke und «antifaschistische» Gruppen handelte, die natürlich mit Möllemann nichts zu tun haben wollten. Ich hatte mich dort mit meinem Neffen verabredet, der in Israel lebte und nun wissen wollte, was in Deutschland los war. Er war froh, Sanem und mich zu treffen. Niemand, so erzählte er uns, hätte ihm Fragen gestellt zur Situation in Israel oder wirkliches Interesse für seine Perspektive gezeigt. Die Mehrzahl der Freunde und Verwandten hätten ihm erklärt, was Israel sei und wie zu handeln sei. Er sagte, er sei nun schon viele Jahre nicht in Deutschland gewesen und traue sich inzwischen längst nicht mehr zu, die politische Lage hier zu beschreiben, dazu wisse er zu wenig von den großen und kleinen Linien der Diskurse. Doch über Israel wussten alle Bescheid. Sie kannten zwar nicht die Situation, noch wussten sie, welche politischen Lager in Israel und der palästinensischen Autonomiebehörde miteinander ringen und was warum geschieht, doch eine «Meinung» hatten alle. Er war ein sehr bedachter junger Mann, der versuchte, klug und gelassen darauf zu reagieren, und nun hier auf dem Platz reichte es ihm. Er sah das antiisraelische Meinungsvolk, und er sah uns, die wir ihm jene Fragen stellten, auf die er bislang gewartet hatte.

Wir beschlossen, lieber in ein Café zu gehen. Als wir den Platz überquerten, kam wieder der Vertreter der PLO auf uns zu. Er war durchaus nett, aber hatte sich offenbar vorgenommen, wann immer er mich sah, die gescheiterten Camp-David-Verhandlungen mit mir nachzuspielen. Je öfter wir im Laufe der Zeit aufeinander trafen, desto kürzer fielen die Verhandlungen aus. Denn nach der Bereitschaft Siedlungen zu räumen, die Zweistaatlichkeit selbstverständlich zu unterstützen und Jerusalem zur geteilten Hauptstadt zu machen – unter Voraussetzung detaillierterer Absprachen –, hatte er am Ende immer noch einen Trumpf in der Hand, der alles unmöglich machte. Mein Neffe hörte angespannt und auch etwas irritiert zu, denn ich sagte da Dinge, die mit seiner Realität vermutlich nicht viel zu tun hatten. Doch als der PLO-Mann über Massaker der israelischen Armee zu sprechen begann, wurde mein Neffe ganz rot im Gesicht und fing an zu reden. Von seiner Zeit in Gaza als Soldat sprach er, davon, was er erlebt und erfahren hatte und wie er die Situation sah. Der Mann von der PLO sah den strohblonden Jungen an und beendete bald das Gespräch. Der Stand der Diskussion sei auch in Kreisen der palästinensischen Gesellschaft schon viel weiter, meinte mein Neffe. Das Bild sei nicht real, sagte er, hier ginge es um etwas ganz anderes.

Mich verwirrte der Wahlkampf. Mit der Flut aufzuräumen war richtig und gegen Krieg zu sein legitim. Doch es zeichnete sich ab, dass hier auch auf etwas wie Volksempfinden gesetzt wurde. Mit dem drohenden Krieg im Irak tauchten die Opferlegenden der Deutschen wieder auf. Krieg wie Flut.

Noch ein Jahr zuvor waren 100 000 Menschen wegen des Terrors des 11. September auf die Straße gegangen. Doch schon da wurde auf Veranstaltungen gewarnt, dass Amerika nun nicht «Vergeltung» üben dürfe. Ab September 2002 verschärfte sich der Ton gegen die USA. Die rot-grüne Regierung gewann zwar die Wahl, doch das, was sich nun an Kriegsgegnerschaft zusammentat, hatte wenig mit den Menschen im Irak zu tun. Ich fand es sehr schwer, herauszufinden, was nun wirklich richtig war, und gab meine Ratlosigkeit auch offen zu. In der Zeit gab es kaum eine Fernsehsendung, in der nicht auch Kulturkritik an «den Amerikanern» geübt wurde. Selbst in Unterhaltungsmagazinen gab es solche teilweise absurden Töne. So wurde beispielsweise auch eine ehemalige Pornodarstellerin befragt, die gerade aus den USA zurückgekommen war. Ich fand es komisch, wie diese Frau vor laufenden Kameras das Publikum darüber aufklärte, wie oberflächlich doch die Amerikaner wären. Im Februar fanden große Demonstrationen gegen den Irakkrieg statt, und mir war nicht wohl dabei, zu sehen, welche Motive die Leute trieben. Auf der Demonstration in Berlin, von der mir Freunde berichteten und Fotos zeigten, plädierten Linke dafür, mit den Nazis zusammen gegen die Zionisten von der amerikanischen Ostküste und für die Zerstörung Israels zu kämpfen. Hitler und Bush wurden gleichgesetzt, und der Angriff auf Polen und auf den Irak. Auf ein Plakat war ein Uncle Sam mit großer Nase gemalt, der mit dem Zeigefinger auf den Betrachter zielte. Und daneben stand: «Nathan said to Mr Bush: You are the Man.» Man sah überall palästinensische und irakische Fahnen, und immer wieder Gleichsetzungen mit dem Holocaust. Die Redner sprachen mit Leidenschaft von Hunderttausenden irakischen Kindern, die sterben würden. Saddam und seine Taten spielten keine Rolle. An ihn richtete sich keine Forderung. Aber darum ging es ja auch nicht – es ging um die Wut, um Amerika und das eigene Davonstehlen aus der Geschichte. Und die Leute sagten es auch. Sie hätten auch Bombennächte erlebt und dann unter der Besatzung gelitten nach dem Krieg. Ein Mann mittleren Alters trug ein Schild: «Mein Vater wurde auch von den Amerikanern getötet».

Als George Bush nach Berlin kam, gab es noch ein Foto, das mich besonders bedrückte. Auf dem Baugerüst eines Gebäudes am Rand der Kundgebung gegen Bush sah man junge Leute stehen. Genau solche, wie ich sie aus den Berliner Kaffeehäusern, Unis und politischen Veranstaltungen kannte. Junge Frauen mit knappen Oberteilen, die gelassen über der Brüstung lehnen, ein Fotograf mit Tasche, einige Migranten, junge Männer, die sich lächelnd unterhalten und auf die Straße hinabsehen. In mehreren Etagen stehen sie, eine friedliche Szene. Wenn man nun das Bild nach rechts schiebt, erscheint da auch ein an das Gerüst angeknüpftes Laken mit Schriftzügen. Über dieser Frühstücksgesellschaft prangte so mit großen Buchstaben auf selbst gemaltem Banner der Ruf: «Boykottiert das 4. Reich – Israel!»

Nein, mit nichts davon konnte ich mich identifizieren. Als ich Texte der irakischen Opposition versandte, weil deren Stimme völlig unterging, bekam ich wütende Briefe. Manche, die ich als Freunde kannte, überlegten laut, ob die USA mit Hilfe des Mossad nicht doch die Anschläge von New York selbst inszeniert hatten wegen des Öls im Irak. Alle Welt wurde Experte für imperialistische Geopolitik – nicht nur die Globalisierungsgegner, die vor dem Gipfel in Davos mit einem goldenen Kalb und einem gelben Judenstern samt Sheriff-Aufdruck am Revers einer Rumsfeld-Attrappe demonstrierten.

Eine Weile war ich über all das sehr unglücklich. Nicht verunsichert oder frustriert, sondern nur traurig. Ich wunderte mich darüber. Und schämte mich auch ein wenig. Ignatz Bubis, den ich sehr gern hatte und mit dem ich oft Schulen besucht hatte, war vier Jahre zuvor nach der Walser-Rede und den Reaktionen darauf sehr deprimiert und ebenso unglücklich gewesen. Ich hatte ihn damals gefragt, ob er denn etwas anderes erwartet hätte. Seine Antwort hatte ich zwar verstanden, aber selbst noch nicht nachempfinden können: Nichts, sagte er damals mit leerem Blick, bindet so sehr wie unerwiderte Liebe. Das war der Schlüsselsatz jener deutsch-jüdischen Symbiose, von der jemand einmal sagte, sie sei ein jüdisches Selbstgespräch gewesen. Nun auf einmal spürte ich diese Zurückweisung auch. Nicht wegen der politischen Debatten, die man durchaus um Israel und die USA führen sollte und könnte, sondern wegen des Subtextes, der immer öfter zur Schlagzeile wurde. Das tat mir anfangs sehr weh, bis es irgendwann aufhörte, so wie man sich eben abwendet bei unerwiderter Liebe, wenn man nicht daran zerbrechen will.

Doch der Film setzte sich fort, seine Bilder und Handlungen blieben diffus. Der ständige Wechsel zwischen politischen und persönlichen Motiven, in dem sich Letztere oft hinter Ersteren verbargen, beherrschte die Atmosphäre. Unter dem Motto «Es ist doch nicht antisemitisch, wenn man Israel kritisiert» wurde suggeriert, dass jemand eine berechtigte politische Kritik an Israel für Antisemitismus halten könnte. Eine Kultur, ein Wall von Behauptungen entstand, der sofort jeden ins Unrecht setzte, der sich gegen den Subtext auflehnen oder Einseitigkeit nicht hinnehmen wollte. Das Bild Israels in den Medien wurde immer stärker mit Stereotypen aufgeladen, die antisemitische Züge trugen. Mit der Dämonisierung dieses Landes in seiner komplizierten Lage war es kaum mehr möglich, politische Fragen zu stellen oder Teile des Dilemmas zu beschreiben, in dem Israel steckte. Wie zum Beispiel, dass es ohne eine rechte Regierung derzeit kaum eine Möglichkeit zu überleben hatte, mit einer rechten Regierung aber auch nicht.

In der öffentlichen Darstellung verknüpfte sich alles nun auch mit dem Irakkrieg, der Rolle der USA und vor allem den Vorurteilen über sie. Der offene und aggressive Antisemitismus islamistischer Gruppen und Staaten wurde zum Nebenwiderspruch einer weltweiten Kritik an der imperialistischen Supermacht USA, bei der Deutschland einer der Wortführer war.

An Kleinigkeiten wurde es deutlich: Die Diskussion um das Tragen des Kopftuchs einer Lehrerin in öffentlichen Schulen beunruhigte mich sehr. Jene Lehrerin, die vor dem Bundesverfassungsgericht klagte, bekam viel Unterstützung und Beifall. Ihr Kopftuch wurde nicht als Teil der Scharia gesehen, nicht als Symbol eines fundamentalen Islam, der Frauen nur als gleichwertig, aber keinesfalls gleichberechtigt sieht, der Juden als Schweine und Affen bezeichnet und die Einführung eines Gottesstaates anstrebt, sondern als Ausdruck ihrer Identität, ihrer Religionsfreiheit und ihrer Rechte als Vertreterin einer Minderheit. Migranten, die aus Ländern fliehen mussten, weil sie sich für emanzipatorische, demokratische und säkulare Werte eingesetzt hatten, bekamen für ihren Widerspruch gegen die Einführung des Kopftuchs in der Schule zu hören, man sei in Deutschland tolerant und sie sollten nicht so empfindlich sein. Das galt natürlich auch für den Antisemitismus einiger Gruppen, die jene Kopftuchlehrerin unterstützten. Anstatt eine generelle Trennung von Kirche und Staat zu stützen, entbrannte hier eine Debatte, die klare Werte des demokratischen Staates zur Diskussion stellte oder verhandelbar machte. Was mich so sehr irritierte, war nicht, dass hier eine leidenschaftliche Debatte geführt wurde über eine sehr komplexe Frage, die auch mit Integrationspolitik und Ressentiments gegenüber Migranten zu tun hatte, sondern dass das Antiliberale, Antiemanzipatorische und Antisemitische unter Berufung auf so manche Islamwissenschaftler unter dem Deckmantel der Toleranz in Kauf genommen wurde. Das traf viele – mich ebenso wie meine Freundin Sanem.

Die Internationalisierung eines topologischen Wahns, der alles in Schwarz und Weiß teilt, was nach Theodor Adornos Analysen immer eine antisemitische Farbe hat, war in vollem Gange. Das Gleiche galt auf der Straße. Die einstmals einsamen Slogans rechtsextremer Nationalrevolutionäre gegen den USA-Imperialismus, der unter Einfluss der Ostküstenjuden und der Wall Street die Völker der Welt unterdrückte, fielen nun kaum mehr auf. Nicht nur Links- und Rechtsaußen hatten sich angenähert, es gab nun auch von beiden Seiten Solidarisierungen mit extrem militanten islamistischen Gruppen. Und ein stark antisemitisch geprägtes Feindbild zeigte sich bei einer Studie des Zentrums für Demokratische Kultur gerade auch in Berliner Bezirken mit vielen Migranten. Die Mitte der Gesellschaft wehrte sich dagegen nicht. Hier hatte sich wie in anderen europäischen Ländern ein Antisemitismus zusammengebraut, der weit tiefere und bösere Quellen hatte, als sie ein rechter Politiker wie Scharon jemals würde speisen oder abgraben können. Hier machten Europa und Deutschland es sich leicht mit der Bewältigung eigener, auch kolonialer Vergangenheit. Hier rächte sich der Mangel an Integrationspolitik, der im Antisemitismus auch ein gutes Ventil findet. Hier war ein Wahngebäude entstanden, das mit Israel wenig zu tun hatte, ein Antisemitismus hochgekommen, an dem keineswegs die Juden selber schuld sind, die in Straßburg, Berlin oder Brüssel belästigt, angegriffen oder beschimpft werden. An dieser Entwicklung würde sich auch dann kaum etwas ändern, wenn der Staat gewordene Jude namens Israel wieder nach Camp David zurückkehrte, von wo Arafat alle Beteiligten vertrieben hatte. Und mir machte Sorgen, dass die neue totalitäre Ideologie eines internationalen Antisemitismus, der alles aneinander knüpft, anderen keine Sorgen machte.

Derweil wütete der Rechtsextremismus weiter in Städten und Dörfern. Ein Junge aus Potzlow in der Uckermark wurde von Rechten bestialisch gefoltert. Seine Peiniger zwangen ihn zu sagen, dass er ein Jude wäre. Als er es tat, sprach er sein eigenes Todesurteil. Dieses nunmehr schlimmste aller Schimpfwörter veranlasste die Täter, ihm mit einem Sprung auf den Kopf das Genick zu brechen, um ihn hinterher in eine Jauchegrube zu werfen. An die permanente Schändung jüdischer Erinnerungsstätten und Friedhöfe war man mittlerweile gewöhnt, inzwischen folgte nur noch eine Art formale Empörung. Für den Wiederaufbau der geschändeten Friedhöfe von Zittau und Zwickau interessierte sich niemand mehr. Nicht zuletzt durch unsere Programme grenzten sich mittlerweile mehr und mehr Kommunen gegen Neonazis ab. Das war ein großer Erfolg zivilgesellschaftlichen Handelns und einer offenen Auseinandersetzung, die wir auch mit Hilfe der Bundesregierung führen konnten. Doch der Antisemitismus, der im Osten heimlich überwintern konnte, brach nun auf und breitete seine Flügel aus. In der DDR hatte er sich im Antizionismus verborgen, er war enthalten in der Kosmopolitik- und Liberalitätsfeindlichkeit und in rigiden Formen des Konformismus. Er steckte im Blick auf die Vergangenheit und im Blick auf die Zukunft. Der Kampf gegen Rechtsextremismus hatte für uns auch den Charakter der Überwindung des Alten. Nun mussten wir der Zukunft entgegensehen, mit den neuen Formen des Antisemitismus, der sich über Kritik an Israel entwickelte.

Die Situation änderte sich allmählich im Laufe des Jahres 2003: Nach und nach waren mehr Menschen, mit denen ich sprach, bereit, den Antisemitismus wahrzunehmen. Sie begannen zu sortieren, was beispielsweise israelische Politik und was antisemitische Hysterie ist, was Terror bedeutet und dass es dafür keine Legitimation gibt. Bei manchen festigte sich das antisemitische Bild, bei einigen löste es sich wieder. Dabei half auch die Affäre um den CDU-Abgeordneten Hohmann. An diesem Fall wurde vieles diskutiert, und letztlich war der Ausschluss Hohmanns ein sehr wichtiges Signal. Immerhin hat die öffentliche Meinung für die Abgrenzung der CDU von derartigen Auswüchsen gesorgt.

Die Amadeu Antonio Stiftung begann 2003 mit einem Programm gegen Antisemitismus. In den Gesprächen der Arbeitsgruppen zeigte sich, dass es auch hier Möglichkeiten gibt, zu handeln. In den ersten Runden dieser Gruppe war ich sehr vorsichtig. Denn ich wollte mir manchmal selbst nicht glauben, dass es so schlimm war, wie ich es sah. Und natürlich wollte ich nicht verletzt werden durch Grobheit, Indolenz und Ignoranz, weil es ja immer schwerer ist, etwas einzufordern, was einen auch selbst betrifft, als wenn es um andere ginge. Doch ich war überrascht, wie die Kollegen aus der Stiftung und auch das Publikum zu Analyse, Kritik und Lernen fähig waren. Es wird wieder ein langer Weg werden, denn mit dem Thema Antisemitismus umzugehen ist fast noch schwieriger als mit Rassismus. Und wieder werden wir in die Kommunen gehen, uns an die Politik wenden, an Künstler, Fachleute und Prominente. Wir werden Spiele und Projekte entwickeln, Diskussionen führen und uns unbeliebt machen und trotzdem weiter Partner suchen. Die Spannung bleibt. Es ist nicht gewiss, was sich am Ende durchsetzen wird. Ob Opfer rechter Gewalt weiter hingenommen werden, wie Amadeu Antonio, der damals der Erste war von sehr vielen, oder ob Juden auf der Straße geschlagen werden, weil man sie verantwortlich macht für alle Demütigung und Ungerechtigkeit in der Welt.

Was an den Tischen der Politik verhandelt wird, ist wichtig. Dafür genügt aber nicht nur der Blick der Politiker auf die Verhältnisse, denn der ist oft sehr ungenau. Deshalb bleibe ich in der anderen Rolle, die sich um die Wirklichkeit und Praxis kümmert. Die Auseinandersetzungen werden weitergehen, und manchmal sehe ich unter dem Tisch der Verhandelnden eine Bombe liegen, die tickt, während oben geredet und geredet wird. Dann bekommen jeder Satz und jede Geste, so dumm oder klug sie auch sein mögen, eine ungeheure Bedeutung, und ich hoffe, dass vielleicht eine Serviette herunterfällt und die Bombe endlich bemerkt wird. Am liebsten würde ich ihnen zurufen, dass da eine Bombe ist. Und halte es kaum aus. Doch der Film ist nicht zu Ende gedreht. Und ich sitze nicht im Kino. Deshalb kann ich handeln. Und sagen, was ich sehe.

Danksagung

Die Geschichten wären nicht ohne die Unterstützung meiner vielen Kollegen in der RAA, dem ZDK und besonders der Amadeo Antonio Stiftung zustande gekommen. Sie haben mir beim Schreiben den Rücken freigehalten. Dafür möchte ich mich bei allen ganz herzlich bedanken. Wir haben zusammengearbeitet, es sind auch ihre Geschichten, die ich hier aufschreiben konnte.

Danke besonders an meine langjährigen Freunde und Mitstreiter Britta Kolberg, Sascha Wenzel und Bernd Wagner.

Bei den Recherchen halfen mir unter anderem Cordula Mäbert, die Kollegen der Opferperspektive Brandenburg, Holger Zschoge aus Angermünde, Markus Zeeh und Ingo Stange aus Wurzen, deren Engagement und Mut ich bewundere. Dank auch an Uli Hauser vom *stern*, der so vieles möglich gemacht hat, und an Ida Schildbauer für ihre liebevolle Fürsorge.

Ich danke meiner Lektorin Siv Bublitz, die mich mit Klugheit, Einfühlung, Rat und Geduld durch die Klippen des Schreibens gelotst hat.

Mein Dank geht an meine Freundin Helga Kurzchalia, die mich gestützt und beraten hat, und an Hanna, die mir über viele Jahre und nun beim Schreiben in jeder Hinsicht zur Seite stand.

Ich danke meiner Tochter, die mich mit Humor und Geduld beim Schreiben unterstützte, und ich danke meinem Vater, der mir beim Erinnern half und dessen Leben für mich ein Beispiel bleiben wird.

Mein ganz besonderer Dank gilt Hermann Freudenberg und Christian Petry. Sie haben mich immer ermutigt und unterstützt, ohne sie wären die Projekte und die Arbeit von vielen und dieses Buch nie zustande gekommen. Sie haben mir ihre Freundschaft, ihre Wärme und ihr Vertrauen geschenkt, mich beraten und begleitet. Christian Petry hat viel zusätzliche Arbeit auf sich genommen, damit ich an dem Buch schreiben konnte. Dafür danke ich ihm besonders.